中华人民共和国
证券法
注释本

法律出版社法规中心 编

法律出版社
LAW PRESS CHINA
·北 京·

图书在版编目(CIP)数据

中华人民共和国证券法注释本 / 法律出版社法规中心编. -- 3 版. -- 北京：法律出版社, 2022(2024.4 重印)

ISBN 978-7-5197-7329-8

Ⅰ. ①中… Ⅱ. ①法… Ⅲ. ①证券法-法律解释-中国 Ⅳ. ①D922.287.5

中国版本图书馆 CIP 数据核字(2022)第 224423 号

中华人民共和国证券法注释本
ZHONGHUA RENMIN GONGHEGUO ZHENGQUANFA ZHUSHIBEN

法律出版社法规中心 编

责任编辑 李 群 赵雪慧
装帧设计 李 瞻

出版发行 法律出版社
编辑统筹 法规出版分社
责任校对 张红蕊
责任印制 耿润瑜
经　　销 新华书店

开本 850 毫米×1168 毫米 1/32
印张 9.875 **字数** 286 千
版本 2022 年 12 月第 3 版
印次 2024 年 4 月第 2 次印刷
印刷 北京金康利印刷有限公司

地址:北京市丰台区莲花池西里 7 号(100073)
网址:www.lawpress.com.cn
投稿邮箱:info@lawpress.com.cn
举报盗版邮箱:jbwq@lawpress.com.cn
销售电话:010-83938349
客服电话:010-83938350
咨询电话:010-63939796

书号:ISBN 978-7-5197-7329-8
定价:28.00 元

编辑出版说明

现代社会是法治社会,社会发展离不开法治护航,百姓福祉少不了法律保障。遇到问题依法解决,已经成为人们处理矛盾、解决纠纷的不二之选。然而,面对纷繁复杂的法律问题,如何精准、高效地找到法律依据,如何完整、准确地理解和运用法律,日益成为人们“学法、用法”的关键所在。

为了帮助读者快速准确地掌握“学法、用法”的本领,我社开创性地推出了“法律单行本注释本系列”丛书,至今已十余年。本丛书历经多次修订完善,现已出版近百个品种,涵盖了社会生活的重要领域,已经成为广大读者学习法律、应用法律之必选图书。

本丛书具有以下特点:

1. 出版机构权威。成立于1954年的法律出版社,是全国首家法律专业出版机构,始终秉承“为人民传播法律”的宗旨,完整记录了中国法治建设发展的全过程,享有“社会科学类全国一级出版社”等荣誉称号,入选“全国百佳图书出版单位”。

2. 编写人员专业。本丛书皆由相关法律领域内的专业人士编写,并引入匿名审稿评估制度,确保图书内容始终紧跟法治进程,反映最新立法动态,体现条文本义内涵。

3. 法律文本标准。作为专业的法律出版机构,多年来,我社始终使用全国人民代表大会常务委员会公报刊登的法律文本，积淀了丰富的标准法律文本资源，并根据立法进度及时更新相关内容。

4. 条文注解精准。本丛书以立法机关的解读为蓝本，给每个条文提炼出条文主旨，并对重点条文进行注释，使读者能精准掌握立法意图，轻松理解条文内容。

5. 配套附录实用。书末“附录”部分收录的均为重要的相关法律、法规和司法解释，使读者在使用中更为便捷，使全书更为实用。

需要说明的是，本丛书中“适用提要”“条文主旨”“条文注释”等内容皆是编者为方便读者阅读、理解而编写，不同于国家正式通过、颁布的法律文本，不具有法律效力。本丛书不足之处，恳请读者批评指正。

我们用心打磨本丛书，以期待为法律相关专业的学生释法解疑，致力于为每个公民的合法权益撑起法律的保护伞。

法律出版社法规中心

2022 年 11 月

目　　录

附　　录

《中华人民共和国证券法》适用提要

2019年12月28日,第十三届全国人民代表大会常务委员会第十五次会议审议通过了修订后的《证券法》(以下简称新证券法)。新证券法自2020年3月1日起施行。本次《证券法》修订,进一步完善了证券市场基础制度,为证券市场全面深化改革落实落地,有效防控市场风险,提高上市公司质量,切实维护投资者合法权益,促进证券市场服务实体经济功能发挥,打造一个规范、透明、开放、有活力、有韧性的资本市场,提供了坚强的法治保障。

本次《证券法》修订,在深入分析证券市场运行规律和发展阶段性特点的基础上,作出了一系列新的制度改革和完善:

一是全面推行证券发行注册制度。新证券法贯彻落实十八届三中全会关于注册制改革的有关要求和十九届四中全会关于完善资本市场基础制度的要求,按照全面推行注册制的基本定位,对证券发行制度作了系统的修改完善,充分体现了注册制改革的决心与方向。同时,考虑到注册制改革是一个渐进的过程,新证券法授权国务院对证券发行注册制的具体范围、实施步骤进行规定,为有关板块和证券品种分步实施注册制留出了必要的法律空间。

二是提高证券违法违规成本。新证券法大幅提高了对证券违法行为的处罚力度。如对于欺诈发行行为，从原来最高可处募集资金5%的罚款，提高至募集资金的1倍；对于上市公司信息披露违法行为，从原来最高可处以60万元罚款，提高至1000万元等。同时，新证券法对证券违法民事赔偿责任也进行了完善。如规定了发行人等不履行公开承诺的民事赔偿责任，明确了发行人的控股股东、实际控制人在欺诈发行、信息披露违法中的过错推定、连带赔偿责任等。

三是完善投资者保护制度。新证券法设专章规定投资者保护制度，作出了许多颇有亮点的安排，具体包括区分普通投资者和专业投资者，有针对性地作出投资者权益保护安排；建立上市公司股东权利代为行使征集制度；规定债券持有人会议和债券受托管理人制度；建立普通投资者与证券公司纠纷的强制调解制度；完善上市公司现金分红制度。为适应证券发行注册制改革的需要，新证券法还探索了适应我国国情的证券民事诉讼制度，规定投资者保护机构可以作为诉讼代表人，按照"明示退出""默示加入"的诉讼原则，依法为受害投资者提起民事损害赔偿诉讼。

四是进一步强化信息披露要求。新证券法设专章规定信息披露制度，系统完善了信息披露制度，具体包括扩大信息披露义务人的范围；完善信息披露的内容；强调应当充分披露投资者作出价值判断和投资决策所必需的信息；规范信息披露义务人的自愿披露行为；明确上市公司收购人应当披露增持股份的资金来源；确立发行人及其控股股东、实际控制人、董事、监事、高级管理人员公开承诺的信息披露制度等。

五是完善证券交易制度。优化有关上市条件和退市情形的规定；完善有关内幕交易、操纵市场、利用未公开信息的法律禁止性规定；强化证券交易实名制要求，任何单位和个人不得违反规定，出借证券账户或者借用他人证券账户从事证券交易；完善上市公司股东减持制度；规定证券交易停复牌制度和程序化交易制度；完善证券交易所防控市场风险、维护交易秩序的手段措施等。

六是落实“放管服”要求，取消相关行政许可。包括取消证券公司董事、监事、高级管理人员任职资格核准；调整会计师事务所等证券服务机构从事证券业务的监管方式，将资格审批改为备案。

七是压实中介机构市场“看门人”法律职责。新证券法规定证券公司不得允许他人以其名义直接参与证券的集中交易；明确保荐人、承销的证券公司及其直接责任人员未履行职责时对受害投资者应承担过错推定、连带赔偿责任；提高证券服务机构未履行勤勉尽责义务的违法处罚幅度等。

八是建立健全多层次资本市场体系。将证券交易场所划分为证券交易所、国务院批准的其他全国性证券交易场所、按照国务院规定设立的区域性股权市场三个层次；规定证券交易所、国务院批准的其他全国性证券交易场所可以依法设立不同的市场层次；明确非公开发行的证券，可以在上述证券交易场所转让；授权国务院制定有关全国性证券交易场所、区域性股权市场的管理办法等。

九是强化监管执法和风险防控。明确了证监会依法监测并防范、处置证券市场风险的职责；延长了证监会在执法中对违法资金、证券的冻结、查封期限；规定了证监会为防范市场风险、维护市场秩序采取监管措施的制度；增加了行政和解制度、证券市场诚信档案制度；完善了证券市场禁入制度，规定被市场禁入的主体，在一定期限内不得从事证券交易等。

十是扩大《证券法》的适用范围。将存托凭证明确规定为法定证券；将资产支持证券和资产管理产品写入《证券法》，授权国务院按照《证券法》的原则规定资产支持证券、资产管理产品发行、交易的管理办法。同时，考虑到证券领域跨境监管的现实需要，明确在我国境外的证券发行和交易活动，扰乱我国境内市场秩序，损害境内投资者合法权益的，依照《证券法》追究法律责任等。

此外，此次《证券法》修订还对上市公司收购制度、证券公司业务管理制度、证券登记结算制度、跨境监管协作制度等作了完善。

中华人民共和国证券法

（1998年12月29日第九届全国人民代表大会常务委员会第六次会议通过　根据2004年8月28日第十届全国人民代表大会常务委员会第十一次会议《关于修改〈中华人民共和国证券法〉的决定》第一次修正　2005年10月27日第十届全国人民代表大会常务委员会第十八次会议第一次修订　根据2013年6月29日第十二届全国人民代表大会常务委员会第三次会议《关于修改〈中华人民共和国文物保护法〉等十二部法律的决定》第二次修正　根据2014年8月31日第十二届全国人民代表大会常务委员会第十次会议《关于修改〈中华人民共和国保险法〉等五部法律的决定》第三次修正　2019年12月28日第十三届全国人民代表大会常务委员会第十五次会议第二次修订）

第一章　总　　则

第一条　【立法目的】[①]为了规范证券发行和交易行为，保护投资者的合法权益，维护社会经济秩序和社会公共利益，促进社会主义市场经济的发展，制定本法。

条文注释[②]

本条是关于本法立法目的的规定。

①② 条文主旨、条文注释为编者所加，下同。

一、规范证券的发行和交易行为

证券发行，是指发行主体为筹集建设资金或经营资本，向投资者签发代表一定权利的有价证券，将投资者手中的资金转化为建设资金或者经营资本的行为。证券交易，是指对已依法发行的证券进行转让或者买卖的行为。证券的发行和交易活动，涉及发行人，投资者，为证券发行、交易直接提供相关服务的证券公司、证券服务机构，为相关活动提供设施和保障的证券交易场所、证券登记结算机构，以及证券监督管理机构等多个主体和多重利益关系，应当通过法律对其予以规范。

二、保护投资者的合法权益

随着我国证券市场的快速发展，投资者队伍不断扩大，其中中小投资者占绝大多数，为我国证券市场的发展作出了巨大的贡献。历史和实践充分证明，证券市场要发展，必须取信于投资者，必须切实保护投资者的合法权益。

三、维护社会经济秩序和社会公共利益，促进社会主义市场经济的发展

证券发行、交易活动关系广大公众投资者的利益，涉及多个市场主体，可能产生系统性风险。确保证券活动规范有序进行，维护证券市场秩序，保护证券市场参与各方的合法权益，对维护社会经济秩序和社会公共利益具有重要意义。同时，证券市场是我国社会主义市场经济体系的重要组成部分，对于优化资源配置、调整经济结构、促进实体经济发展发挥着重要作用。

第二条 【适用范围】在中华人民共和国境内，股票、公司债券、存托凭证和国务院依法认定的其他证券的发行和交易，适用本法；本法未规定的，适用《中华人民共和国公司法》和其他法律、行政法规的规定。

政府债券、证券投资基金份额的上市交易，适用本法；其他法律、行政法规另有规定的，适用其规定。

资产支持证券、资产管理产品发行、交易的管理办法，由国务院依照本法的原则规定。

在中华人民共和国境外的证券发行和交易活动，扰乱中华人民共和国境内市场秩序，损害境内投资者合法权益的，依照本法有关规定处理并追究法律责任。

条文注释

本条是关于本法适用范围的规定。

一、适用本法的证券的范围

适用本法的证券，包括在中国境内发行和交易的股票、公司债券、存托凭证，以及国务院依法认定的其他证券。股票、债券等证券的发行、交易活动，除涉及证券投资者等证券市场参与主体的利益外，还涉及公司的组织和运行以及公司、股东、债权人等主体的利益。因此，对于《公司法》等法律、行政法规在本法规定之外作出的有关证券发行、交易的规定，也应当适用。

二、政府债券、证券投资基金份额的上市交易，适用本法

政府债券，是指政府为筹集资金向投资者发行并承诺在一定时间内支付利息和偿还本金的债务凭证，包括中央政府债券（国债）、地方政府债券。证券投资基金份额，是指证券投资基金发起人向投资者发行的，代表持有人按其所持份额享有基金财产收益、参与分配清算后的剩余基金财产和行使相关权利并承担相应义务的凭证。

政府债券、证券投资基金份额在证券交易所上市交易的，在交易方式、信息披露、投资者保护等方面与上市交易的股票、公司债券等证券差别不大，适用本法关于证券上市交易的相关规定。其他法律、行政法规对政府债券、证券投资基金份额的交易另有规定的，适用其规定。

三、资产支持证券和资产管理产品

资产支持证券，即资产证券化产品。资产证券化，通常是指将流动性差但具有相对稳定的可预期现金收入的资产，通过一定的资产结构安排，对资产中的风险与收益要素进行分离与重组，转化为可

以在金融市场上流通转让的金融产品的过程。

资产管理业务，是指银行、信托、证券、基金、期货、保险资产管理机构、金融资产投资公司等金融机构接受投资者委托，对受托的投资者财产进行投资和管理的金融服务。资产管理产品包括但不限于人民币或外币形式的银行非保本理财产品、资金信托，证券公司及其子公司、基金管理公司及其子公司、期货公司及其子公司、保险资产管理机构、金融资产投资公司发行的资产管理产品。

四、本法的域外效力

此次修改在本条第4款增加了关于本法的域外效力的规定。我国实行保护主义原则，即在中华人民共和国境外的证券发行和交易活动，扰乱中华人民共和国境内市场秩序，损害境内投资者合法权益的，依照本法有关规定处理并追究法律责任。

关联法规

《关于开展创新企业境内发行股票或存托凭证试点的若干意见》

《中国人民银行、银保监会、证监会、外汇局关于规范金融机构资产管理业务的指导意见》

第三条 【公开、公平、公正原则】证券的发行、交易活动，必须遵循公开、公平、公正的原则。

条文注释

本条是关于证券活动应当遵循公开、公平、公正原则的规定。

证券的发行、交易活动，涉及主体众多，既包括直接开展交易的发行人、广大投资者，又包括提供相关服务的证券公司以及会计师事务所、律师事务所等证券服务机构，还包括提供设施和保障的证券交易场所、证券登记结算机构以及负责证券市场监管的监督管理机构等。为了维护证券市场的正常秩序，有效保护包括投资者在内的相关各方的合法权益，促进证券市场健康发展，本条规定，证券的发行和交易活动，必须遵循公开、公平、公正的原则。

公开原则，是指有关证券发行、交易的信息要依法如实披露、及时披露、充分披露、持续披露,让投资者在充分了解证券真实情况的基础上自行作出价值判断和投资决策。公开原则的基本要求是,证券市场参与者公开的信息必须真实、准确、完整,不得有虚假记载、误导性陈述或者重大遗漏的情形。同时,证券监督管理机构制定的规章、规则和监督管理工作制度也应当依法公开,使证券市场参与者能够共同遵守同样的制度和规则。

公平原则,是指证券市场参与者在法律上地位平等,在证券市场中机会平等,即发行人、投资者等证券市场参与主体不因所有制性质、身份等方面的差异受到不合理的对待,能够公平地参与市场竞争,公平地面对机会和风险。

公正原则,是指证券的发行、交易活动适用统一的制度和规则,证券监督管理机构公平对待所有市场参与主体,证券市场参与者的合法权益均应受到法律的保护,违法行为均应受到法律的制裁。

第四条 【平等、自愿、有偿、诚实信用原则】证券发行、交易活动的当事人具有平等的法律地位,应当遵守自愿、有偿、诚实信用的原则。

条文注释

本条是关于证券活动应当遵循平等、自愿、有偿、诚实信用的原则的规定。

平等原则,是指证券发行、交易活动的当事人的法律地位平等,其合法权益受到法律的平等保护。自愿原则,是指证券发行、交易活动的当事人有权根据自己的意愿从事相关活动,并自觉承受相应的法律后果,任何机构、组织或者个人都不得非法干预。有偿原则,是指证券发行、交易活动的当事人的权利义务对等,其从事证券发行、交易活动应当支付相应的对价。诚实信用原则,是指证券发行、交易活动的当事人应当秉持诚实、善意,信守自己的承诺,讲诚实、重诺言、守信用。

证券发行、交易活动的当事人违反平等、自愿、有偿、诚实信用原则,给他人造成损失的,应当依法承担相应的责任。

第五条 【证券发行、交易活动准则】证券的发行、交易活动,必须遵守法律、行政法规;禁止欺诈、内幕交易和操纵证券市场的行为。

条文注释

本条是关于证券发行、交易活动准则的规定。

一、证券的发行、交易活动必须遵守法律、行政法规

证券的发行、交易活动涉及证券市场参与主体各方的权益,关系证券市场的稳健运行和系统性风险的防范,相关活动必须遵守法律(如《公司法》《民法典》《刑法》等)以及行政法规(如《股票发行与交易管理暂行条例》《企业债券管理条例》等)的规定。遵守法律、行政法规,是证券发行、交易活动的基本准则,是促进证券市场持续健康发展、推进全面依法治国的必然要求。此外,根据本法第7条的规定,证券的发行、交易活动还必须遵守国务院证券监督管理机构依法制定的有关规章、规则。

二、禁止欺诈、内幕交易和操纵证券市场的行为

证券欺诈,是指证券市场参与者利用其进行证券交易的机会,或者利用其受托人、代理人或管理人的身份,使用明知是错误的、虚假的或者隐瞒了重要事实的信息诱骗他人买卖证券的行为。

内幕交易,是指内幕信息的知情人和非法获取内幕信息的人,如发行人及其董事、监事、高级管理人员以及其他因其特定身份可以获取内幕信息的人,利用内幕信息进行证券交易的行为。

操纵证券市场,是指行为人背离市场竞争原则,通过不正当手段影响或者意图影响证券交易价格或者证券交易量,引诱他人进行证券买卖,从中谋取不正当利益的行为。

第六条 【分业经营】证券业和银行业、信托业、保险业实行分业经营、分业管理,证券公司与银行、信托、保险业务机构分别设立。国家另有规定的除外。

条文注释

本条是关于证券业和银行业、信托业、保险业分业经营、分业管理的规定。

金融业分为证券业、银行业、信托业、保险业等。证券业、银行业、信托业、保险业各有其特定的业务范围和经营方式。我国分别制定了《中国人民银行法》《商业银行法》《银行业监督管理法》《证券法》《信托法》《保险法》，实行商业银行、信托机构、证券公司、保险公司分业经营，并设立中国人民银行、银保监会、证监会等金融监督管理机构，依法对证券业、银行业、信托业、保险业实施分业管理。

同时，为满足我国金融体制改革和金融市场对外开放的需要，本法在强调分业经营、分业管理的同时，为金融监管改革留有空间，规定了"国家另有规定的除外"这一例外情形。

第七条 【监督管理体制】国务院证券监督管理机构依法对全国证券市场实行集中统一监督管理。

国务院证券监督管理机构根据需要可以设立派出机构，按照授权履行监督管理职责。

条文注释

本条是关于证券市场监督管理体制的规定。

随着我国证券市场的快速发展，投资者的投资领域和投资规模不断扩大，为了维护投资者的合法权益，促进证券市场健康发展，对全国证券市场实行集中统一的监督管理非常必要。中国证券监督管理委员会（以下简称证监会）作为国务院设立的证券监督管理机构，长期担负国家对证券市场实施监督管理的职责。由其依法对全国证券市场实行集中统一的监督管理，既有利于维护法制统一，防止政出多门，又有利于维护法律权威，为证券市场的健康发展提供保障。

同时，考虑到我国幅员辽阔，为有效实现对证券市场的日常监督管理，及时查处证券违法行为，本条第2款规定，"国务院证券监督管理机构根据需要可以设立派出机构，按照授权履行监督管理职责"。

第八条 【审计监督】国家审计机关依法对证券交易场所、证券公司、证券登记结算机构、证券监督管理机构进行审计监督。

条文注释

本条是关于对证券交易场所、证券公司、证券登记结算机构、证券监督管理机构依法进行审计监督的规定。

证券交易场所是为证券集中交易提供场所和设施，组织和监督证券交易，实行自律管理的法人，既包括证券交易所，又包括国务院批准的其他全国性证券交易场所（新三板）等。证券公司是依照法律规定批准的经营证券业务的有限责任公司或者股份有限公司。证券登记结算机构是为证券交易提供集中登记、存管、结算服务的，不以营利为目的的法人。

证券监督管理机构负责对证券市场进行监督管理。证券交易场所、证券公司、证券登记结算机构、证券监督管理机构在证券发行、交易及其监督管理活动中履行重要职责，其财务、财政收支有没有违法违规的情况，对投资者的权益保护和证券市场的安全、健康发展影响很大。

关联法规

《审计法》第 2 条

第二章 证 券 发 行

第九条 【发行注册】公开发行证券，必须符合法律、行政法规规定的条件，并依法报经国务院证券监督管理机构或者国务院授权的部门注册。未经依法注册，任何单位和个人不得公开发行证券。证券发行注册制的具体范围、实施步骤，由国务院规定。

有下列情形之一的，为公开发行：

（一）向不特定对象发行证券；

（二）向特定对象发行证券累计超过二百人，但依法实施员工持股计划的员工人数不计算在内；

（三）法律、行政法规规定的其他发行行为。

非公开发行证券，不得采用广告、公开劝诱和变相公开方式。

条文注释

本条是关于证券发行注册的规定。

一、证券发行注册制

本条第1款是关于证券发行注册制的原则规定，主要包括：(1)公开发行证券必须符合法律、行政法规规定的条件；(2)公开发行证券必须依法报经国务院证券监督管理机构或者国务院授权的部门注册，未经依法注册，任何单位和个人不得公开发行证券；(3)证券发行注册制的具体范围、实施步骤由国务院规定。

二、公开发行证券和非公开发行证券

发行证券，分为公开发行和非公开发行两种方式。公开发行主要是面向社会公众发行，涉及公众利益，因此需要对其进行较为严格的监督管理。非公开发行主要是面向特定对象发行，涉及人数较少，特定投资者往往对发行人的情况比较了解，或者具备一定的风险识别和承受能力。

本条第2款对公开发行证券的情形进行了列举，包括：(1)向不特定对象发行证券。此种发行方式涉及不特定的公众投资者的利益，无论实际发行对象的数量多少，都属于公开发行，应当依法报经国务院证券监督管理机构或者国务院授权的部门注册。(2)向累计超过200人的特定对象发行证券。向特定对象发行证券往往因涉及人数较少、社会影响较小，一般不具有涉众性，不属于公开发行证券；但是，如果特定对象数量过多，就失去了非公开发行的特征，实质上属于变相的公开发行证券。为此，根据本条第2款第2项的规定，向特定对象发行证券累计超过200人即属于公开发行证券。另外，此次修订时增加了一项例外规定，即依法实施员工持股计划的员工人数不计算在200人之内。这一规定为公司实施员工持股计划提供了便利。(3)法律、行政法规规定的其他发行行为。这是一项兜底性规定，为法律、行政法规规定其他形式的公开发行行为留出空间。

此外，本条还对非公开发行证券行为进行了规范，即不得采用广告、公开劝诱和变相公开方式，否则该发行行为便具有了涉众性，构成变相公开发行证券。发行人擅自变相公开发行证券的，应当依法承担相应的法律责任。

关联法规

《股票发行与交易管理暂行条例》第7～28条

第十条　【发行保荐】发行人申请公开发行股票、可转换为股票的公司债券，依法采取承销方式的，或者公开发行法律、行政法规规定实行保荐制度的其他证券的，应当聘请证券公司担任保荐人。

保荐人应当遵守业务规则和行业规范，诚实守信，勤勉尽责，对发行人的申请文件和信息披露资料进行审慎核查，督导发行人规范运作。

保荐人的管理办法由国务院证券监督管理机构规定。

条文注释

本条是关于证券公开发行证券保荐制度的规定。

关于实行保荐制度的证券的范围，根据本条第1款的规定，以下两种证券的公开发行应当适用保荐制度：(1)依法采取承销方式发行的股票、可转换为股票的公司债券。这里需要说明两点：一是，发行人申请发行一般的公司债券不需要聘请保荐人；二是，公开发行股票、可转换为股票的公司债券，依法不采取承销方式的，不需要聘请保荐人。(2)法律、行政法规规定的实行保荐制度的其他证券。

本条只规定依法采取承销方式公开发行股票、可转换为股票的公司债券适用保荐制度，如果其他法律、行政法规对公开发行的其他证券规定了适用保荐制度，还要遵守该规定。

关于保荐人的职责，本条规定，保荐人的职责是：遵守业务规则和行业规范，诚实守信，勤勉尽责，对发行人的申请文件和信息披露资料进行审慎核查，督导发行人规范运作。

关于保荐人的管理，本条明确规定，保荐人由证券公司担任，同时授权国务院证券监督管理机构对保荐人的管理办法作出规定。

关联法规

《证券发行上市保荐业务管理办法》

第十一条　【公司设立发行】设立股份有限公司公开发行股票，应当符合《中华人民共和国公司法》规定的条件和经国务院批准的国务院证券监督管理机构规定的其他条件，向国务院证券监督管理机构报送募股申请和下列文件：

（一）公司章程；

（二）发起人协议；

（三）发起人姓名或者名称，发起人认购的股份数、出资种类及验资证明；

（四）招股说明书；

（五）代收股款银行的名称及地址；

（六）承销机构名称及有关的协议。

依照本法规定聘请保荐人的，还应当报送保荐人出具的发行保荐书。

法律、行政法规规定设立公司必须报经批准的，还应当提交相应的批准文件。

条文注释

本条是关于设立股份有限公司公开发行股票的条件和报送文件的规定。

设立股份有限公司公开发行股票，是《公司法》规定的募集设立公司的方式，即由发起人认购公司应发行股份的一部分，其余部分向社会公开募集而设立公司。

设立股份有限公司公开发行股票应当具备的条件是：(1)符合《公司法》规定的条件。即发起人应当在1人以上200人以下，其中须有半数以上的发起人在中国境内有住所；有符合法定要求的公司章程；除法律、行政法规另有规定外，发起人认购的股份数不得少于公司章程规定的公司设立时应发行股份总数的35%；应当由依法设立的证券公司承销证券，签订承销协议等。(2)符合经国务院批准的国务院证券监督管理机构规定的其他条件。即授权国务院证券监督管理机构规定其他条件，但要经国务院批准。

设立股份有限公司公开发行股票，除符合上述条件外，还应当按照本法第9条的规定，依法报经国务院证券监督管理机构或者国务院授权的部门注册。

第十二条　【公司发行新股】公司首次公开发行新股，应当符合下列条件：

（一）具备健全且运行良好的组织机构；

（二）具有持续经营能力；

（三）最近三年财务会计报告被出具无保留意见审计报告；

（四）发行人及其控股股东、实际控制人最近三年不存在贪污、贿赂、侵占财产、挪用财产或者破坏社会主义市场经济秩序的刑事犯罪；

（五）经国务院批准的国务院证券监督管理机构规定的其他条件。

上市公司发行新股，应当符合经国务院批准的国务院证券监督管理机构规定的条件，具体管理办法由国务院证券监督管理机构规定。

公开发行存托凭证的,应当符合首次公开发行新股的条件以及国务院证券监督管理机构规定的其他条件。

条文注释

本条是关于公司首次公开发行新股、上市公司发行新股、公开发行存托凭证的条件的规定。

本条第1款规定了公司首次公开发行新股的条件。公司首次公开发行新股并上市后,也会存在融资需求,可能向不特定对象或者特定对象发行股票。由于上市公司股东人数超过200人,即使上市公司向数量有限的特定对象发行新股,也因符合“向特定对象发行证券累计超过二百人”的标准,构成公开发行。据此,上市公司不论是向不特定对象发行新股,还是向特定对象发行新股,都属于公开发行新股。

本条第2款对上市公司发行新股的行为进行了规范,授权国务院批准的国务院证券监督管理机构规定上市公司发行新股的条件;同时,授权国务院证券监督管理机构规定上市公司发行新股的具体管理办法。

第3款对公开发行存托凭证行为进行了规范。根据本款的规定,公司公开发行存托凭证,应当符合本条第1款的规定,即在组织机构、经营状况、财务会计报告、合法性等方面符合首次公开发行新股的条件要求。本款还授权国务院证券监督管理机构规定公开发行存托凭证应当符合的其他条件,以适应存托凭证发行监管的实际需要。

关联法规

《股票发行与交易管理暂行条例》第8~11条

第十三条 【新股发行文件】公司公开发行新股,应当报送募股申请和下列文件:

(一)公司营业执照;

（二）公司章程；

（三）股东大会决议；

（四）招股说明书或者其他公开发行募集文件；

（五）财务会计报告；

（六）代收股款银行的名称及地址。

依照本法规定聘请保荐人的，还应当报送保荐人出具的发行保荐书。依照本法规定实行承销的，还应当报送承销机构名称及有关的协议。

条文注释

本条是关于公司公开发行新股应当报送的文件的规定。

公司公开发行新股，应当按照本条的规定报送相关文件。依法采取承销方式公开发行股票的，应当聘请证券公司担任保荐人。与此相衔接，本条第2款规定，依照本法规定聘请保荐人的，还应当报送保荐人出具的发行保荐书。同时，根据本法第26条的规定，发行人向不特定对象发行的证券依法应当实行承销的，由证券公司承销。与此相对应，本条第2款规定，依照本法规定实行承销的，还应当报送承销机构名称及有关的协议（发行新股的公司与证券公司签订的承销协议）。

关联法规

《股票发行与交易管理暂行条例》第13条

第十四条　【募股资金用途】公司对公开发行股票所募集资金，必须按照招股说明书或者其他公开发行募集文件所列资金用途使用；改变资金用途，必须经股东大会作出决议。擅自改变用途，未作纠正的，或者未经股东大会认可的，不得公开发行新股。

条文注释

本条是关于公司公开发行股票所募资金的用途的规定。

公司对于公开发行股票所募资金的使用必须规范，主要有以下三项内容：

(1)所募资金必须按招股说明书或者其他公开发行募集文件所列资金用途使用。招股说明书或者其他公开发行募集文件是投资者作出投资决策的重要依据，其中所列资金用途是募股资金使用的法定依据，发行人不得随意改变。

(2)改变招股说明书或者其他公开发行募集文件所列资金用途，必须经股东大会作出决议。这是出于经营情况变化以及其他改变资金用途的正当需要的考虑而作的灵活规定，符合保护投资者利益的原则。按照《公司法》的规定，股东大会是股份有限公司的权力机构，它有权决定公司的经营方针和投资计划。因此，由股东大会批准的决定，能够反映全体股东的意志。

(3)擅自改变资金用途，未作纠正的，或者未经股东大会认可的，不得公开发行新股。这是关于擅自改变募股资金用途的法律后果的规定。这项内容又包含三层意思：一是公司擅自改变所募资金用途的，应当加以纠正。所谓纠正，是指按照招股说明书或者其他公开发行募集文件所列资金用途使用。二是公司擅自改变所募资金用途，如果不作纠正，应当报经股东大会认可。经股东大会认可后，可以将募股资金按照新的用途使用。三是公司擅自改变所募资金用途而未作纠正且未经股东大会认可的，不得公开发行新股，并对其通过股票市场募集的资金进行限制。

第十五条　【发行债券】公开发行公司债券，应当符合下列条件：

(一)具备健全且运行良好的组织机构；

(二)最近三年平均可分配利润足以支付公司债券一年的利息；

(三)国务院规定的其他条件。

公开发行公司债券筹集的资金，必须按照公司债券募集办法所列资金用途使用;改变资金用途,必须经债券持有人会议作出决议。公开发行公司债券筹集的资金,不得用于弥补亏损和非生产性支出。

上市公司发行可转换为股票的公司债券,除应当符合第一款规定的条件外,还应当遵守本法第十二条第二款的规定。但是,按照公司债券募集办法,上市公司通过收购本公司股份的方式进行公司债券转换的除外。

条文注释

本条是关于公开发行公司债券的规定。

此次修订简化了公司债券发行条件,删除了关于公司净资产、累计债券余额占净资产比例等约束条件。根据本条第1款的规定,公开发行公司债券应当符合以下条件:(1)具备健全且运行良好的组织机构,即发行人应当符合《公司法》关于公司组织机构的规定,且各机构运行状况良好,能够依照《公司法》及公司章程的规定有效履行职责。(2)最近3年平均可分配利润足以支付公司债券1年的利息。(3)国务院规定的其他条件。这一项是兜底规定,为国务院根据实际需要规定其他条件提供了法律依据。

本条第2款对公开发行公司债券筹集的资金的使用进行了规定。(1)公开发行公司债券筹集的资金必须按照公司债券募集办法所列资金用途使用。公司债券募集办法是债券投资者作出投资决策的重要依据,其所列资金用途是债券募集资金使用的法定依据,发行人不得随意改变。(2)改变公司债券募集办法所列资金用途,必须经债券持有人会议作出决议。为加强对债券持有人利益的保护,本法第92条规定了债券持有人会议制度。债券持有人会议代表了全体债券持有人的共同意愿,经债券持有人会议决议变更资金用途,符合保护投资者利益的原则。(3)为保护债券持有人利益,明确公开发行公司债券筹集的资金,不得用于弥补亏损和非生产性支出。

本条第3款对上市公司发行可转换为股票的公司债券作了规定。可转换为股票的公司债券，是指以债券形式依照法定程序发行的，在一定时间内满足约定的条件可以转换为公司股份的债券，兼有股票和债券的双重属性。因此，公司发行可转换为股票的公司债券，既要符合发行公司债券的条件，又要符合发行股票的条件。

关联法规

《公司法》第194、202、203条

第十六条　【债券发行文件】申请公开发行公司债券，应当向国务院授权的部门或者国务院证券监督管理机构报送下列文件：

（一）公司营业执照；

（二）公司章程；

（三）公司债券募集办法；

（四）国务院授权的部门或者国务院证券监督管理机构规定的其他文件。

依照本法规定聘请保荐人的，还应当报送保荐人出具的发行保荐书。

条文注释

本条是关于公开发行公司债券应当报送的文件的规定。

根据本条第1款的规定，申请公开发行公司债券，应当向国务院授权的部门或者国务院证券监督管理机构报送公司营业执照、公司章程、公司债券募集办法以及国务院授权的部门或者国务院证券监督管理机构规定的其他文件。

公司债券募集办法是投资者作出价值判断和投资决策的重要依据。根据《公司法》第195条第2款的规定，公司债券募集办法中应当载明债券募集资金的用途，债券总额和债券的票面金额，债券利率的确定方式，还本付息的期限和方式，债券担保情况，债券发行价格、发行的起止日期,公司净资产额,已发行的尚未到期的公司债券总额等事项。

此外,根据本法第 10 条第 1 款的规定,发行人申请公开发行可转换为股票的公司债券,依法采取承销方式的,应当聘请证券公司担任保荐人。与此相对应,申请人还应当报送保荐人出具的发行保荐书。

关联法规

《公司法》第 195 条

第十七条 【债券发行限制】有下列情形之一的,不得再次公开发行公司债券:

(一)对已公开发行的公司债券或者其他债务有违约或者延迟支付本息的事实,仍处于继续状态;

(二)违反本法规定,改变公开发行公司债券所募资金的用途。

条文注释

本条是关于公司再次公开发行公司债券的限制条件的规定。

公司对已公开发行的公司债券或者其他债务有违约或者延迟支付本息的事实,且仍处于继续状态时,公司不得发行新的公司债券。这是因为,公司债券的特征之一是偿债期限届满,不论公司是否盈利,公司都必须按期还本付息。如果公司对前次所发债券到期不能支付本息或迟延支付本息,则表明其财务状况不佳,在这种状况存续期间,限制其发行新的公司债券是保护债权人利益的有力措施之一。同时,如果公司对其他债务也存在违约情况,则说明其财务和资金状况不好,有可能对其发行公司债券的偿付能力带来影响。因此,在这种情况下需要禁止该公司发行新的公司债券,以保护债券持有人的利益。

根据本法第 15 条第 2 款的规定,公开发行公司债券筹集的资金,必须按照公司债券募集办法所列资金用途使用;改变资金用途,必须经债券持有人会议作出决议。公开发行公司债券筹集的资金,不得用于弥补亏损和非生产性支出。公司违反上述规定,擅自改变债券筹集资金用途,可能使公司的偿债能力受到影响,损害债券持有人的利益。因此,这种情况下不得再次公开发行公司债券。同时,公司债券募集办法对所募资金用途作出灵活安排,或者依法经债券持有人会议作出决议改变债券募集办法所列资金用途,不属于违反本法规定的情况,不影响公司再次公开发行公司债券。

第十八条　【发行文件报送】发行人依法申请公开发行证券所报送的申请文件的格式、报送方式,由依法负责注册的机构或者部门规定。

条文注释

本条是关于公开发行证券的申请文件的格式和报送方式的规定。

本条规定有两层含义:一是,受种类多样化和技术发展进步的影响,申请公开发行证券所应提交的申请文件的格式和报送方式不宜在法律中作出具体规定,而应当由依法负责注册的机构或者部门作出规定,以符合证券发行申请规范化的要求。二是,发行人申请公开发行证券,应当按照依法负责注册的机构或者部门规定的格式和报送方式报送申请文件。

第十九条　【发行文件要求】发行人报送的证券发行申请文件,应当充分披露投资者作出价值判断和投资决策所必需的信息,内容应当真实、准确、完整。

为证券发行出具有关文件的证券服务机构和人员,必须严格履行法定职责,保证所出具文件的真实性、准确性和完整性。

条文注释

本条是关于发行人报送的证券发行申请文件的要求的规定。

本条按照注册制"以信息披露为核心"的要求,对证券发行申请文件应当"充分披露"和"真实、准确、完整"等作出专门规定。

(1)发行人报送的证券发行申请文件,应当充分披露投资者作出价值判断和投资决策所必需的信息。这一新增内容体现了注册制改革的核心要求。

(2)发行人的证券发行申请文件应当真实、准确、完整。证券发行申请文件由发行人制作并提交给有关机构或部门,其内容反映的是发行人的自身情况,发行人对于申请文件的真实性、准确性、完整性负有最直接、最基本的责任。同时,发行人申请文件有虚假记载、误导性陈述和重大遗漏情形,使投资者在证券交易中遭受损失的,根据本法的规定,发行人应当承担赔偿责任。

(3)为证券发行出具有关文件的证券服务机构和人员,必须严格履行法定职责,保证其所出具文件的真实性、准确性和完整性。在申请证券发行的过程中,发行人需要聘请律师事务所、会计师事务所、资产评估机构等专业机构和人员协助制作有关申请文件,并出具有关报告和证明文件。对于这些专业机构和人员来说,恪守独立、客观和公正的原则,谨慎诚实地为客户服务,维护社会公众利益,是其基本的执业准则,在《律师法》《注册会计师法》《资产评估法》等法律、行政法规中已有相关规定。根据本条第2款的规定,证券服务机构和人员要严格履行法定职责,即只要他们严格按照法律规定,勤勉尽责地履行了职责,就视为尽到了义务。

关联法规

《首次公开发行股票并上市管理办法》第47条

《证券发行与承销管理办法》第41、43、44条

第二十条　【预先披露】发行人申请首次公开发行股票的,在提交申请文件后,应当按照国务院证券监督管理机构的规定预先披露有关申请文件。

条文注释

本条是关于首次公开发行股票预先披露有关申请文件的规定。

预先披露,是指申请首次公开发行股票的发行人,在按照本法规定向国务院证券监督管理机构报送有关申请文件后,将有关申请

文件向社会公众披露，不必等到国务院证券监督管理机构作出予以注册的决定后再进行披露的行为。预先披露制度，一方面，可以对发行注册工作进行监督；另一方面，便于社会公众提前了解发行申请文件的内容，对股票价值进行分析判断，作出投资决策。对于预先披露制度的具体操作办法，本条授权国务院证券监督管理机构作出具体规定。

关联法规

《首次公开发行股票并上市管理办法》第 46 条

《证券发行与承销管理办法》第 45 条

第二十一条　【注册程序】国务院证券监督管理机构或者国务院授权的部门依照法定条件负责证券发行申请的注册。证券公开发行注册的具体办法由国务院规定。

按照国务院的规定，证券交易所等可以审核公开发行证券申请，判断发行人是否符合发行条件、信息披露要求，督促发行人完善信息披露内容。

依照前两款规定参与证券发行申请注册的人员，不得与发行申请人有利害关系，不得直接或者间接接受发行申请人的馈赠，不得持有所注册的发行申请的证券，不得私下与发行申请人进行接触。

条文注释

本条是关于证券发行注册程序的规定。

本条第 1 款规定的“国务院授权的部门依照法定条件负责证券发行申请的注册”，主要是指实践中国家发展和改革委员会依照《企业债券管理条例》对部分公司债券的发行进行注册的情形。同时，考虑到注册制改革还在进行之中，证券发行注册的具体程序可能根据改革实践进一步调整完善，因此本法授权国务院对证券公开发行注册的具体办法作出规定。

本条第 2 款在第 1 款的基础上，对公开发行证券申请的具体审核机构作出授权性规定，即按照国务院的规定，证券交易所等可以审核公开发行证券的申请，判断发行人是否符合发行条件、信息披露要求，督促发行人完善信息披露内容。需要说明的是：第一，证券交易所等可以按照国务院的规定对证券发行申请进行审核，但无权作出予以注册或者不予注册的决定，该决定只能由国务院证券监督管理机构或者国务院授权的部门作出。第二，负责证券发行注册的国务院有关机构和部门，能否将其对证券发行的申请进行审核的职权交由证券交易所等行使，应当由国务院规定，其无权自行决定。第三，证券发行的申请审核机构既可以是证券交易所，也可以是其他的机构或者组织，具体应当由国务院规定。

根据本条第1款和第2款的规定，参与证券发行申请注册的人员（包括国务院证券监督管理机构或者国务院授权的部门参与证券发行申请注册的人员，以及证券交易所等参与证券发行申请审核的人员）必须遵守以下四项行为规则：第一，不得与发行申请人有利害关系，包括经济关系和其他方面的利益联系；第二，不得直接或者间接接受发行申请人的馈赠，包括无偿获得的可以金钱来计算的各种形式的利益；第三，不得持有所注册的发行申请的证券，避免注册或者审核人员与发行申请人产生利益关系；第四，不得私下与发行申请人进行接触。

第二十二条　【注册期限】国务院证券监督管理机构或者国务院授权的部门应当自受理证券发行申请文件之日起三个月内，依照法定条件和法定程序作出予以注册或者不予注册的决定，发行人根据要求补充、修改发行申请文件的时间不计算在内。不予注册的，应当说明理由。

条文注释

本条是关于证券发行注册期限的规定。

本条规定，国务院证券监督管理机构或者国务院授权的部门应当自受理证券发行申请文件之日起3个月内，依照法定条件和法定程序作出予以注册或者不予注册的决定。这一规定既保证了依法负责证券发行申请注册的机构和部门有必要的工作时间，确保工作质量，又促使其提高工作效率，防止不负责任的拖延，损害发行申请人的利益。需要说明的是，本法第21条规定，按照国务院的规定，证券交易所等可以审核公开发行证券申请。由于证券发行注册的机构是国务院证券监督管理机构和国务院授权的部门，证券交易所等只是按照国务院的规定可以进行审核，据此，证券交易所等进行审核的时间，及其审核后报送国务院证券监督管理机构或者国务院授权的部门注册的时间，合计应当在3个月之内。国务院证券监督管理机构或者国务院授权的部门应当严格按照这一规定，在法定时限内依照法定条件和程序作出予以注册或者不予注册的决定。

为了提高注册程序的公开、透明程度，便于发行申请人充分了解不予注册的原因，本条还规定，国务院证券监督管理机构或者国务院授权的部门对证券发行申请不予注册的，应当说明理由。将"说明理由"作为一项义务予以规定，能够促使依法负责证券发行申请注册的机构和部门严格依法办事，对发行申请人负责，防止工作疏漏和随意性。

第二十三条　【发行公告】证券发行申请经注册后，发行人应当依照法律、行政法规的规定，在证券公开发行前公告公开发行募集文件，并将该文件置备于指定场所供公众查阅。

发行证券的信息依法公开前，任何知情人不得公开或者泄露该信息。

发行人不得在公告公开发行募集文件前发行证券。

条文注释

本条是关于证券发行公告的相关规定。

本法第3条规定，证券的发行、交易活动，必须遵循公开、公平、公正的原则。公开发行证券，是发行人进行的直接面向广大社会公众筹集资金的活动，具有公开的性质。向社会公众公告发行文件，比如招股说明书、公司债券募集办法等，使投资者了解筹资目的、资金用途、发行人自身的生产经营情况、给予投资者的回报等情况，是广大投资者作出投资决策的必要前提。本条第1款对发行人公告发行文件义务进一步加以强调，要求发行人在证券发行申请经注册后，依照法律、行政法规的规定公告公开发行募集文件，并将该文件置备于指定场所供公众查阅。同时明确，发行人不得在公告公开发行募集文件前发行证券。

本条第2款是基于平等披露原则，对发行证券信息知情人保密义务进行的规定。本法第83条确立了信息披露中平等披露的原则，即信息披露义务人披露的信息应当同时向所有投资者披露，不得提前向任何单位和个人泄露。强调平等披露，主要是保证所有投资者能够平等获得证券交易相关信息，保证证券交易的公平、公正、公开，防止个别投资者因提前知悉相关信息而在交易中具有信息优势。基于这一原则，本款专门作出规定，强调发行证券的信息依法公开前，任何知情人不得公开或者泄露该信息。这里规定的知情人，既包括发行人的控股股东、实际控制人、董事、监事、高级管理人员，也包括参与证券发行申请注册的人员、为证券发行提供服务的证券服务机构的有关人员，以及因工作关系可以接触到发行证券信息的有关人员等。所谓依法公开前，是指发行证券的申请经注册后作出公告之前。

第二十四条 【欺诈发行】国务院证券监督管理机构或者国务院授权的部门对已作出的证券发行注册的决定，发现不符合法定条件或者法定程序，尚未发行证券的，应当予以撤销，停止发行。已经发行尚未上市的，撤销发行注册决定，发行人应当按照发行价并加算银行同期存款利息返还证券持有人；发行人的控股股东、实际控制人以及保荐人，应当与发行人承担连带责任，但是能够证明自己没有过错的除外。

股票的发行人在招股说明书等证券发行文件中隐瞒重要事实或者编造重大虚假内容，已经发行并上市的，国务院证券监督管理机构可以责令发行人回购证券，或者责令负有责任的控股股东、实际控制人买回证券。

条文注释

本条是关于已作出的证券发行注册的决定不符合法定条件或程序如何处理的规定。

国务院证券监督管理机构或者国务院授权的部门发现已作出的证券发行注册决定不符合法定条件或程序，应区分不同情况作以下处理：

（1）如果该证券尚未发行，应当撤销发行注册决定，并责令发行人停止发行。

（2）如果该证券已经发行但尚未上市交易，应当撤销发行注册决定，同时，发行人应当按照发行价格并加算银行同期存款利息返还证券持有人。为了更好地保护投资者利益，本条在规定发行人承担返还相应款项义务的同时，还规定了其他机构的连带赔偿责任：①保荐人应当与发行人承担连带责任。根据本法第10条第2款的规定，保荐人具有核查发行人的申请文件和信息披露资料、督导发行人规范运作等义务。对于违法发行行为，保荐人应当与发行人承担连带责任，但是能够证明自己没有过错的除外。②发行人的控股股东、实际控制人应当与发行人承担连带责任。根据证券市场的实际情况，2019年修改的《证券法》，进一步加大了对发行人控股股东、实际控制人的责任，将修改前的过错连带责任调整为过错推定连带责任，即发行人的控股股东、实际控制人不能证明自己没有过错的，应当与发行人承担连带赔偿责任。

（3）如果股票已经发行并上市，可以责令发行人回购，或者责令负有责任的控股股东、实际控制人买回证券。为保护投资者合法权益，预防和惩处股票欺诈发行行为，本条第2款规定了股票欺诈发行上市的责令回购制度。同时，本法第181条对证券欺诈发行行为规定了相应的行政处罚，即发行人及其控股股东、实际控制人除回购或者买回相关证券外，还要依法接受相应的行政处罚。

第二十五条　【风险负担】股票依法发行后,发行人经营与收益的变化,由发行人自行负责;由此变化引致的投资风险,由投资者自行负责。

条文注释

本条是关于发行人和投资者风险负担的规定。

本条规定的风险负担分为两种情况:一种是发行人的责任,即股票依法发行后,发行人经营与收益发生的变化,如出现亏损、无法支付红利等致使股票价格下跌等情形,由发行人自行负责。另一种是投资者的责任,即股票依法发行后,由于发行人经营与收益情况变化导致投资股票所获收益减少的风险,由投资者自行负责。

第二十六条　【证券承销】发行人向不特定对象发行的证券,法律、行政法规规定应当由证券公司承销的,发行人应当同证券公司签订承销协议。证券承销业务采取代销或者包销方式。

证券代销是指证券公司代发行人发售证券,在承销期结束时,将未售出的证券全部退还给发行人的承销方式。

证券包销是指证券公司将发行人的证券按照协议全部购入或者在承销期结束时将售后剩余证券全部自行购入的承销方式。

条文注释

本条是关于证券承销的情形以及承销方式的规定。

证券发行方式按照有无发行中介,分为直接发行和间接发行两大类。直接发行,是指发行人直接向投资者推销出售证券。间接发行,是指发行人将证券委托给专门从事证券承销业务的机构代理销售。实践中,公开发行证券一般都是采取间接发行的方式。

本条是从监管证券发行的角度对发行方式作出的规定。根据本条第1款的规定,证券承销业务采取代销或者包销方式。为了有效地规范证券承销业务，明确证券承销业务中发行人与证券公司间的权利义务关系，本条第2、3款分别对证券代销和证券包销法律关系的内容作了具体规定，这些规定包含以下两层意思：第一，在证券代销方式中，证券公司与发行人之间是委托代理关系。证券公司的责任是在承销期内尽力销售证券，期限届满时尚未售出的证券全部退还发行人，其基本上不承担什么风险，收取的费用也较少；对发行人来说，自己要承担全部的发行风险，但发行成本较低。实践中，证券代销方式适合一些信誉好、知名度高、比较易于被社会公众接受的大公司的证券。第二，在证券包销方式中，证券公司与发行人之间是买卖关系。证券公司的责任是按照协议规定购入发行人的全部证券或者在承销期结束时购入未售出的全部证券，其承担全部的发行风险；对发行人来说，既不必承担证券销售不出去的风险，又能迅速筹集到资金。实践中，包销证券是证券市场中最常见的承销方式。

关联法规

《证券发行与承销管理办法》第28~30条

《公司法》第100条

《股票发行与交易管理暂行条例》第20条

第二十七条　【承销公司选择】公开发行证券的发行人有权依法自主选择承销的证券公司。

条文注释

本条是关于发行人自主选择证券公司的规定。

公开发行证券是一种商事活动，发行人具体选择哪家证券公司承销证券，应当完全由发行人从发行费用、发行风险等方面进行考虑，自主作出决定。本条规定的目的是防止有些政府部门和证券监督管理机构的工作人员利用职务随意干预发行人的证券发行活动，为发行人指定承销的证券公司。

第二十八条 【承销协议】证券公司承销证券,应当同发行人签订代销或者包销协议,载明下列事项:

(一)当事人的名称、住所及法定代表人姓名;

(二)代销、包销证券的种类、数量、金额及发行价格;

(三)代销、包销的期限及起止日期;

(四)代销、包销的付款方式及日期;

(五)代销、包销的费用和结算办法;

(六)违约责任;

(七)国务院证券监督管理机构规定的其他事项。

条文注释

本条是关于代销或者包销协议载明事项的规定。

代销或者包销协议是确定证券公司与发行人在承销过程中的权利义务关系的文件。作为要式合同,本条对其应当载明的事项作了规定。

(1)当事人的名称、住所及法定代表人姓名。这里规定的当事人的名称,应当是当事人在公司登记机关登记的正式名称;当事人的住所,应当是当事人在公司登记机关登记的法定住所;公司的法定代表人,是指公司的董事长、执行董事或者经理,具体由公司章程规定。

(2)代销、包销证券的种类、数量、金额及发行价格。

(3)代销、包销的期限及起止日期。这实际上是要明确双方当事人之间代销、包销法律关系的存续期间。

(4)代销、包销的付款方式及日期。这里规定的付款方式及日期是对代销、包销协议的双方当事人而言的。如果是代销,代销协议中应当载明发行人向证券公司支付手续费或者佣金的方式和日期;如果是包销,包销协议中应当载明证券公司向发行人支付所购入证券的价款的方式和日期。

(5)代销、包销的费用和结算办法。

(6)违约责任。

(7)国务院证券监督管理机构规定的其他事项。这是授权国务院证券监督管理机构根据监督管理的需要和证券承销活动中的具体情况,对承销协议中必须载明的事项补充规定新的内容。

代销、包销协议中除了应当载明上述事项之外,双方当事人约定的其他事项也可以在代销、包销协议中载明。

第二十九条　【承销活动准则】证券公司承销证券,应当对公开发行募集文件的真实性、准确性、完整性进行核查。发现有虚假记载、误导性陈述或者重大遗漏的,不得进行销售活动;已经销售的,必须立即停止销售活动,并采取纠正措施。

证券公司承销证券,不得有下列行为:

(一)进行虚假的或者误导投资者的广告宣传或者其他宣传推介活动;

(二)以不正当竞争手段招揽承销业务;

(三)其他违反证券承销业务规定的行为。

证券公司有前款所列行为,给其他证券承销机构或者投资者造成损失的,应当依法承担赔偿责任。

条文注释

本条是关于证券公司承销证券活动准则的规定。

一、关于证券公司承销证券的核查义务

按照本条第1款的规定,证券公司应当对承销的证券的公开发行募集文件进行核查,没有发现虚假记载、误导性陈述或者重大遗漏的情形后,方可进行证券销售活动;反之,不得进行销售活动,以防止相关证券进入市场。证券公司在证券销售后发现证券公开发行募集文件有虚假记载、误导性陈述或者重大遗漏的情形时,必须立即停止销售活动,并采取纠正措施。证券公司违反上述核查义务的,应当按照本法第85条和第184条的规定,承担相应的民事赔偿责任和行政责任。

二、关于禁止证券承销不正当竞争

为了实现证券市场的公平运行，维护正常的证券发行秩序，保护各方当事人的合法权益，本条第2款规定了证券公司承销证券的禁止性行为：

(1)进行虚假的或者误导投资者的广告宣传或者其他宣传推介活动。证券市场是一个高度依赖有效信息的市场，如果证券公司承销证券时进行虚假的或者误导投资者的广告或者其他宣传推介活动，就会造成市场信号失真，并会给投资者带来损失。

(2)以不正当竞争手段招揽承销业务。证券公司以不正当竞争手段招揽承销业务，可能造成证券发行市场的混乱和证券公司经营风险的增大，对这类行为予以禁止，不但有利于证券公司的自身发展和风险防范，还有利于加强对投资者合法权益的保护，实现证券市场的健康发展。

(3)其他违反证券承销业务规定的行为。这是一项兜底规定，以避免挂一漏万。

证券公司在证券承销活动中有上述3项行为，给其他证券承销机构或者投资者造成损失的，应当依法承担赔偿责任。

关联法规

《股票发行与交易管理暂行条例》第21条

第三十条 【承销团】向不特定对象发行证券聘请承销团承销的，承销团应当由主承销和参与承销的证券公司组成。

条文注释

本条是关于向不特定对象发行证券聘请承销团承销的规定。

承销团是多家证券公司组成的承销证券的集团。承销团承销是证券发行中一种常见的方式。对于面向不特定对象、一次发行量特别大的证券，由承销团承销，不仅可以分散发行风险，还可以集合各个证券公司的销售网点共同向市场推销，从而保证迅速完成证券发行。“承销团应当由主承销和参与承销的证券公司组成”的规定，不仅明确了承销团的组成结构，也明确了承销团内部成员之间的基本法律关系。证券公司组织承销团承销证券发行业务,必须按照本条的规定,确定主承销的证券公司和参与承销的证券公司。

关联法规

《股票发行与交易管理暂行条例》第22条

《证券发行与承销管理办法》第28条

第三十一条 【承销期限】证券的代销、包销期限最长不得超过九十日。

证券公司在代销、包销期内,对所代销、包销的证券应当保证先行出售给认购人,证券公司不得为本公司预留所代销的证券和预先购入并留存所包销的证券。

条文注释

本条是关于证券代销、包销的期限和证券公司不得预留、预购所代销、包销的证券的规定。

本条第1款是对承销期限所作的限制性规定。作出这一限制,既能使证券公司有充足的时间进行证券销售活动,又有利于防止有些证券公司把证券长期放在自己手里,根据证券市场形势择机销售给投资者,影响投资者的利益。

本条第2款的规定有以下两层含义:第一,在证券代销、包销期限内,有投资者认购证券公司所代销、包销的证券的,证券公司应当优先满足他们的购买需要,不得将证券留给自己而不销售给认购人。第二,在证券代销、包销期限内,证券公司不得为本公司预留所代销的证券和预先购入并留存所包销的证券。证券代销、包销期限届满后,证券公司对于因包销而购入的售后剩余证券,是留存还是售出,由其自行决定。

关联法规

《股票发行与交易管理暂行条例》第29条

第三十二条　【发行价格】股票发行采取溢价发行的，其发行价格由发行人与承销的证券公司协商确定。

条文注释

本条是关于股票发行价格的规定。

按照《公司法》的规定，我国股票发行价格可以按票面金额确定，也可以高于票面金额，但不得低于票面金额。一般情况下，我国股票采取溢价发行的方式，即股票的发行价格高于票面金额。采取溢价发行股票的方式时，在确定发行价格的过程中，发行人的利益与承销的证券公司的利益往往是相互冲突对立的，并需要由双方根据发行人的自身素质（包括行业前景、盈利水平、市场竞争地位等）、同类公司市盈率水平、主承销证券公司的信誉和经验以及二级市场的股价水平等条件经过讨价还价最终形成发行价格。这样的价格机制是通过市场竞争形成的，对双方当事人来说比较公平，既满足发行人的需要，又符合承销的证券公司的利益。因此，本条明确规定，股票发行采取溢价发行的，其发行价格由发行人与承销的证券公司协商确定。

关联法规

《公司法》第148条

第三十三条　【发行失败】股票发行采用代销方式，代销期限届满，向投资者出售的股票数量未达到拟公开发行股票数量百分之七十的，为发行失败。发行人应当按照发行价并加算银行同期存款利息返还股票认购人。

条文注释

本条是关于股票发行失败的规定。

在股票代销方式中，证券公司与股票发行人之间是委托代理关系。证券公司在以代销方式替发行人发行股票的情况下，发行期限届满时，有可能由于市场等方面的原因并未发行完全部或大部分股票，这对发行人而言是筹措资金计划的落空，对已购入股票的认购人而言，是未能实现预期的投资盈利计划。本条将股票出售量限制在拟公开发行股票数量的70%以内，即代销人向投资者出售的股票数量未达到拟公开发行股票数量70%的，为发行失败。另外，为了保障认购人的权益，按照本条的规定，股票发行失败的，发行人应当按照发行价并加算银行同期存款利息返还股票认购人。

第三十四条　【发行备案】公开发行股票，代销、包销期限届满，发行人应当在规定的期限内将股票发行情况报国务院证券监督管理机构备案。

条文注释

本条是关于股票发行备案管理的规定。

股票发行是否成功，会对发行人、投资者、承销的证券公司等多方面的利益产生影响。本条规定，公开发行股票，代销、包销期限届满，发行人应当在规定的期限内将股票发行情况报国务院证券监督管理机构备案。这是对股票发行和承销活动进行监督管理的一项措施，便于监督管理机构了解股票发行的实际情况。发行人报送备案的内容是股票发行情况，即股票承销协议的履行情况。

第三章　证券交易

第一节　一般规定

第三十五条　【证券交易标的物的合法性】证券交易当事人依法买卖的证券，必须是依法发行并交付的证券。

非依法发行的证券，不得买卖。

条文注释

本条是关于证券交易的标的物必须合法的规定。

证券交易，是指证券所有人转移证券的所有权于买受人，买受人支付价款的法律行为。证券交易当事人必须依法买卖证券，即须同时满足:交易当事人的资格合法、交易场所和交易行为合法、交易的标的物合法。本条对证券交易标的物的合法性进行了强调。

证券交易的前提条件是该证券已经发行。并且,证券交易的标的物必须是已交付的证券,即已经实际由发行人转移至购买人的证券。如果是纸面形式的证券,已交付的证券,是指已由发行人交给购买人实际持有的证券;如果是电子形式的证券,已交付的证券,是指证券登记结算机构等有关电子系统已记录为购买人所有的证券。未交付的证券,不得进行买卖。

第三十六条 【证券限售】依法发行的证券,《中华人民共和国公司法》和其他法律对其转让期限有限制性规定的,在限定的期限内不得转让。

上市公司持有百分之五以上股份的股东、实际控制人、董事、监事、高级管理人员,以及其他持有发行人首次公开发行前发行的股份或者上市公司向特定对象发行的股份的股东,转让其持有的本公司股份的,不得违反法律、行政法规和国务院证券监督管理机构关于持有期限、卖出时间、卖出数量、卖出方式、信息披露等规定,并应当遵守证券交易所的业务规则。

条文注释

本条是关于证券转让限制的规定。

1. 在法律规定的限制转让期内禁止转让证券。

从我国目前的法律规定来看,对证券的转让期限作出限制性规定的法律,主要是《公司法》,如《公司法》第160条第1、2款规定:"公司公开发行股份前已发行的股份,自公司股票在证券交易所上市交易之日起一年内不得转让。法律、行政法规或者国务院证券监督管理机构对上市公司的股东、实际控制人转让其所持有的本公司股份另有规定的,从其规定。公司董事、监事、高级管理人员应当向公司申报所持有的本公司的股份及其变动情况,在就任时确定的任职期间每年转让的股份不得超过其所持有本公司股份总数的百分之二十五;所持本公司股份自公司股票上市交易之日起一年内不得转让。上述人员离职后半年内,不得转让其所持有的本公司股份。公司章程可以对公司董事、监事、高级管理人员转让其所持有的本公司股份作出其他限制性规定。”除《公司法》以外,其他法律对证券转让期限有限制性规定的,应当执行相关法律的规定,在限定的期限内不得转让证券。

2. 特定对象转让上市公司的股份,不得违反法律、行政法规和国务院证券监督管理机构关于持有期限、卖出时间、卖出数量、卖出方式、信息披露等的规定,并应当遵守证券交易所的业务规则。

为规范股票转让过程中关联人员的行为,加强信息披露,保护投资者的合法权益,规制恶意减持等行为,根据我国证券市场实际情况,本条第2款对上市公司关联人员转让股份、转让非公开发行的股份等特定情形作出限制,要求其遵守法律、行政法规和国务院证券监督管理机构关于股份转让的相关规定,并遵守证券交易所的业务规则。

限制转让股份的股东,分为两类:一类是上市公司的关联人员,包括持有5%以上股份的股东、实际控制人、董事、监事、高级管理人员;另一类是持有发行人首次公开发行前发行的股份的股东,以及持有上市公司向特定对象发行的股份的股东。本法第186条对上述股东违反法律、行政法规或者国务院证券监督管理机构规定,转让其持有的本公司的股份的行为规定了相应的行政处罚。上述股东转让其持有的本公司的股份的,应当遵守证券交易所的业务规则。对于违反证券交易所业务规则的相关股东,由证券交易所给予纪律处分或者采取其他自律管理措施。

第三十七条 【证券交易场所】公开发行的证券,应当在依法设立的证券交易所上市交易或者在国务院批准的其他全国性证券交易场所交易。

非公开发行的证券,可以在证券交易所、国务院批准的其他全国性证券交易场所、按照国务院规定设立的区域性股权市场转让。

条文注释

本条是关于证券交易场所的规定。

1. 关于公开发行证券的交易场所

(1)证券交易所。证券交易所,是指为证券集中交易提供场所和设施,组织和监督证券交易,实行自律管理的法人,其设立和解散由国务院决定。上市交易,是指已经依法公开发行的证券,经证券交易所审核同意在证券交易所公开挂牌交易的行为。在我国,证券交易所具有完备的交易系统以及健全的信息披露制度和监管措施,能够使证券得到高效流通,较好地保护投资者的利益。所以,证券交易所是依法公开发行证券的主要交易场所。

(2)国务院批准的其他全国性证券交易场所。证券交易所和国务院批准的其他全国性证券交易场所共同构成了一个多层次的证券市场体系。国务院批准的其他全国性证券交易场所,是指全国中小企业股份转让系统(新三板)。根据2013年12月国务院发布的《关于全国中小企业股份转让系统有关问题的决定》的规定,全国中小企业股份转让系统是经国务院批准,依据《证券法》设立的全国性证券交易场所,主要为创新型、创业型、成长型中小微企业发展服务。公开发行的证券,除在证券交易所上市交易外,还可以在全国中小企业股份转让系统进行挂牌转让。

依法公开发行的证券,除了在依法设立的证券交易所上市交易或者在国务院批准的其他全国性证券交易场所交易外,不得在其他场所进行交易。

2. 关于非公开发行证券的转让场所

非公开发行的证券,主要面向一定数量的特定对象发行,这种发行涉及人数较少,投资者往往对发行人的情况比较了解,或者具备一定的风险识别和承受能力。非公开发行证券,可以在各个层次的证券交易场所进行转让。

关联法规

《公司法》第158、165条

《股票发行与交易管理暂行条例》第29~33条

第三十八条　【交易方式】证券在证券交易所上市交易，应当采用公开的集中交易方式或者国务院证券监督管理机构批准的其他方式。

条文注释

本条是关于在证券交易所上市交易的方式的规定。

集中交易方式，是指在集中交易市场以竞价进行交易的方式。集中交易方式分为集中竞价交易方式和大宗交易方式。集中竞价交易方式又称集合竞价方式，是指在证券交易所内，所有参与证券买卖的各方当事人公开报价，按照价格优先、时间优先的原则撮合成交的证券交易方式。大宗交易方式，是指单笔交易规模远大于市场平均单笔交易规模的交易方式。根据证监会批准的上海、深圳证券交易所交易规则的规定，经批准证券单笔买卖申报达到一定数额的，交易所可以采用大宗交易方式进行交易。大宗交易的成交价格，由买卖双方在当日已成交的最高和最低成交价格之间确定。该证券当日无成交的，以前日收盘价为成交价。

第三十九条　【证券形式】证券交易当事人买卖的证券可以采用纸面形式或者国务院证券监督管理机构规定的其他形式。

条文注释

本条是关于证券的凭证形式的规定。

传统的证券通常采用纸面形式，随着技术的进步，证券的无纸化逐渐发展起来。根据证券既有纸面形式又有电脑记载等其他形式的实际情况，本条规定，证券交易当事人买卖的证券既可以采用纸面形式，也可以采用其他形式。采用其他形式的，必须是国务院证券监督管理机构规定的形式，以防止欺诈行为的发生，保护投资者的合法权益。

关联法规

《公司法》第149条

第四十条 【证券从业人员、监管工作人员买卖股票限制】 证券交易场所、证券公司和证券登记结算机构的从业人员，证券监督管理机构的工作人员以及法律、行政法规规定禁止参与股票交易的其他人员，在任期或者法定限期内，不得直接或者以化名、借他人名义持有、买卖股票或者其他具有股权性质的证券，也不得收受他人赠送的股票或者其他具有股权性质的证券。

任何人在成为前款所列人员时，其原已持有的股票或者其他具有股权性质的证券，必须依法转让。

实施股权激励计划或者员工持股计划的证券公司的从业人员，可以按照国务院证券监督管理机构的规定持有、卖出本公司股票或者其他具有股权性质的证券。

条文注释

本条是关于证券从业人员、证券监督管理机构的工作人员和依法被禁止参与股票交易的其他人员限制买卖股票的规定。

证券交易场所、证券公司和证券登记结算机构的从业人员以及证券监督管理机构的工作人员等，由于其地位、职务等便利条件，有先于其他投资者获得相关信息的机会。为了保证证券交易的公开、公平、公正，需要禁止有关人员持有、买卖或者收受他人赠与的股票或其他具有股权性质的证券。

在具体行为方面，禁止证券交易场所、证券公司和证券登记结算机构的从业人员以及证券监督管理机构的工作人员等以任何形式持有、买卖股票或者其他具有股权性质的证券，包括在任期或者法定的期限内，以自己的名义持有、买卖股票或者其他具有股权性质的证券；以虚假的名字持有、买卖股票或者其他具有股权性质的证券；实际是自己持有、买卖股票或者其他具有股权性质的证券，但却以家庭成员或者其他人员的名义持有、买卖；接受他人无偿赠送的股票或者其他具有股权性质的证券。对于其原已持有的股票或者其他具有股权性质的证券，必须依法转让。

由于实行股权激励计划或者员工持股计划有利于建立和完善劳动者与所有者的利益共享机制，提高公司治理水平，提高职工的凝聚力和公司竞争力，使社会资金通过资本市场实现优化配置。按照本条第1款的规定，证券公司的从业人员在任期内不得持有、买卖股票或者其他具有股权性质的证券，但是为了便于证券公司实行员工持股计划或者股权激励计划，提高证券公司的治理水平和竞争能力，本条在原则禁止证券公司从业人员买卖股票或者其他具有股权性质的证券的基础上，增加例外规定，允许实施股权激励计划或者员工持股计划的证券公司的从业人员，按照国务院证券监督管理机构的规定持有、卖出本公司股票或者其他具有股权性质的证券。

关联法规

《股票发行与交易管理暂行条例》第39条

第四十一条　【保密义务】证券交易场所、证券公司、证券登记结算机构、证券服务机构及其工作人员应当依法为投资者的信息保密，不得非法买卖、提供或者公开投资者的信息。

证券交易场所、证券公司、证券登记结算机构、证券服务机构及其工作人员不得泄露所知悉的商业秘密。

条文注释

本条是关于证券交易场所、证券公司、证券登记结算机构、证券服务机构及其工作人员保密义务的规定。

商业秘密，是指不为公众所知悉、具有商业价值并经权利人采取相应保密措施的技术信息、经营信息等商业信息。商业秘密一旦被泄露，往往会给原拥有商业秘密的单位、个人的生产、经营活动带来不利的影响，造成经济损失。证券交易场所、证券公司、证券登记结算机构、证券服务机构及其工作人员在相关执业活动中，有可能了解和知悉投资者的商业秘密。故本条明确规定，上述机构和人员对所知悉的商业秘密负有保密义务，不得泄露，否则将依法承担相应的法律责任。

第四十二条 【证券服务机构及人员买卖证券限制】为证券发行出具审计报告或者法律意见书等文件的证券服务机构和人员，在该证券承销期内和期满后六个月内，不得买卖该证券。

除前款规定外，为发行人及其控股股东、实际控制人，或者收购人、重大资产交易方出具审计报告或者法律意见书等文件的证券服务机构和人员，自接受委托之日起至上述文件公开后五日内，不得买卖该证券。实际开展上述有关工作之日早于接受委托之日的，自实际开展上述有关工作之日起至上述文件公开后五日内，不得买卖该证券。

条文注释

本条是关于限制证券服务机构和人员在法定期限内买卖证券的规定。

为证券发行出具审计报告或者法律意见书等文件的会计师事务所、律师事务所等证券服务机构，以及为准备、出具上述文件而进行相关活动的人员在履行职责的过程中能够了解公司的财务状况，知悉公司的资产负债比例、资产经营状况和经营前景，但这些信息在其出具审计报告或者法律意见书等文件时，并未被其他投资者知悉，因此，需要禁止其买卖因业务活动而享有信息优势的证券。为证券发行提供有关服务的机构和人员所享有的信息优势，在证券发行以后，随着公司信息的不断披露，将不再存在。因此，本条第1款将这些机构和人员不得买卖相关证券的期限规定为该证券承销期内和期满后6个月内。

证券发行并上市交易后，为满足持续信息披露的要求，会计师事务所、律师事务所也会为发行人及其控股股东、实际控制人，或者收购人、重大资产交易方出具审计报告或法律意见书等文件。因此，为防止上述人员在相关信息披露前，利用信息优势从事证券交易，扰乱证券市场秩序，需要对他们买卖为其出具了审计报告或者法律意见书等文件的相关证券的行为进行限制。按照本条第2款的规定，限制买卖相关证券的期限为自接受委托之日起至审计报告或者法律意见书等文件公开后5日内。由于实践中存在证券服务机构在正式接受委托履行职责前就已经实际开展相关工作的情况，为避免证券服务机构和人员据此利用其实际获取的信息优势买卖证券，本条第2款还规定，"实际开展上述有关工作之日早于接受委托之日的，自实际开展上述有关工作之日起至上述文件公开后五日内，不得买卖该证券"。

第四十三条　【证券交易收费】证券交易的收费必须合理，并公开收费项目、收费标准和管理办法。

条文注释

本条是关于证券交易收费原则的规定。

证券交易的收费必须合理，是指在证券交易各个环节中收取的费用必须依据有关证券和所提供服务的社会平均成本、市场供求状况、国民经济与社会发展要求以及社会承受能力等因素来合理确定，不得过高或者过低。只有合理的证券收费，才能照顾到证券交易活动各方当事人的利益，从而有利于证券市场的发展。

另外，只有公开证券交易的收费项目、收费标准和管理办法，对所有当事人公平一致，才能使证券交易各个环节的当事人对自己行为的成本作出比较准确的判断，对自己的行为作出合理的预期。从另一个角度来讲，证券交易收费的公开，有利于对收费进行监督管理。

第四十四条　【短线交易】上市公司、股票在国务院批准的其他全国性证券交易场所交易的公司持有百分之五以上股份的股东、董事、监事、高级管理人员，将其持有的该公司的股票或者其他具有股权性质的证券在买入后六个月内卖出，或者在卖出后六个月内又买入，由此所得收益归该公司所有，公司董事会应当收回其所得收益。但是，证券公司因购入包销售后剩余股票而持有百分之五以上股份，以及有国务院证券监督管理机构规定的其他情形的除外。

前款所称董事、监事、高级管理人员、自然人股东持有的股票或者其他具有股权性质的证券，包括其配偶、父母、子女持有的及利用他人账户持有的股票或者其他具有股权性质的证券。

公司董事会不按照第一款规定执行的，股东有权要求董事会在三十日内执行。公司董事会未在上述期限内执行的，股东有权为了公司的利益以自己的名义直接向人民法院提起诉讼。

公司董事会不按照第一款的规定执行的，负有责任的董事依法承担连带责任。

条文注释

本条是关于规制短线交易行为的规定。

短线交易，是指在较短的时间内，将本公司股票或者其他具有股权性质的证券买入后又卖出或者卖出后又买入的行为。公司的董事、监事、高级管理人员，由于其地位和职务决定了其不仅了解公司的各种信息，而且直接掌控公司的经营运作。持有上市公司、股票在国务院批准的其他全国性证券交易场所的公司股份5%以上的股东，往往是该公司的大股东，其频繁地买卖本公司的股票会影响公司的股票价格，从而操纵股市或者引起公司股票价格的动荡，损害其他小股东的利益，因此，有必要通过明确其从事有关短线交易的收益归属来进行防范短线交易行为。

本条规定包含以下三点内容：第一，上市公司、股票在国务院批准的其他全国性证券交易场所交易的公司持有5%以上股份的股东、董事、监事、高级管理人员短线交易的收益归公司所有。本条第1款也规定了例外情形：一是证券公司因购入包销售后剩余股票而持有5%以上股份的，卖出该股票时不受6个月时间限制；二是授权国务院证券监督管理机构根据证券市场实践需要，规定其他的例外情形。第二，股东对上市公司、股票在国务院批准的其他全国性证券交易场所交易的公司持有5%以上股份的股东、董事、监事、高级管理人员短线交易的收益有权要求董事会收回，并可以依法行使请求权。第三，负有责任的董事对公司董事会不作为的行为承担连带责任。

关联法规

《公司法》第160条

《股票发行与交易管理暂行条例》第38条

第四十五条 【程序化交易】通过计算机程序自动生成或者下达交易指令进行程序化交易的，应当符合国务院证券监督管理机构的规定，并向证券交易所报告，不得影响证券交易所系统安全或者正常交易秩序。

条文注释

本条是关于证券程序化交易的规定。

程序化交易又称算法交易，是指通过计算机程序自动确定订单的执行价格、执行数量、执行时机等参数，自动生成、执行交易指令的交易行为。根据实践中程序化交易发展的情况，按照积极审慎的原则，本条对证券程序化交易作了原则性规定：

第一，明确了程序化交易的定义，即通过计算机程序自动生成或者下达交易指令进行程序化交易的行为。

第二，考虑到程序化交易属于新兴事物，在我国尚处于发展阶段，在法律中对其作出全面规范的条件还不够成熟，本条仅对其提出最基本的要求：一是进行程序化交易的，必须向证券交易所报告，使证券交易所能够了解和知悉程序化交易的基本情况，防范程序化交易风险，防止利用程序化交易实施证券违法行为的情况发生。二是程序化交易不得影响证券交易所系统安全或者正常交易秩序。对于采取程序化交易影响证券交易所系统安全或者正常交易秩序的，本法第190条规定了相应的行政处罚措施。同时，本条还授权国务院证券监督管理机构对程序化交易作出具体规定。

第二节 证券上市

第四十六条 【上市程序】申请证券上市交易,应当向证券交易所提出申请,由证券交易所依法审核同意,并由双方签订上市协议。

证券交易所根据国务院授权的部门的决定安排政府债券上市交易。

条文注释

本条是关于证券上市交易的规定。

根据本法第37条第1款的规定,公开发行的证券,应当在依法设立的证券交易所上市交易或者在国务院批准的其他全国性证券交易场所交易。根据本条第1款的规定,申请证券上市交易,应当向证券交易所提出申请,由证券交易所依照法律、行政法规、国务院证券监督管理机构的规定,根据其依法制定的上市规则,决定是否同意该证券上市交易。证券交易所同意证券上市交易的,由发行人与证券交易所签订上市协议。

政府债券,是指政府为筹集资金向投资者发行并承诺在一定时期支付利息和偿还本金的债务凭证。政府债券的发行方式、时间、对象和还款期限由财政部门具体规定。政府债券的上市交易由证券交易所根据国务院授权的部门的决定作出相应安排。

第四十七条 【上市条件】申请证券上市交易,应当符合证券交易所上市规则规定的上市条件。

证券交易所上市规则规定的上市条件,应当对发行人的经营年限、财务状况、最低公开发行比例和公司治理、诚信记录等提出要求。

条文注释

本条是关于证券上市条件的规定。

本条第1款规定，申请证券上市交易，应当符合证券交易所上市规则规定的上市条件。根据本法第115条的规定，证券交易所依照法律、行政法规和国务院证券监督管理机构的规定，制定上市规则、交易规则、会员管理规则和其他有关业务规则，并报国务院证券监督管理机构批准。发行人申请证券上市交易，应当符合证券交易所依法制定的上市规则规定的上市条件；不符合上市条件的，证券交易所有权拒绝该证券在本交易所上市交易。

为加强对证券交易所制定上市规则、明确上市条件的规范，本条第2款规定，证券交易所上市规则规定的上市条件应当对发行人的经营年限、财务状况、最低公开发行比例和公司治理、诚信记录等提出要求。

第四十八条 【终止上市】上市交易的证券，有证券交易所规定的终止上市情形的，由证券交易所按照业务规则终止其上市交易。

证券交易所决定终止证券上市交易的，应当及时公告，并报国务院证券监督管理机构备案。

条文注释

本条是关于证券终止上市交易的规定。

终止证券上市交易，即取消证券在证券交易所挂牌进行公开集中交易的资格，是对发行人采取的较为严厉的措施。根据本条第1款的规定，对于上市交易的证券，出现证券交易所规定的终止上市情形的，由证券交易所按照其业务规则决定终止该证券的上市交易。

根据本条第2款的规定，证券交易所决定终止证券上市交易的，应当及时发布公告，披露终止相关证券上市交易的信息，同时将终止有关证券上市交易的情况报国务院证券监督管理机构备案。

第四十九条 【上市复核】对证券交易所作出的不予上市交易、终止上市交易决定不服的，可以向证券交易所设立的复核机构申请复核。

条文注释

本条是关于对证券交易所有关决定复核的规定。

证券交易所是为证券集中交易提供场所和设施，组织和监督证券交易，实行自律管理的法人。证券交易所依法制定章程，以及上市规则、交易规则、会员管理规则和其他有关业务规则，对从事证券交易违反业务规则的责任主体，给予纪律处分或者采取其他自律管理措施。根据本法的规定，证券交易所依法审核证券的上市申请，依法决定证券终止上市交易。当事人对证券交易所作出的不予上市交易、终止上市交易的决定不服的，可以向证券交易所设立的复核机构申请复核，由该复核机构再一次根据上市规则和相关业务规则的条件和相关工作要求重新审核，以维护当事人的合法权益。

第三节 禁止的交易行为

第五十条 【禁止内幕交易】禁止证券交易内幕信息的知情人和非法获取内幕信息的人利用内幕信息从事证券交易活动。

条文注释

本条是关于禁止内幕交易的原则规定。

内幕交易，是指证券交易内幕信息的知情人和非法获取内幕信息的人利用内幕信息进行的证券交易。证券交易的风险和收益，与信息的掌握程度、扩散范围密切相关。为保护公开、公平、公正的市场环境，保护投资者的合法权益，需要严格禁止内幕交易，保证所有投资者有机会同时、平等地获得和利用对证券价格、投资决策有重要影响的信息。因此,本条明确禁止证券交易内幕信息的知情人和非法获取内幕信息的人利用内幕信息从事证券交易活动。

本条禁止进行内幕交易的主体包括两类:一类是“内幕信息的知情人”,即通过合法途径获取内幕信息的人。内幕信息的知情人获取内幕信息本身是合法的,但其从事内幕交易的行为却是本条所禁止的。另一类是“非法获取内幕信息的人”,即本身无权获取内幕信息,但通过非法途径获得的人,如利用窃取、骗取、套取、窃听、利诱、刺探或者私下交易等手段获取内幕信息的人等。非法获取内幕信息的人也不得利用内幕信息从事证券交易活动。

第五十一条　【内幕信息知情人】证券交易内幕信息的知情人包括:

(一)发行人及其董事、监事、高级管理人员;

(二)持有公司百分之五以上股份的股东及其董事、监事、高级管理人员,公司的实际控制人及其董事、监事、高级管理人员;

(三)发行人控股或者实际控制的公司及其董事、监事、高级管理人员;

(四)由于所任公司职务或者因与公司业务往来可以获取公司有关内幕信息的人员;

(五)上市公司收购人或者重大资产交易方及其控股股东、实际控制人、董事、监事和高级管理人员;

(六)因职务、工作可以获取内幕信息的证券交易场所、证券公司、证券登记结算机构、证券服务机构的有关人员;

(七)因职责、工作可以获取内幕信息的证券监督管理机构工作人员;

(八)因法定职责对证券的发行、交易或者对上市公司及其收购、重大资产交易进行管理可以获取内幕信息的有关主管部门、监管机构的工作人员；

（九）国务院证券监督管理机构规定的可以获取内幕信息的其他人员。

条文注释

本条是关于证券交易内幕信息的知情人范围的规定。

证券交易内幕信息的知情人，也称内幕人，确定内幕信息的知情人，一般以是否知悉内幕信息为标准，不限于公司内部人员，还包括公司外部由于工作性质、所任职务、业务往来、监管职责等而知悉内幕信息的人员。

本条列举了几类证券交易内幕信息的知情人，其中，高级管理人员，是指公司的经理、副经理、财务负责人、上市公司的董事会秘书和公司章程规定的其他人员。实际控制人，根据《公司法》第265条的规定，是指通过投资关系、协议或者其他安排，能够实际支配公司行为的人。公司的实际控制人及其董事、监事、高级管理人能够知悉公司的内幕信息，也应属于内幕信息知情人。发行人控股的公司，是指发行人是该公司控股股东的公司，即发行人持有该公司50%以上的股份，或者发行人持有股份的比例虽然不足50%，但依其持有的股份所享有的表决权已足以对股东大会的决议产生重大影响。由于所任公司职务或者因与公司业务往来可以获取公司有关内幕信息的人员，是指除公司董事、监事、高级管理人员外，因职务或者工作关系可以接触到或者获取内幕信息的人员，如公司有关研究人员和业务人员、办公室秘书、打字员等，这类人员也应列为内幕信息知情人。因职责、工作可以获取内幕信息的证券监督管理机构工作人员，包括国务院证券监督管理机构的工作人员及其派出机构的工作人员。

第五十二条　【内幕信息】证券交易活动中，涉及发行人的经营、财务或者对该发行人证券的市场价格有重大影响的尚未公开的信息，为内幕信息。

本法第八十条第二款、第八十一条第二款所列重大事件属于内幕信息。

条文注释

本条是关于内幕信息的规定。

内幕信息，是指证券交易活动中，涉及发行人的经营、财务或者对该发行人证券的市场价格有重大影响的尚未公开的信息。内幕信息可以是利好信息，也可以是利空信息，但一定是价格敏感信息，即可能会导致证券价格波动的信息。这类信息可以分为两大类：一类是涉及发行人的经营、财务状况的信息。这些信息是投资者判断发行人发展前景、确定发行人所发行的证券的投资价值、作出投资决策的必要依据，是内幕信息的典型情形。另一类是对发行人证券的市场价格有重大影响的信息。这些信息有的来自发行人内部，有的来自发行人外部，虽然不涉及发行人的经营、财务状况，但是会对证券的市场价格产生重大影响。

本条第2款对内幕信息的范围进行了划定，包含了本法第80条第2款、第81条第2款所列的重大事件。

关联法规

《股票发行与交易管理暂行条例》第81条

第五十三条　【内幕交易行为及其赔偿责任】证券交易内幕信息的知情人和非法获取内幕信息的人，在内幕信息公开前，不得买卖该公司的证券，或者泄露该信息，或者建议他人买卖该证券。

持有或者通过协议、其他安排与他人共同持有公司百分之五以上股份的自然人、法人、非法人组织收购上市公司的股份，本法另有规定的，适用其规定。

内幕交易行为给投资者造成损失的，应当依法承担赔偿责任。

条文注释

本条是关于内幕交易行为及其赔偿责任的规定。

内幕交易行为，是指证券交易内幕信息的知情人和非法获取内幕信息的人，在内幕信息公开前买卖该公司的证券，或者泄露该信息，或者建议他人买卖该证券的行为。内幕交易的行为主体，包括证券交易内幕信息的知情人和非法获取内幕信息的人，既包括自然人，也包括法人和非法人组织。

内幕交易行为主要有以下三种表现方式：一是行为主体知悉内幕信息，并且在内幕信息公开前，从事了该证券的买卖行为；二是行为主体将所知悉的内幕信息泄露给他人，使他人从事相关证券交易行为；三是行为主体知悉内幕信息，又建议他人买卖该种证券。对于内幕信息知情人来说，只要有上述三种行为中的一种，不论他是否有获利目的和动机，是否利用了内幕信息从事证券交易，以及是否从交易中获利，都视为进行了内幕交易。

本条第2款中的“共同持有”，既包括每个人均持有一定股份、合计持有公司5%以上股份的情况，也包括部分持有公司股份、部分不持有公司股份，但是通过协议、其他安排共同持有公司5%以上股份的情况。上市公司收购是一种以取得或者巩固对上市公司的控制权为目的的证券交易活动，是企业资产重组的一种重要形式。对收购方来讲，收购的前期工作通常是在非常秘密的条件下进行的。特别是通过证券交易所的公开市场交易进行的收购，如果过早暴露收购意图，致使被收购公司的股票价格上涨，将大大增加收购成本，甚至造成收购无法进行。根据本法第65条和第71条的规定，投资者通过证券交易所的证券交易持有一个上市公司已发行的有表决权股份的30%时，继续进行收购的，应依法发出收购要约；以协议方式收购上市公司时，收购人在达成协议后才须报告和公告收购事项。这表明投资者进行上市公司收购时，在法定条件下，在有关收购方案公告前可以买卖目标公司的股票，这样有利于促进企业并购重组。因此，依法进行的上市公司收购是内幕交易的一个例外。

本条第 3 款对内幕交易行为的民事赔偿责任作出明确规定。除此之外，责任主体还要依照本法第 191 条的规定承担行政责任，依照《刑法》第 180 条的规定承担刑事责任。

第五十四条　【禁止利用未公开信息进行证券交易】禁止证券交易场所、证券公司、证券登记结算机构、证券服务机构和其他金融机构的从业人员、有关监管部门或者行业协会的工作人员，利用因职务便利获取的内幕信息以外的其他未公开的信息，违反规定，从事与该信息相关的证券交易活动，或者明示、暗示他人从事相关交易活动。

利用未公开信息进行交易给投资者造成损失的，应当依法承担赔偿责任。

条文注释

本条是关于禁止违反规定利用其他未公开信息进行证券交易的规定。

被禁止利用未公开信息进行证券交易的主体，是证券交易场所、证券公司、证券登记结算机构、证券服务机构和其他金融机构的从业人员、有关监管部门或者行业协会的工作人员。禁止上述人员利用的是其他未公开信息，即内幕信息以外的对证券的市场价格有重大影响的尚未公开的信息。其他未公开信息需具有价格敏感性和非公开性。

本条第 2 款对违反规定利用未公开信息进行证券交易的民事赔偿责任进行了规定。除民事赔偿责任之外，责任主体还要依照本法第 191 条的规定承担行政责任，依照《刑法》第 180 条的规定承担刑事责任。

第五十五条 【禁止操纵证券市场】禁止任何人以下列手段操纵证券市场,影响或者意图影响证券交易价格或者证券交易量:

(一)单独或者通过合谋,集中资金优势、持股优势或者利用信息优势联合或者连续买卖;

(二)与他人串通,以事先约定的时间、价格和方式相互进行证券交易;

(三)在自己实际控制的账户之间进行证券交易;

(四)不以成交为目的,频繁或者大量申报并撤销申报;

(五)利用虚假或者不确定的重大信息,诱导投资者进行证券交易;

(六)对证券、发行人公开作出评价、预测或者投资建议,并进行反向证券交易;

(七)利用在其他相关市场的活动操纵证券市场;

(八)操纵证券市场的其他手段。

操纵证券市场行为给投资者造成损失的,应当依法承担赔偿责任。

条文注释

本条是关于禁止操纵证券市场的行为的规定。

操纵证券市场,是指行为人以不正当手段,影响或者意图影响证券交易价格或者证券交易量,扰乱证券市场秩序的行为,其实质是制造虚假的证券交易量和证券交易价格,欺诈不特定的投资者的行为。认定操纵证券市场行为需要结合行为表现和行为性质两方面考虑,在行为表现上,行为人采取了操纵证券市场的手段,如"联合/连续交易操纵""约定交易操纵""洗售操纵""虚假申报操纵""蛊惑交易操纵""抢帽子交易操纵""跨市场操纵"等;在行为性质上,表现为行为人通过上述手段"影响或者意图影响证券交易价格或者证券交易量"。

证券市场中恶性炒作、操纵股价获取暴利的行为，不仅严重危害了证券市场的秩序，而且造成了许多中小投资者的损失，因此，本条第2款对操纵证券市场行为的民事责任作出了明确规定。另外，对于操纵证券市场行为，责任主体除依照本条第2款规定承担民事赔偿责任外，还应当依照本法第192条的规定承担行政责任，依照《刑法》第182条的规定承担刑事责任。

第五十六条 【禁止编造、传播虚假信息或者误导性信息】 禁止任何单位和个人编造、传播虚假信息或者误导性信息，扰乱证券市场。

禁止证券交易场所、证券公司、证券登记结算机构、证券服务机构及其从业人员，证券业协会、证券监督管理机构及其工作人员，在证券交易活动中作出虚假陈述或者信息误导。

各种传播媒介传播证券市场信息必须真实、客观，禁止误导。传播媒介及其从事证券市场信息报道的工作人员不得从事与其工作职责发生利益冲突的证券买卖。

编造、传播虚假信息或者误导性信息，扰乱证券市场，给投资者造成损失的，应当依法承担赔偿责任。

条文注释

本条是关于禁止编造、传播虚假信息或者误导性信息的规定。

第一，禁止的对象是"任何单位和个人"，不仅包括国家工作人员和传播媒介从业人员，还包括一些有较大影响力的自然人、法人、非法人组织。另外，本条第2款特别强调，禁止证券交易场所、证券公司、证券登记结算机构、证券服务机构及其从业人员，证券业协会、证券监督管理机构及其工作人员，在证券交易活动中作出虚假陈述或者信息误导。

第二，禁止的行为包括编造、传播虚假信息或者误导性信息。所谓"虚假信息"，是指内容不真实，与实际情况不符的信息。"误导性信息"，一般是指内容虽然真实，但是仅陈述了部分事实，容易引发错误联想的信息。

第三，本条第4款对编造、传播虚假信息或者误导性信息，扰乱证券市场行为的民事责任作出了明确规定。行为人除了需要依照本条第4款规定承担民事赔偿责任外，还应当依照本法第193条的规定承担行政责任，依照《刑法》第181条的规定承担刑事责任。

第五十七条 【禁止损害客户利益】禁止证券公司及其从业人员从事下列损害客户利益的行为：

（一）违背客户的委托为其买卖证券；

（二）不在规定时间内向客户提供交易的确认文件；

（三）未经客户的委托，擅自为客户买卖证券，或者假借客户的名义买卖证券；

（四）为牟取佣金收入，诱使客户进行不必要的证券买卖；

（五）其他违背客户真实意思表示，损害客户利益的行为。

违反前款规定给客户造成损失的，应当依法承担赔偿责任。

条文注释

本条是关于禁止证券公司及其从业人员从事损害客户利益行为的规定。

违背客户的委托为其买卖证券的行为有三个要件：其一，客户下达了买入或卖出证券的委托；其二，证券公司或者其从业人员为客户买入或者卖出了证券；其三，证券交易结果不符合委托的内容。

本条第1款第2项中的"提供交易的确认文件"行为的形式应不限于纸面，可以采取更加灵活的电子化方式，以应对电子化交易。

擅自为客户买卖证券，是指证券公司或者其从业人员未经客户委托授权，擅自为客户买入证券或者卖出客户账户上的证券的行为。假借客户的名义买卖证券，是指不动用客户账户上的证券和资金，而是借客户的账户为自己或者他人进行证券买卖的行为。

不必要的证券买卖，是指对客户的经济利益来说是没有必要的，既不能获得多少利润，也不能减少多少损失的交易。

在责任承担方面，证券公司及其从业人员损害客户利益行为的民事责任主要是合同责任，应当由《民法典》合同编调整，给客户造成损失的，责任主体应当依法承担赔偿责任。在特定情况下，这种行为还可能涉及侵权责任。对此，客户既可以追究责任主体的合同责任，也可以追究责任主体的侵权责任，从而保证客户受到的损失能得到全面的赔偿。除此之外，责任主体还应当依照本法第194条的规定承担行政责任，依照《刑法》第181条的规定承担刑事责任。

第五十八条　【禁止出借、借用证券账户】任何单位和个人不得违反规定，出借自己的证券账户或者借用他人的证券账户从事证券交易。

条文注释

本条是关于禁止出借、借用证券账户从事证券交易的规定。

证券账户专门记载了投资者所持有的证券种类和数量，是投资者开展证券交易活动的基础。根据本法第106、107、157、201条的规定，投资者委托证券公司进行证券交易，应当在证券公司实名开立账户，并通过证券公司申请在证券登记结算机构开立证券账户。投资者申请开立账户，应当持有证明中华人民共和国公民、法人、合伙企业身份的合法证件。证券公司为投资者开立账户，应当按照规定对投资者提供的身份信息进行核对；证券公司不得将投资者的账户提供给他人使用；投资者应当使用实名开立的账户进行交易。证券公司未对投资者开立账户提供的身份信息进行核对的，将受到行政处罚。

第五十九条　【禁止资金违规入市】依法拓宽资金入市渠道，禁止资金违规流入股市。

禁止投资者违规利用财政资金、银行信贷资金买卖证券。

条文注释

本条是关于禁止资金违规流入股市的规定。

不是所有资金都可以随意进出股市。一方面，由于证券市场具有高风险、高收益的特点，对于社保基金、保险资金等追求稳定收益的资金，其投资股市的比例、策略等应当有所限制。另一方面，有的资金如果大量进出股市，可能使股市剧烈波动，不利于股市稳定健康发展，因此对其流入的方式、规模等也应当有所限制。

在禁止资金违规流入股市方面，本条第 2 款特别强调“禁止投资者违规利用财政资金、银行信贷资金买卖证券”，主要考虑是：(1)财政资金是用于国家运行的资金，以保证安全为第一要务，不适宜在证券市场投资。(2)企业融资包括直接融资和间接融资，直接融资的典型代表是证券发行，间接融资的典型代表是银行信贷。银行信贷资金流入证券市场，就减少了流入实体经济的资金数量，影响国家宏观调控效果。同时，利用银行信贷资金买卖证券，还会加剧证券市场波动，放大金融风险。

第六十条 【国有企业买卖股票】国有独资企业、国有独资公司、国有资本控股公司买卖上市交易的股票，必须遵守国家有关规定。

条文注释

本条是关于国有独资企业、国有独资公司、国有资本控股公司买卖上市交易的股票的规定。

企业作为一个独立的法律主体，拥有独立的法人财产权。虽然国有资产具有一定的特殊性，但是完全禁止国有独资企业、国有独资公司、国有资本控股公司买卖上市交易的股票，既不利于国有独资企业、国有独资公司、国有资本控股公司实现经营自主权，也不利于国有资产的流通和保值增值。因此，法律应当允许国有独资企业、国有独资公司、国有资本控股公司在遵守国家有关规定的前提下买卖上市交易的股票。这里的“国家有关规定”，既包括有关市场主体的法律，还包括相关行政法规和国有资产监督管理机构制定的相关规定。

第六十一条　【发现禁止的交易行为的报告义务】证券交易场所、证券公司、证券登记结算机构、证券服务机构及其从业人员对证券交易中发现的禁止的交易行为,应当及时向证券监督管理机构报告。

条文注释

本条是关于金融机构发现禁止的交易行为应当进行报告的规定。

禁止的交易行为主要指本节禁止交易的各种情形,例如内幕交易,利用未公开信息进行证券交易,操纵证券市场,编造、传播虚假信息或者误导性信息,违反规定出借或者借用证券账户,国有独资企业、国有独资公司、国有资本控股公司违反国家规定买卖上市交易的股票等。

对于禁止的交易行为,任何单位和个人发现后都有权检举揭发,向证券监督管理机构报告,同时,还必须充分发挥有关金融机构和人员的自律作用。

第四章　上市公司的收购

第六十二条　【上市公司收购方式】投资者可以采取要约收购、协议收购及其他合法方式收购上市公司。

条文注释

本条是关于上市公司收购方式的规定。

上市公司收购,是指投资者公开收购已经依法上市交易的股份有限公司的股份,以获得或者巩固对该公司控制权的行为。上市公司收购具有下列特征:(1)上市公司收购是对经证券交易所审核同意,股票在证券交易所上市交易的股份有限公司的收购。(2)上市公司收购是对上市公司股份的收购,不是对上市公司资产的收购。

(3)上市公司收购的收购主体是投资者,既可以是自然人,也可以是法人、非法人组织;投资者通过协议或者其他安排与其他人共同收购上市公司;与投资者有协议或者其他安排的其他人也是上市公司收购的收购主体。(4)上市公司收购是一种投资者与投资者之间的股份转让行为,而不是投资者与上市公司之间的股份转让行为。(5)上市公司收购的目的是获得或者巩固对上市公司的控制权。

上市公司的收购方式包括:(1)要约收购,是指投资者向目标公司的所有股东发出要约,表明愿意以要约中的价格、时间、条件购买目标公司的股票,以期获得或者巩固对目标公司的控制权;(2)协议收购,是指投资者在证券交易所外与目标公司的部分特定股东就股票的价格、数量等方面进行私下协商,购买目标公司的股票,以期获得和巩固对目标公司的控制权;(3)其他合法方式。

第六十三条　【大额持股信息披露】通过证券交易所的证券交易,投资者持有或者通过协议、其他安排与他人共同持有一个上市公司已发行的有表决权股份达到百分之五时,应当在该事实发生之日起三日内,向国务院证券监督管理机构、证券交易所作出书面报告,通知该上市公司,并予公告,在上述期限内不得再行买卖该上市公司的股票,但国务院证券监督管理机构规定的情形除外。

投资者持有或者通过协议、其他安排与他人共同持有一个上市公司已发行的有表决权股份达到百分之五后,其所持该上市公司已发行的有表决权股份比例每增加或者减少百分之五,应当依照前款规定进行报告和公告,在该事实发生之日起至公告后三日内,不得再行买卖该上市公司的股票,但国务院证券监督管理机构规定的情形除外。

投资者持有或者通过协议、其他安排与他人共同持有一个上市公司已发行的有表决权股份达到百分之五后,其所持该上市公司已发行的有表决权股份比例每增加或者减少百分之一，应当在该事实发生的次日通知该上市公司，并予公告。

违反第一款、第二款规定买入上市公司有表决权的股份的，在买入后的三十六个月内，对该超过规定比例部分的股份不得行使表决权。

条文注释

本条是关于大额持股信息披露的规定。

投资者持有或者通过协议、其他安排与他人共同持有一个上市公司已发行的有表决权股份达到5%，即触发收购警戒线（又称首次举牌线），有必要对其信息披露义务提出要求。本条对大额持股信息披露的规定主要有以下几个方面：(1)就信息披露的条件来看，要求投资者通过证券交易所的证券交易，单独或者通过协议、其他安排与他人共同持有上市公司已经发行有表决权股份总数的5%。同时，本条在计算投资者持股比例时强调"有表决权"，剔除了无表决权的股份。(2)就信息披露的方式来看，按照本法第86条的规定，依法披露的信息，应当在证券交易场所的网站和符合国务院证券监督管理机构规定条件的媒体发布，同时将其置备于公司住所、证券交易场所，供社会公众查阅。(3)就信息披露的期限来看，要求投资者持有或者通过协议、其他安排与他人共同持有一个上市公司已发行的有表决权股份达到5%之日起3日内进行信息披露。(4)就信息披露的内容来看，包括持股人的名称、住所，持有的股票的名称、数额，持股达到法定比例或者持股增减变化达到法定比例的日期、增持股份的资金来源，在上市公司中拥有有表决权的股份变动的时间及方式。实践中，国务院证券监督管理机构要求投资者及其一致行动人编制权益变动报告书。(5)信息披露存在除外情形。实践中，公募基金、约定购回式证券交易等证券业务也可能导致持股达到或超过5%，但相关活动需遵循特定的业务规则进行，且其并不具有收购目的，要求其严格履行信息披露及停止买卖股票的义务可能影响创新业务开展。因此，本条第1款授权国务院证券监督管理机构规定大额持股信息披露的除外情形。

投资者及其一致行动人持股5%后持股比例每增减5%,可能影响股票市场价格,为此,本条第2款对其信息披露义务作了规定。具体包含以下几点内容:(1)关于信息披露的条件。第一,投资者及其一致行动人控制上市公司已经发行有表决权股份总数的5%后,每增加或者减少上市公司已经发行有表决权股份总数的5%。第二,投资者及其一致行动人持有的该上市公司有表决权股份未达到30%;如果达到了30%,将触发强制收购要约义务,不再适用本条规定。第三,投资者及其一致行动人增减上市公司已经发行有表决权股份总数的5%,是通过证券交易所的证券交易实现的。(2)关于信息披露的期限及其计算起点。投资者应当在增减上市公司已经发行有表决权股份总数的5%当日起,3日内公告有表决权股份变动的情况。(3)关于未履行信息披露义务的法律后果。根据本条第4款规定,违反本条第1款、第2款规定买入上市公司有表决权的股份的,在买入后的36个月内,对该超过规定比例部分的股份不得行使表决权。其中,违反第2款规定的行为,既包括未依法履行报告、通知、公告义务的行为,也包括未依法等足时间即继续买卖上市公司股票的行为。

投资者及其一致行动人持股5%后持股比例每增减1%,可能影响股票市场价格,为此,本条第3款对其信息披露也提出了要求。此处需要注意把握其与投资者持股5%后持股比例每增减5%时的差异:(1)关于信息披露的条件,是投资者及其一致行动人控制上市公司已经发行有表决权股份总数每增加或减少1%,而非5%。(2)关于信息披露的期限,是发生上述变动的次日。(3)关于信息披露的内容,本法第64条对其作了与持股达到5%相同的规定;但是,国务院证券监督管理机构对其内容与格式作出细化规定时,对其披露要求应当不高于变化5%。(4)关于信息披露的程序,在信息披露前,投资者及其一致行动人应当通知上市公司,并予公告;并未要求其向国务院证券监督管理机构、证券交易所作出书面报告,也未要求其停止买卖股票。(5)关于信息披露的表决,未依照本条第3款履行信息披露义务的,不适用本条第4款关于表决权限制的规定。

第六十四条　【大额持股信息披露的内容】依照前条规定所作的公告,应当包括下列内容:

(一)持股人的名称、住所;

(二)持有的股票的名称、数额;

(三)持股达到法定比例或者持股增减变化达到法定比例的日期、增持股份的资金来源;

(四)在上市公司中拥有有表决权的股份变动的时间及方式。

条文注释

本条是关于大额持股信息披露的内容的规定。

根据本法第63条的规定,通过证券交易所的证券交易,投资者持有或者通过协议、其他安排与他人共同持有一个上市公司已发行的有表决权股份达到5%时,以及此后其所持该上市公司已发行的有表决权股份比例每增加或者减少5%、1%时,都应当分别履行信息披露义务。本条对上述三种情形下都应当披露的基本内容作出规定,具体包括以下内容:

(1)持股人的名称、住所。持股人是法人或者非法人组织的,应当披露其名称、注册地;是自然人的,应当披露其姓名(包括曾用名)、住所。

(2)持有的股票的名称、数额。即该持股人目前持有哪一家上市公司的哪一种股票,以及所持有的股票数量。

(3)持股达到法定比例或者持股增减变化达到法定比例的日期、增持股份的资金来源。这是为了表明该持股人在什么时候所持有的股份比例达到了该上市公司所发行的有表决权股份的5%,或者表明该持股人在持股5%以后又在什么时候发生了5%、1%的持股变化。持股人增持股份的,还要公告其资金来源,以防止违规资金流入股市。

(4)在上市公司中拥有有表决权的股份变动的时间及方式。这是要求投资者及其一致行动人说明其拥有有表决权股份的每一次变动的时间及方式,以显示其是否依法履行了报告、通知、公告、暂停买卖等义务。

第六十五条 【强制要约收购】通过证券交易所的证券交易,投资者持有或者通过协议、其他安排与他人共同持有一个上市公司已发行的有表决权股份达到百分之三十时,继续进行收购的,应当依法向该上市公司所有股东发出收购上市公司全部或者部分股份的要约。

收购上市公司部分股份的要约应当约定,被收购公司股东承诺出售的股份数额超过预定收购的股份数额的,收购人按比例进行收购。

条文注释

本条是关于强制要约收购义务的规定。

以收购要约的发出是否源于法律强制为标准,要约收购可以分为强制要约收购和自愿要约收购。强制要约收购,是指投资者持有一个上市公司的股份达到一定比例时,如果其愿意继续购入该公司的股份,应当依法向该上市公司的所有股东发出收购要约的收购方式。自愿要约收购,是指投资者在达到强制要约收购触发点之前,自愿决定向目标公司全体股东发出收购要约的收购方式。强制要约收购是本条规范的内容。

投资者收购上市公司,可以收购上市公司的全部股份,也可以收购上市公司的部分股份。投资者收购上市公司的全部股份时,不论被收购的上市公司的股东出售多少股份,投资者都会收购,因此,出售被收购的上市公司的股份的股东的权利不受影响。投资者收购上市公司的部分股份时,被收购的上市公司的股东出售的股份数可能高于投资者打算收购的股份数,也可能低于投资者打算收购的股份数。被收购的上市公司的股东出售的股份数低于投资者打算收购的股份数时，出售被收购的上市公司的股份的股东的权利不受影响；被收购的上市公司的股东出售的股份数高于投资者打算收购的股份数时，如果投资者只收购一部分股东的股份，不收购另外一部分股东的股份，就剥夺了这部分股东平等出售股份的权利。为了保证上市公司收购的公平性，保护被收购的上市公司的所有股东的权利，本条特别规定，以强制要约收购方式收购上市公司部分股份的，收购人应当在收购要约中约定按比例收购。此处的比例，就是指投资者打算收购的股份数和被收购的上市公司的股东出售的股份数的比例。

第六十六条　【上市公司收购报告书的内容】依照前条规定发出收购要约，收购人必须公告上市公司收购报告书，并载明下列事项：

（一）收购人的名称、住所；

（二）收购人关于收购的决定；

（三）被收购的上市公司名称；

（四）收购日的；

（五）收购股份的详细名称和预定收购的股份数额；

（六）收购期限、收购价格；

（七）收购所需资金额及资金保证；

（八）公告上市公司收购报告书时持有被收购公司股份数占该公司已发行的股份总数的比例。

条文注释

本条是关于采取强制要约收购时应当公告的上市公司收购报告书的内容的规定。

根据本法第 65 条的规定，投资者持有或者通过协议、其他安排共同持有一个上市公司已发行的有表决权股份的 30% 时，如果继续进行收购，应当向该上市公司所有的股东发出收购上市公司全部或者部分股份的要约。发出收购要约的方式，就是公告上市公司收购报告书。在公告上市公司收购报告书中载明收购期限、收购价格，是为了表明收购要约在多长时间内具有效力，同时收购人是以什么样的价格收购该上市公司的剩余股份。这两项是收购要约中最主要的内容，因此，在上市公司收购报告书中必须准确地加以记载。根据本法第67条的规定，收购要约约定的收购期限不得少于30日，并不得超过60日。另外，载明公告上市公司收购报告书时持有被收购公司股份数占该公司已发行的股份总数的比例，是为了表明收购人当时已经持有的被收购公司的股份的比例，从而确定收购人应当按照哪些法定程序进行活动。

第六十七条　【要约收购期限】收购要约约定的收购期限不得少于三十日，并不得超过六十日。

条文注释

本条是关于要约收购期限的规定。

要约收购，是指投资者向目标公司的所有股东发出要约，表明愿意以要约中的价格、时间、条件购买目标公司的股票，以期获得或者巩固对目标公司的控制权。要约收购期限，是指收购要约生效之日起到要约失效之日止的一段时间。收购期限可以由法律规定，也可以由收购要约发出人规定。由法律规定的收购期限是法定收购期限，分为法定最短收购期限30日和法定最长收购期限60日。收购要约发出人选定收购期限时，只能在法定最短收购期限和法定最长收购期限之间选择，即必须长于或者等于30日，短于或者等于60日。收购期限自收购要约规定的时点起算，没有规定起算点的，自收购要约公告之日起计算。

关于要约收购期限的效力，一方面，根据本法第68、70条的规定，在收购要约期限内，收购人不得撤销其收购要约；需要变更收购要约的，应当及时公告，载明具体变更事项，且不得存在降低收购价格、减少预定收购股份数额、缩短收购期限以及国务院证券监督管理机构规定的其他情形；不得卖出被收购公司的股票，也不得采取要约规定以外的形式和超出要约的条件买入被收购公司的股票。

另一方面，在收购要约期限内，同意接受收购要约的股东（预受股东），应当委托证券公司办理预受要约的相关手续；收购人应当委托证券公司向证券登记结算机构申请办理预受要约股票的临时保管；证券登记结算机构临时保管的预受要约的股票，在要约收购期间内不得转让。

第六十八条 【收购要约的撤销和变更】在收购要约确定的承诺期限内，收购人不得撤销其收购要约。收购人需要变更收购要约的，应当及时公告，载明具体变更事项，且不得存在下列情形：

（一）降低收购价格；

（二）减少预定收购股份数额；

（三）缩短收购期限；

（四）国务院证券监督管理机构规定的其他情形。

条文注释

本条是关于收购要约的撤销和变更的规定。

收购要约撤销，是指收购人公告收购要约后，将该收购要约取消，使收购要约的法律效力归于消灭的意思表示行为。投资者持有或者通过协议、其他安排与他人共同持有该上市公司30%以上的股份，其发出的收购要约已经将收购的有关信息作了披露，这属于上市公司的重大变化，会对该上市公司的股东的投资决策产生重要影响，也会对该上市公司股票的交易价格和交易量产生重要的影响。如果收购人撤销收购要约，会使股东基于此前披露的信息所作的判断和预期落空，对广大中小股东造成严重损害，同时对该上市公司股票的交易价格和交易量产生新的影响，扰乱证券市场的正常运行秩序。为了保护广大中小股东的利益，防止证券欺诈，维护证券市场的正常运行，本条规定，在收购要约确定的承诺期限内，收购人不得撤销其收购要约。

收购要约变更，是指收购要约生效后，收购要约发出人改变要约的内容的意思表示行为。一方面,上市公司收购在一些特殊情形下确实存在变更收购要约的必要性,如收购要约人面临其他要约人的竞争时,应当允许其变更原收购要约的内容以提高竞争力,这对被收购的上市公司的股东也是有利的。另一方面,收购要约是希望和他人订立股权转让合同的意思表示,预受股东承诺后合同已经成立,收购人理应无权变更收购要约的关键条款;同时,由于收购要约的各项内容是广大股东进行分析、判断和决策的依据,收购要约内容发生变更涉及被收购公司股东的切身利益和证券市场的正常运行。因此,对收购要约的变更应当进行必要的规范和约束。

第六十九条 【收购条件】收购要约提出的各项收购条件,适用于被收购公司的所有股东。

上市公司发行不同种类股份的,收购人可以针对不同种类股份提出不同的收购条件。

条文注释

本条是关于在收购要约中收购条件的规定。

在上市公司要约收购中,要约人应当对被收购的上市公司的所有股东一视同仁,不得对部分股东实施歧视性待遇。具体可以从以下两个方面来理解:一是,收购要约提出的各项收购条件,适用于被收购公司的所有股东。在要约收购中,既然被收购的上市公司股票具有同等的权利,那么就具有同等的价值,股东应当获得同等的收购条件。具体要求包括:第一,被收购的上市公司的全体股东都有平等参与要约收购的权利。第二,要约收购条件具有统一性,应当适用于被收购的上市公司的全体股东,不能出现收购条件方面的差别待遇。第三,如果在要约有效期间内,要约人需要变更要约条件或者提高要约价格,那么要约人应当对所有出售股份的股东适用变更后的价格,而无论该股东是在变更前接受要约,还是在变更后接受要约;要约人变更其他条件的,应当与此同理。二是,上市公司发行不同种类股份的,收购人可以针对不同种类股份提出不同的收购条件。

另外,优先股与普通股、特别表决权股与普通股的权利不同、价值不同,收购人针对不同种类股份提出不同的收购条件有其合理性,这是本法所允许的。

第七十条　【收购人买卖股票限制】采取要约收购方式的,收购人在收购期限内,不得卖出被收购公司的股票,也不得采取要约规定以外的形式和超出要约的条件买入被收购公司的股票。

条文注释

本条是关于限制收购人在要约收购期限内买卖被收购的上市公司股票的规定。

收购人发出收购要约后,该收购要约就发生法律效力,被收购上市公司的全体股东对该收购要约都有权利获得平等待遇。因此,本条对收购人在收购期限内的股票买卖行为作出限制性规定:一是,收购人不得卖出被收购公司的股票。收购人在向一个上市公司发出收购要约的同时又卖出这个公司的股票,表明其并不具有真正的收购意图,有可能是以收购上市公司为名操纵股票价格,谋取不正当利益。为了保护被收购公司股东的利益,应当禁止收购人在收购期限内卖出被收购公司的股票。二是,收购人不得采取要约规定以外的形式或者超出要约的条件买入被收购公司的股票。收购人在发出收购要约以后,又在证券交易所通过集中竞价的方式买入目标公司的股票,或者与少数股东采取协议收购的方式买入目标公司的股票,可能对其他股东以同等机会、同等条件卖出股票的权利造成损害。

第七十一条　【协议收购】采取协议收购方式的，收购人可以依照法律、行政法规的规定同被收购公司的股东以协议方式进行股份转让。

以协议方式收购上市公司时，达成协议后，收购人必须在三日内将该收购协议向国务院证券监督管理机构及证券交易所作出书面报告，并予公告。

在公告前不得履行收购协议。

条文注释

本条是关于协议收购制度的规定。

协议收购，是指投资者在证券交易所外与目标公司的股东就股票的价格、数量等事宜进行私下协商，购买目标公司的股票，以期获得和巩固对目标公司控制权的收购方式。收购人与被收购的上市公司的股东签订转让股份的协议后，协议收购就成立。收购协议只能采取书面形式，不能采取口头等其他形式。收购协议的内容可参照收购要约及收购报告书的内容。协议收购具有交易行为的相对不公开性和交易条件的不统一性。

第七十二条　【收购协议履行的保全性措施】采取协议收购方式的，协议双方可以临时委托证券登记结算机构保管协议转让的股票，并将资金存放于指定的银行。

条文注释

本条是关于收购协议履行的保全性措施规定。

证券登记结算机构作为负责办理股票过户登记的专门机构，对各上市公司的股东及股权变动情况最为清楚，由其临时保管股票，有助于控制风险。银行作为经营货币业务的专门机构，有较好的信誉和财力，由其代为存放资金，有利于实现交易安全。因此，本条规定，协议收购双方可以将协议转让的股票临时委托证券登记结算机构保管，将购买股票的资金存放于指定的银行，以保证交易安全，维护协议双方的合法权益。

虽然协议收购方式下,协议双方临时委托证券登记结算机构保管协议转让的股票,并将资金存放于指定的银行,可以维护协议收购的正常秩序及协议收购双方当事人的合法权益,但是本条没有把这种做法规定为收购协议双方的法定义务,是否采取这种比较安全的办法,可以由协议双方自行选择。

第七十三条　【协议收购转强制要约收购】采取协议收购方式的,收购人收购或者通过协议、其他安排与他人共同收购一个上市公司已发行的有表决权股份达到百分之三十时,继续进行收购的,应当依法向该上市公司所有股东发出收购上市公司全部或者部分股份的要约。但是,按照国务院证券监督管理机构的规定免除发出要约的除外。

收购人依照前款规定以要约方式收购上市公司股份,应当遵守本法第六十五条第二款、第六十六条至第七十条的规定。

条文注释

本条是关于协议收购持股达到30%后的强制要约收购义务的规定。

收购人通过协议收购的方式控制上市公司已经发行的有表决权股份总数的30%后继续进行收购的,应当向被收购的上市公司的所有股东发出收购要约,以平等保护所有投资者,使中小投资者都有机会退出公司。但也存在免除发出收购要约义务的特殊情形,如协议收购并不会损害投资者合法权益(投资者没有获得控制权的主观目的,或者实际控制权未发生变更,或者在其他股东的同意下获得股份)时,就没有必要要求收购人发出收购要约。因此,本条第1款中规定,按照国务院证券监督管理机构的规定免除发出要约的除外。

第七十四条　【上市公司被收购导致终止上市】收购期限届满，被收购公司股权分布不符合证券交易所规定的上市交易要求的，该上市公司的股票应当由证券交易所依法终止上市交易；其余仍持有被收购公司股票的股东，有权向收购人以收购要约的同等条件出售其股票，收购人应当收购。

收购行为完成后，被收购公司不再具备股份有限公司条件的，应当依法变更企业形式。

条文注释

本条是关于上市公司被收购导致终止上市、强制受让股份以及变更企业形式的规定。

上市公司被收购导致终止上市，是指收购人通过要约收购等方式，使上市公司的股权过于集中，不再符合证券交易所规定的上市交易要求而终止上市，变成一家非上市公司的过程。根据本条第1款的规定，终止上市的时间，是收购期限届满时。

强制受让股份，是指上市公司被收购导致终止上市后，仍持有被收购的上市公司股票的股东向收购人提出以收购要约的同等条件出售其股票的，收购人必须收购。收购人及其一致行动人持有被收购的上市公司的绝大多数股份，使该公司的股权分布不符合上市条件的时候，意味着收购人及其一致行动人实际上已经控制了被收购的上市公司，其余仍持有被收购的上市公司股票的股东是明显的少数，收购人及其一致行动人可能会利用其优势地位损害小股东的利益。本条第1款规定强制受让股份，给予了小股东在公司被终止上市以后卖出其所持有的股票的机会，有利于保护小股东的利益。

第七十五条　【收购人限制转让期】在上市公司收购中，收购人持有的被收购的上市公司的股票，在收购行为完成后的十八个月内不得转让。

条文注释

本条是关于收购人持有的被收购公司的股票在法定期限内不得转让的规定。

收购人转让其持有的被收购的上市公司股票的限制期限是18个月，其起算点是收购行为完成之后。收购行为完成，在要约收购中是指收购期限届满办理完有关手续，在协议收购中是指收购协议生效后办理了清算交割，在其他合法的收购方式中则应当依具体的情况而定。

第七十六条　【收购行为完成后收购人更换股票、报告和公告义务】收购行为完成后，收购人与被收购公司合并，并将该公司解散的，被解散公司的原有股票由收购人依法更换。

收购行为完成后，收购人应当在十五日内将收购情况报告国务院证券监督管理机构和证券交易所，并予公告。

条文注释

本条是关于收购行为完成后收购人更换股票、报告和公告义务的规定。

收购人与被收购的上市公司合并，被收购的上市公司解散，成为收购人的一部分，其股东成为收购人的出资人，收购人应当给这部分出资人签发其对本企业出资的证明文件。收购人签发的出资证明文件依据收购人采用的企业形式的不同，适用不同的程序。但是不管适用何种程序，都必须注销被收购的上市公司的股东所持有的被收购的上市公司的股票。

收购人应当在收购行为结束后的15日内，履行其报告和公告义务。收购人报告和公告的应当是收购的情况，而不是与收购无关的信息。收购人报告和公告的收购情况应当真实、准确、完整。所谓真实，是指报告和公告的收购情况必须反映实际情况，不得弄虚作假；所谓准确，是指报告和公告收购的情况的陈述和提供的数据应当与实际情况相符；所谓完整，是指报告和公告收购的情况应当没有遗漏。

第七十七条 【上市公司收购具体办法及其分立合并】国务院证券监督管理机构依照本法制定上市公司收购的具体办法。

上市公司分立或者被其他公司合并，应当向国务院证券监督管理机构报告，并予公告。

条文注释

本条是关于制定上市公司收购具体办法和上市公司分立合并的规定。

本法对上市公司收购的方式、程序、收购人义务等作了原则性规定，为了更好地满足当前和今后规范上市公司收购、促进上市公司收购有序开展的需要，根据本条第1款的规定，国务院证券监督管理机构应当制定上市公司收购的具体办法，对上市公司收购作出更为详细具体的规定。制定上市公司收购的具体办法不仅是国务院证券监督管理机构的一项法定权利，还是一项法定义务。国务院证券监督管理机构制定上市公司收购具体办法时，应当依照本法规定的原则制定，不得违背本法的有关规定。

上市公司分立或者被其他公司合并时，可能因为上市公司股权结构等重大变化而对股票价格造成重大影响，从而影响广大投资者的合法权益，因此，本条第2款对上市公司分立或者被其他公司合并的信息披露提出基本要求：一是应当向国务院证券监督管理机构报告，以便于国务院证券监督管理机构及时发现违法违规买卖股份行为，及时采取监督管理措施，维护证券市场秩序；二是应当予以公告，以确保证券市场的信息公开透明，便于投资者及时了解情况，采取应对措施，防止中小股东利益受到损害。

第五章　信息披露

第七十八条　【信息披露制度】发行人及法律、行政法规和国务院证券监督管理机构规定的其他信息披露义务人，应当及时依法履行信息披露义务。

信息披露义务人披露的信息，应当真实、准确、完整，简明清晰，通俗易懂，不得有虚假记载、误导性陈述或者重大遗漏。

证券同时在境内境外公开发行、交易的，其信息披露义务人在境外披露的信息，应当在境内同时披露。

条文注释

本条是关于信息披露制度的规定。

信息披露制度，是指为了保护投资者合法权益，证券市场的相关主体在证券发行、上市、交易等环节中，依照法律、行政法规、国务院证券监督管理机构的规定，将公司的经营、财务等对证券价格有重要影响的信息向社会公告的制度。信息披露义务人应当及时依法履行信息披露义务。

本条第 2 款要求信息披露的内容应当具有真实性、准确性、完整性、可理解性。该款还从反面对该要求作出重申，即不得有虚假记载、误导性陈述或者重大遗漏。

我国允许境内上市公司同时到境外上市，也允许境外上市公司到境内上市、发行存托凭证。证券在境外公开发行、交易的，应当遵守境外的信息披露规定，在境内公开发行、交易的，应当遵守境内的信息披露规定，而二者的要求可能不一致。为防止上市公司在境外披露的信息多于在境内披露的信息，使境内投资者在投资决策时处于比境外投资者不利的地位，本条第 3 款明确要求，信息披露义务人在境外披露的信息，应当在境内同时披露。

第七十九条　【定期报告】上市公司、公司债券上市交易的公司、股票在国务院批准的其他全国性证券交易场所交易的公司，应当按照国务院证券监督管理机构和证券交易场所规定的内容和格式编制定期报告，并按照以下规定报送和公告：

（一）在每一会计年度结束之日起四个月内，报送并公告年度报告，其中的年度财务会计报告应当经符合本法规定的会计师事务所审计；

（二）在每一会计年度的上半年结束之日起二个月内，报送并公告中期报告。

条文注释

本条是关于定期报告的规定。

定期报告，是指上市公司依照法定要求，在法定期限内制作完毕并报送和公告的公司文件，其在形式上可以分为年度报告和中期报告。年度报告，是指每个会计年度结束时，由上市公司依法制作并报送和公告的，反映公司本会计年度基本经营状况、财务状况等重大信息的法律文件。中期报告，是指上市公司依法制作并报送和公告的，反映公司本会计年度前6个月经营与财务状况，并向投资者提供预测该会计年度业绩及状况等重大信息的法律文件。

定期报告的时间因形式不同而有所差异：年度报告应当在每一会计年度结束之日起4个月内披露；中期报告应当在每一会计年度的上半年结束之日起2个月内披露。从方式上来看，定期报告有两种方式：一是，上市公司向国务院证券监督管理机构和证券交易场所报送；二是，上市公司向社会公告。根据本法第86条的规定，依法披露的信息，应当在证券交易场所的网站和符合国务院证券监督管理机构规定条件的媒体发布，同时将其置备于公司住所、证券交易场所，供社会公众查阅。

第八十条　【上市公司、新三板挂牌公司临时报告义务】发生可能对上市公司、股票在国务院批准的其他全国性证券交易场所交易的公司的股票交易价格产生较大影响的重大事件，投资者尚未得知时，公司应当立即将有关该重大事件的情况向国务院证券监督管理机构和证券交易场所报送临时报告，并予公告，说明事件的起因、目前的状态和可能产生的法律后果。

前款所称重大事件包括：

（一）公司的经营方针和经营范围的重大变化；

（二）公司的重大投资行为，公司在一年内购买、出售重大资产超过公司资产总额百分之三十，或者公司营业用主要资产的抵押、质押、出售或者报废一次超过该资产的百分之三十；

（三）公司订立重要合同、提供重大担保或者从事关联交易，可能对公司的资产、负债、权益和经营成果产生重要影响；

（四）公司发生重大债务和未能清偿到期重大债务的违约情况；

（五）公司发生重大亏损或者重大损失；

（六）公司生产经营的外部条件发生的重大变化；

（七）公司的董事、三分之一以上监事或者经理发生变动，董事长或者经理无法履行职责；

（八）持有公司百分之五以上股份的股东或者实际控制人持有股份或者控制公司的情况发生较大变化，公司的实际控制人及其控制的其他企业从事与公司相同或者相似业务的情况发生较大变化；

（九）公司分配股利、增资的计划，公司股权结构的重要变化，公司减资、合并、分立、解散及申请破产的决定，或者依法进入破产程序、被责令关闭；

（十）涉及公司的重大诉讼、仲裁，股东大会、董事会决议被依法撤销或者宣告无效；

（十一）公司涉嫌犯罪被依法立案调查，公司的控股股东、实际控制人、董事、监事、高级管理人员涉嫌犯罪被依法采取强制措施；

（十二）国务院证券监督管理机构规定的其他事项。

公司的控股股东或者实际控制人对重大事件的发生、进展产生较大影响的，应当及时将其知悉的有关情况书面告知公司，并配合公司履行信息披露义务。

条文注释

本条是关于上市公司、股票在国务院批准的其他全国性证券交易场所（新三板）交易的公司的临时报告义务的规定。

相比于定期报告，临时报告具有以下特点：(1)及时性、公平性要求更高。定期报告的披露期限较长，其中的很多信息投资者在公司披露前已经知悉；而临时报告要求在重大事件发生、投资者尚未得知时立即披露，以确保所有投资者及时、公平地获得信息。(2)对短期投资影响更大。定期报告主要披露公司整体的股权结构、经营情况、财务数据等信息，对判断公司长期投资价值具有意义；而临时报告披露的重大事件可能立即对公司的股票交易价格产生较大影响。

在本条第2款规定的“重大事件”中，“提供重大担保”既包括为公司自己的债务提供重大担保，也包括为他人的债务提供重大担保。“关联交易”，是指公司与在本公司直接或间接占有权益、存在利害关系的关联方所进行的交易。需要注意的是，公司订立的合同、提供的担保，并不是一律要进行临时报告，只有具有重大性的合同或者担保，才需要进行临时报告；而公司从事关联交易，则没有重大性限定。

另外，公司控股股东、实际控制人有信息告知和配合披露的义务。信息告知义务，即应当及时将其知悉的有关情况书面告知公司；配合披露义务，即配合公司履行信息披露义务，该义务行使的前提是控股股东、实际控制人对重大事件的发生、进展产生较大影响。

第八十一条 【公司债券上市交易的公司的临时报告义务】发生可能对上市交易公司债券的交易价格产生较大影响的重大事件，投资者尚未得知时，公司应当立即将有关该重大事件的情况向国务院证券监督管理机构和证券交易场所报送临时报告，并予公告，说明事件的起因、目前的状态和可能产生的法律后果。

前款所称重大事件包括：

（一）公司股权结构或者生产经营状况发生重大变化；

（二）公司债券信用评级发生变化；

（三）公司重大资产抵押、质押、出售、转让、报废；

（四）公司发生未能清偿到期债务的情况；

（五）公司新增借款或者对外提供担保超过上年末净资产的百分之二十；

（六）公司放弃债权或者财产超过上年末净资产的百分之十；

（七）公司发生超过上年末净资产百分之十的重大损失；

（八）公司分配股利，作出减资、合并、分立、解散及申请破产的决定，或者依法进入破产程序、被责令关闭；

（九）涉及公司的重大诉讼、仲裁；

（十）公司涉嫌犯罪被依法立案调查，公司的控股股东、实际控制人、董事、监事、高级管理人员涉嫌犯罪被依法采取强制措施；

（十一）国务院证券监督管理机构规定的其他事项。

条文注释

本条是关于公司债券上市交易的公司的临时报告义务的规定。

当发生对该公司的债券交易价格产生较大影响的重大事件且投资者尚未得知时,公司应当将该重大事件的有关情况向国务院证券监督管理机构和证券交易场所报送,并予公告。

公司股权结构发生重大变化,是指股份公司总股本中,不同性质的股份所占的比例及其相互关系发生重大变化,特别是股权集中度、股权构成发生重大变化。公司生产经营状况发生重大变化,如公司的经营方针、经营范围或者生产经营的外部条件发生重大变化等。这些变化都可能对公司的债券交易价格产生较大影响,公司应当对其进行临时报告。

公司新增借款,导致公司债务增加;公司对外提供担保,形成公司或有债务,可能导致公司债务实际增加。“对外提供担保”包括为公司自己的债务提供担保,也包括为他人的债务提供担保。如果这种变化超过一定比例(本条设定为上年末净资产的20%),很可能降低该公司对公开发行的公司债券还本付息的能力,从而对公司的债券交易价格产生较大影响,因此,公司应当对其进行临时报告。

公司涉嫌犯罪被依法立案调查,很可能影响公司的经营状况;公司的经营管理活动是要靠其控股股东、实际控制人、董事、监事、高级管理人员来进行的,一旦这些人员因涉嫌犯罪被依法采取强制措施,可能会使公司的经营管理活动陷入混乱,影响到公司正常的生产经营活动。这些情形都可能对公司债券交易价格产生较大的影响,因此,公司应当对其进行临时报告。需要说明的是,此处的涉嫌犯罪“被依法立案调查”“被依法采取强制措施”,既包括被司法机关立案调查、采取强制措施,也包括被监察机关立案调查、采取强制措施。

第八十二条　【董事、监事、高级管理人员对信息披露所负义务】发行人的董事、高级管理人员应当对证券发行文件和定期报告签署书面确认意见。

发行人的监事会应当对董事会编制的证券发行文件和定期报告进行审核并提出书面审核意见。监事应当签署书面确认意见。

发行人的董事、监事和高级管理人员应当保证发行人及时、公平地披露信息，所披露的信息真实、准确、完整。

董事、监事和高级管理人员无法保证证券发行文件和定期报告内容的真实性、准确性、完整性或者有异议的，应当在书面确认意见中发表意见并陈述理由，发行人应当披露。发行人不予披露的，董事、监事和高级管理人员可以直接申请披露。

条文注释

本条是关于发行人的董事、监事、高级管理人员对发行人信息披露所负义务的规定。

发行人披露的信息是投资者决定是否买卖以及何时买卖该发行人的证券的主要依据。发行人披露信息的重要载体就是证券发行文件和定期报告。其中，对公开发行的股票而言，证券发行文件的核心是招股说明书；对公开发行的债券而言，证券发行文件的核心是公司债券募集办法；公司的定期报告主要是指公司的年度报告、中期报告。在发行人编制证券发行文件和定期报告的过程中，发行人的董事、监事、高级管理人员作为公司的经营管理者、监督者发挥着关键的作用。为了保证发行人信息披露的真实性、准确性、完整性，保证投资者及时、公平地获得发行人应当披露的信息，本条对发行人的董事、监事、高级管理人员在发行人信息披露过程中所负的义务作出了明确规定。

同时，本条第4款在董事、监事和高级管理人员无法保证证券发行文件和定期报告内容的真实性、准确性、完整性或者有异议时，为其设定了责任豁免制度。要获得豁免，需要满足以下条件：(1)董事、监事和高级管理人员应当在书面确认意见中发表意见并陈述理由，发行人应当披露。(2)发行人不予披露的，董事、监事和高级管理人员可以直接申请披露。

第八十三条 【公平披露原则】信息披露义务人披露的信息应当同时向所有投资者披露，不得提前向任何单位和个人泄露。但是，法律、行政法规另有规定的除外。

任何单位和个人不得非法要求信息披露义务人提供依法需要披露但尚未披露的信息。任何单位和个人提前获知的前述信息，在依法披露前应当保密。

条文注释

本条是关于信息披露公平性原则的规定。

所谓“信息披露义务人”，既包括发行人，又包括法律、行政法规和国务院证券监督管理机构规定的其他信息披露义务人。信息披露义务人披露的“信息”，应是关于上市公司的，与投资者作出价值判断和投资决策有关的信息。对于这些信息，信息披露义务人应当同时向所有投资者披露，不得提前向任何单位和个人泄露；如果泄露，就可能构成本法第53条规定的内幕交易。同时，本法对信息披露也作了例外规定，即“法律、行政法规另有规定的除外”。例如，依据有关法律、行政法规的规定，上市公司需要在公开披露前，向国务院监督管理部门报告有关信息，以满足其监督管理或者审批的需要。这种情形下的报告行为不违反本法关于信息披露公平性的要求。

按照公平披露原则，任何单位和个人，不论是大股东、实际控制人，还是机构投资者，只要不是依法应当知道该信息的主体，在信息向公众投资者披露前，都不得非法要求信息披露义务人提前提供该信息。即使其提前知道该信息符合法律规定，在信息披露义务人向公众投资者披露前，也对该信息负有保密义务，不得提前泄露。

第八十四条 【自愿披露和公开承诺】除依法需要披露的信息之外，信息披露义务人可以自愿披露与投资者作出价值判断和投资决策有关的信息，但不得与依法披露的信息相冲突，不得误导投资者。

发行人及其控股股东、实际控制人、董事、监事、高级管理人员等作出公开承诺的，应当披露。不履行承诺给投资者造成损失的，应当依法承担赔偿责任。

条文注释

本条是关于自愿披露和公开承诺的规定。

自愿信息披露，是指发行人等信息披露义务人除依法强制披露信息之外，主动披露信息的行为。自愿披露的信息，是依法需要披露的信息以外的，与投资者作出价值判断和投资决策有关的信息。信息披露义务人应当充分考虑投资者作出决策的信息需求，披露的内容应当有助于投资者更加充分地理解、判断公司的价值，避免披露大量冗余、无关信息。另外，自愿披露的信息在内容上不得与依法披露的信息相冲突，不得误导投资者。

关于公开承诺，承诺的主体包括发行人及其控股股东、实际控制人、董事、监事、高级管理人员等。发行人等主体作出公开承诺的，应当以合适的方式公开，向所有投资者披露，便于投资者作出价值判断。市场基于发行人等主体的承诺对证券价格作出反应，投资者基于发行人等主体的承诺作出投资决策，发行人等主体不履行承诺，就会造成市场预期落空、股票价格波动，可能导致投资者遭受重大损失。因此，在责任承担上，承诺主体不履行承诺给投资者造成损失的，应当依法承担赔偿责任。

第八十五条　【违反信息披露义务的民事赔偿责任】信息披露义务人未按照规定披露信息，或者公告的证券发行文件、定期报告、临时报告及其他信息披露资料存在虚假记载、误导性陈述或者重大遗漏，致使投资者在证券交易中遭受损失的，信息披露义务人应当承担赔偿责任；发行人的控股股东、实际控制人、董事、监事、高级管理人员和其他直接责任人员以及保荐人、承销的证券公司及其直接责任人员，应当与发行人承担连带赔偿责任，但是能够证明自己没有过错的除外。

条文注释

本条是关于违反信息披露义务的民事赔偿责任的规定。

信息披露义务人披露的信息，是投资者作出投资决策的基础。如果信息披露义务人未按照要求披露信息，就可能导致投资者因缺乏投资决策所必需的信息，而作出错误或者对自己不利的投资决策，在证券交易中遭受损失。因此，如果投资者的损失是由信息披露义务人披露的信息有虚假记载、误导性陈述或者重大遗漏造成的，不论信息披露义务人主观上有无过错，对投资者因此遭受的损失，都应当予以赔偿。

发行人是证券市场最重要的信息披露义务主体，在证券发行过程中也应当依法真实、准确、完整地披露信息，本法对其相关人员的披露义务也提出了明确要求。如果发行人未按照规定披露信息，或者公告的证券发行文件、定期报告、临时报告及其他信息披露资料存在虚假记载、误导性陈述或者重大遗漏，致使投资者在证券交易中遭受损失，就可以推定发行人的控股股东、实际控制人、董事、监事、高级管理人员以及保荐人、承销的证券公司及其直接责任人员存在过错，因此，应当与发行人承担连带赔偿责任。即本条对发行人的相关人员规定的是过错推定责任。

第八十六条 【**信息披露方式**】依法披露的信息，应当在证券交易场所的网站和符合国务院证券监督管理机构规定条件的媒体发布，同时将其置备于公司住所、证券交易场所，供社会公众查阅。

条文注释

本条是关于信息披露方式的规定。

信息披露制度是证券交易的一项基本制度，是公开、公平、公正原则的具体体现，是投资者作出投资决策的重要依据。信息披露的方式，一方面应当有利于投资者及时、方便地获取发行人披露的信息，特别是应当适应证券交易和资讯获取电子化的要求；另一方面应当降低信息披露义务人披露的成本，避免对其产生过重的负担。

第八十七条　【对信息披露行为的监督】国务院证券监督管理机构对信息披露义务人的信息披露行为进行监督管理。

证券交易场所应当对其组织交易的证券的信息披露义务人的信息披露行为进行监督，督促其依法及时、准确地披露信息。

条文注释

本条是关于对信息披露行为的监督的规定。

信息披露是公开原则在证券市场中的体现，发行人等披露的信息对于投资者的决策具有重要的参考作用。依照本法和有关行政法规、国务院证券监督管理机构的规定，发行人在信息披露之前或者信息披露之时应当向国务院证券监督管理机构报送证券发行文件、上市文件、年度报告、中期报告、临时报告等材料。国务院证券监督管理机构收到上述材料后，应当对这些材料的真实性、准确性、完整性进行审查，看是否存在虚假记载、误导性陈述或者重大遗漏的情形。同时，国务院证券监督管理机构对发行人及法律、行政法规和国务院证券监督管理机构规定的其他信息披露义务人，是否在法定期限内，在证券交易场所网站和符合国务院证券监督管理机构规定的媒体平台上发布了上述材料，是否将上述材料置备于公司住所、证券交易场所供社会公众查阅，以切实保证信息公开原则的实现。

证券交易场所对证券交易负有自律管理职责，必须以维护投资者利益、充分保障公平交易为基本原则。证券交易场所应当尽责监督上市公司及相关信息披露义务人依法及时、准确地披露信息，保证投资者及时获取上市公司的信息。

第六章 投资者保护

第八十八条 【投资者适当性管理】证券公司向投资者销售证券、提供服务时,应当按照规定充分了解投资者的基本情况、财产状况、金融资产状况、投资知识和经验、专业能力等相关信息;如实说明证券、服务的重要内容,充分揭示投资风险;销售、提供与投资者上述状况相匹配的证券、服务。

投资者在购买证券或者接受服务时,应当按照证券公司明示的要求提供前款所列真实信息。拒绝提供或者未按照要求提供信息的,证券公司应当告知其后果,并按照规定拒绝向其销售证券、提供服务。

证券公司违反第一款规定导致投资者损失的,应当承担相应的赔偿责任。

条文注释

本条是关于投资者适当性管理的规定。

投资者适当性管理,主要是指证券公司在销售证券产品或提供相关服务时,应当在对相关证券产品、服务以及投资者进行合理调查的基础上,向投资者推荐、销售符合其投资能力、投资需求以及风险承受能力的证券,以减少投资者的不适当投资,更好地保护投资者的管理模式。

根据本条第1款的规定,证券公司应当履行说明义务、风险揭示义务,即如实说明证券、服务的重要内容,充分揭示投资风险。证券公司应当通过向投资者介绍产品或者服务的内容、性质、特点、业务规则等,特别是与预期收益、投资风险等有关的重要信息,保证投资者在充分了解投资风险的基础上独立作出投资判断。如果证券公司没有依法履行投资者适当性管理义务,向投资者销售了与其风险承受能力和风险识别能力不相匹配的证券,导致投资者损失的,证券公司应当按照其过错程度承担相应的赔偿责任。

为匹配证券公司的投资者适当性管理义务，本条第2款规定了投资者负有如实提供信息的义务，即投资者在购买证券或者接受服务时，应当按照证券公司明示的要求提供证券公司投资者适当性管理必需的真实信息。如果投资者不提供必需的信息或者提供虚假信息，导致证券公司对其风险承受能力和风险识别能力作出错误判断，则该投资者对自身的损失负有责任，相应减轻证券公司所应承担的赔偿责任。

第八十九条　【投资者分类和对普通投资者的特别保护】根据财产状况、金融资产状况、投资知识和经验、专业能力等因素，投资者可以分为普通投资者和专业投资者。专业投资者的标准由国务院证券监督管理机构规定。

普通投资者与证券公司发生纠纷的，证券公司应当证明其行为符合法律、行政法规以及国务院证券监督管理机构的规定，不存在误导、欺诈等情形。证券公司不能证明的，应当承担相应的赔偿责任。

条文注释

本条是关于投资者分类和对普通投资者特别保护的规定。

投资者分类是实施投资者适当性管理的前提。根据投资者的财产状况、金融资产状况、投资知识和经验、专业能力等因素，可以将投资者分为专业投资者和普通投资者。其中，投资者的“财产状况”，主要是指投资者的收入来源和数额、资产、债务等状况；投资者的“金融资产状况”，主要是指投资者持有银行存款、股票、债券、基金份额、资产管理计划、银行理财产品、信托计划、保险产品、期货及其他衍生产品等金融资产的数额及其构成等状况；投资者的“投资知识和经验”，主要是指投资者与投资相关的学习、工作经历及投资经验；投资者的“专业能力”，主要是指投资者是否具备证券行业相关职业资格、资质水平等。

相比于财产状况好、金融资产状况好、投资知识和经验丰富、具有专业能力的专业投资者，普通投资者的风险承受能力和风险识别能力较弱，维护自身合法权益的能力也较弱，因此，本条第2款对其提供了特别保护，即当普通投资者与证券公司发生纠纷时，实行举证责任倒置，证券公司有责任证明其已经依法充分履行了投资适当性管理义务，不存在误导、欺诈等情形；证券公司在向普通投资者提供产品和服务时，应当注意留存相应证据资料。需要注意的是，本款规定仅适用于证券公司与普通投资者之间发生的与其销售的产品、提供的服务有关的纠纷，不适用于证券公司与普通投资者之间发生的其他纠纷，如证券公司工作人员与普通投资者发生冲突造成的人身损害赔偿纠纷等。

第九十条　【征集股东权利】上市公司董事会、独立董事、持有百分之一以上有表决权股份的股东或者依照法律、行政法规或者国务院证券监督管理机构的规定设立的投资者保护机构（以下简称投资者保护机构），可以作为征集人，自行或者委托证券公司、证券服务机构，公开请求上市公司股东委托其代为出席股东大会，并代为行使提案权、表决权等股东权利。

依照前款规定征集股东权利的，征集人应当披露征集文件，上市公司应当予以配合。

禁止以有偿或者变相有偿的方式公开征集股东权利。

公开征集股东权利违反法律、行政法规或者国务院证券监督管理机构有关规定，导致上市公司或者其股东遭受损失的，应当依法承担赔偿责任。

条文注释

本条是关于征集股东权利制度的规定。

征集股东权利制度，又称征集投票权制度，目的在于保护公司的、中小股东的共同利益。征集股东权利制度在效果上能够解决公司治理出现的两方面问题：一是，上市公司被大股东、高级管理人员等少数人控制，不利于保护中小股东合法权益的问题；二是，上市公司需要较高比例投票权通过的事项因出席人数较少、投票比例较低而无法表决，影响公司运作效率的问题。但是，征集投票权的不当行使也可能成为公司经营权争夺的工具，影响公司的正常运营，因此应当对其作出必要限制。

对于持有1%以上有表决权股份的股东是征集股东权利制度的征集人，可以作以下两点理解：一是，持有1%以上有表决权股份的股东，往往与广大中小股东具有共同的利益；二是，对股东征集投票权设定1%的持有比例的下限，有利于防止持有公司极少股份的股东滥用征集投票权制度，影响股东大会的正常进行，扰乱公司经营。

公开征集股东权利应当依照法律、行政法规和国务院证券监督管理机构的规定进行。如果违反规定运用该制度争夺上市公司的控制权，影响上市公司的正常经营，通过一些对上市公司或者其股东不利的决议，给上市公司或者其股东造成损失的，征集人应当依法承担相应的民事赔偿责任。同时，根据本法第199条的规定，违反本条规定征集股东权利的，责令改正，给予警告，可以处50万元以下的罚款。

第九十一条　【现金分红】上市公司应当在章程中明确分配现金股利的具体安排和决策程序，依法保障股东的资产收益权。

上市公司当年税后利润，在弥补亏损及提取法定公积金后有盈余的，应当按照公司章程的规定分配现金股利。

条文注释

本条是关于现金分红制度的规定。

股东购买上市公司的股票是为了获得收益。取得资产收益是上市公司股东的基本权利。根据《上市公司章程指引》的规定，公司应当在公司章程中明确现金分红相对于股票股利在利润分配方式中的优先顺序；并载明公司的利润分配政策尤其是现金分红政策的具体内容,利润分配的形式,利润分配尤其是现金分红的具体条件,发放股票股利的条件,年度、中期现金分红最低金额或比例(如有)等。另外,根据该指引的规定,公司应当在公司章程中明确公司董事会、股东会对利润分配尤其是现金分红事项的决策程序和机制,对既定利润分配政策尤其是现金分红政策作出调整的具体条件、决策程序和机制,以及为充分听取中小股东意见所采取的措施。

第九十二条 【债券持有人会议和债券受托管理人】公开发行公司债券的,应当设立债券持有人会议,并应当在募集说明书中说明债券持有人会议的召集程序、会议规则和其他重要事项。

公开发行公司债券的,发行人应当为债券持有人聘请债券受托管理人,并订立债券受托管理协议。受托管理人应当由本次发行的承销机构或者其他经国务院证券监督管理机构认可的机构担任,债券持有人会议可以决议变更债券受托管理人。债券受托管理人应当勤勉尽责,公正履行受托管理职责,不得损害债券持有人利益。

债券发行人未能按期兑付债券本息的,债券受托管理人可以接受全部或者部分债券持有人的委托,以自己名义代表债券持有人提起、参加民事诉讼或者清算程序。

条文注释

本条是关于债券持有人会议和债券受托管理人的规定。

债券持有人会议,是指由同次发行的公司债券持有人组成的,就有关公司债券持有人的共同利害关系事项依法作出对全体同次发行的公司债券持有人均发生效力的决议的临时合议机构。其主要职权是,当债券价值、偿付方式以及发行人履约能力发生重大变化时,以全体债券持有人的名义作出决议。

债券受托管理人是根据债券受托管理协议而设立的维护债券持有人利益的机构。其主要职能是在债券存续期内,监督发行人保管担保物或其权利凭证，如发现出现或者可能出现影响债券持有人重大权益的事项时，召集债券持有人会议，并代表债券持有人进行维权。债券受托管理人虽然最初是由发行人聘请的，管理费用也是发行人支付的，但其实质上是受债券持有人的委托管理债券事务，应当为了债券持有人的利益勤勉尽责，公正履行受托管理职责，不得损害债券持有人利益。

第九十三条 【先行赔付】发行人因欺诈发行、虚假陈述或者其他重大违法行为给投资者造成损失的，发行人的控股股东、实际控制人、相关的证券公司可以委托投资者保护机构，就赔偿事宜与受到损失的投资者达成协议，予以先行赔付。先行赔付后，可以依法向发行人以及其他连带责任人追偿。

条文注释

本条是关于先行赔付制度的规定。

先行赔付制度，是指赔付行为发生在相关主体因证券违法行为而需要承担的赔偿责任确定之前的制度。如果赔偿责任已经确定，如人民法院作出判决后，所进行的赔付不属于先行赔付。先行赔付的发起主体是发行人的控股股东、实际控制人、相关的证券公司。

先行赔付属于当事人的自愿赔付，不是当事人履行法定赔偿义务。对于先行赔付人先行支付的赔偿资金，应由相关责任主体承担。因此，本条规定，先行赔付人先行赔付后，可以依法向发行人以及其他连带责任人追偿。需要注意的是，本法规定的先行赔付并不是法律的强制性义务，而是在依法赔偿之外，提供了一种当事人自愿解决纠纷的方式。证券纠纷发生后，相关主体可以自愿选择通过先行赔付方式解决纠纷，也可以选择通过司法程序解决纠纷。

第九十四条　【投资者保护机构调解、支持诉讼和股东代表诉讼】投资者与发行人、证券公司等发生纠纷的,双方可以向投资者保护机构申请调解。普通投资者与证券公司发生证券业务纠纷,普通投资者提出调解请求的,证券公司不得拒绝。

投资者保护机构对损害投资者利益的行为,可以依法支持投资者向人民法院提起诉讼。

发行人的董事、监事、高级管理人员执行公司职务时违反法律、行政法规或者公司章程的规定给公司造成损失,发行人的控股股东、实际控制人等侵犯公司合法权益给公司造成损失,投资者保护机构持有该公司股份的,可以为公司的利益以自己的名义向人民法院提起诉讼,持股比例和持股期限不受《中华人民共和国公司法》规定的限制。

条文注释

本条是关于投资者保护机构调解、支持诉讼和股东代表诉讼的规定。

一般情况下,调解应当在双方当事人合意的基础上,由调解组织组织调解。普通投资者自力救济的能力比较弱,如果证券公司不同意调解,普通投资者寻求其他救济途径的可能性较小。为了更好地保护普通投资者的合法权益,本条规定了投资者保护机构的强制调解制度,即普通投资者与证券公司发生证券业务纠纷,普通投资者提出调解请求的,证券公司不得拒绝。

《民事诉讼法》第15条对支持诉讼制度作了规定,即机关、社会团体、企业事业单位对损害国家、集体或者个人民事权益的行为,可以支持受损害的单位或者个人向人民法院起诉。证券诉讼具有举证难、周期长、成本高等特点,投资者与上市公司、证券公司、证券服务机构等相比,在诉讼能力、知识和经验方面存在显著差距,对于后者损害投资者利益的行为,投资者通过诉讼维护其自身权益的难度很大,长此以往,将会损伤投资者对资本市场的信心,不利于资本市场繁荣发展。为更好地支持投资者通过诉讼维护自身权益，补足投资者的诉讼意愿和诉讼能力，本条第2款规定，投资者保护机构对损害投资者利益的行为，可以依法支持投资者向人民法院提起诉讼。

第九十五条　【证券代表人诉讼】投资者提起虚假陈述等证券民事赔偿诉讼时，诉讼标的是同一种类，且当事人一方人数众多的，可以依法推选代表人进行诉讼。

对按照前款规定提起的诉讼，可能存在有相同诉讼请求的其他众多投资者的，人民法院可以发出公告，说明该诉讼请求的案件情况，通知投资者在一定期间向人民法院登记。人民法院作出的判决、裁定，对参加登记的投资者发生效力。

投资者保护机构受五十名以上投资者委托，可以作为代表人参加诉讼，并为经证券登记结算机构确认的权利人依照前款规定向人民法院登记，但投资者明确表示不愿意参加该诉讼的除外。

条文注释

本条是关于证券代表人诉讼的规定。

适用人数不确定的代表人诉讼的前提有二：一是，人数众多的投资者提起虚假陈述等证券民事赔偿诉讼，且诉讼标的是同一种类；二是，人民法院认为可能存在有相同诉讼请求的其他众多投资者。

为解决证券民事赔偿诉讼中单个投资者起诉意愿不强、诉讼能力不足的问题，本条第3款对投资者保护机构作为代表人参加诉讼作了规定。投资者保护机构应当以适当方式，将拟代为向人民法院办理登记的信息通知相关投资者；投资者没有相反意思表示的，视为其同意参加该诉讼；投资者不愿意参加该诉讼的，应当作出明确意思表示，投资者保护机构应当为其退出该诉讼提供便利条件。投资者退出人数不确定的代表人诉讼后，可以另行起诉。

第七章　证券交易场所

第九十六条　【证券交易场所的法律地位和适用规则】证券交易所、国务院批准的其他全国性证券交易场所为证券集中交易提供场所和设施，组织和监督证券交易，实行自律管理，依法登记，取得法人资格。

证券交易所、国务院批准的其他全国性证券交易场所的设立、变更和解散由国务院决定。

国务院批准的其他全国性证券交易场所的组织机构、管理办法等，由国务院规定。

条文注释

本条是关于证券交易场所法律地位以及授权国务院规定有关事项的规定。

本法所称的“证券交易场所”包括证券交易所、国务院批准的其他全国性证券交易场所、按照国务院规定设立的区域性股权市场。证券交易所根据组织形式的不同可分为两类：一类是会员制证券交易所，另一类是公司制证券交易所。

会员制证券交易所为其会员所有和控制，只对会员服务，只有会员才能利用交易所的交易系统进行交易。会员制证券交易所的会员主要是证券公司。会员依章程规定出资，并且除依章程规定分担经费外，其对交易所承担的责任，以其出资额为限。

公司制证券交易所是由股东出资设立，以公司形式出现的法人。公司制证券交易所由股东会员出资设立，并以股东出资为限对外承担有限责任。公司制证券交易所的股东一般是银行、证券公司、投资信托公司等。有资格入场进行证券交易的证券公司可能是股东，也可能不是股东。

本条第2款规定，证券交易所、国务院批准的其他全国性证券交易场所的设立、变更和解散由国务院决定。这一规定的作出主要有以下三点理由:一是,证券市场是一个非常敏感的市场。我国证券市场经过这些年的实践,积累了一些经验,但是相对于发达国家的证券市场来讲,经验还是比较少,这就要求我们慎重行事。证券交易所、国务院批准的其他全国性证券交易场所是我国证券交易的主要场所,涉及面很广,如果设立得不合适,或者变更、解散得不合适,就有可能影响国家的经济秩序,甚至造成社会混乱。对此,国家需要进行宏观调控。二是,关于证券交易场所的设立、变更和解散,许多国家的管理比较严格,我国的证券市场尚未达到非常成熟的程度,更需要对其严格控制、加强管理。三是,我国的投资者总体上对证券市场的认识还不够,投资心理还不够成熟,在这种情况下,也需要国家加强对证券交易场所设立、变更和解散的宏观管理。另外,考虑到国务院批准的其他全国性证券交易场所目前的发展情况,本法授权国务院制定相关具体管理办法。

本条第3款规定,国务院批准的其他全国性证券交易场所的组织机构、管理办法等,由国务院规定。

第九十七条 【证券交易场所设立不同市场层次】证券交易所、国务院批准的其他全国性证券交易场所可以根据证券品种、行业特点、公司规模等因素设立不同的市场层次。

条文注释

本条是关于证券交易场所设立不同的市场层次的规定。

目前,证券交易所、国务院批准的其他全国性证券交易场所根据证券品种、行业特点、公司规模等因素已经形成了以下几个市场层次:主板(含中小板)、科创板、创业板和新三板。

一级证券市场包括主板市场和中小板市场,其中主板市场是资本市场最重要的组成部分。创业板主要为高成长性的中小企业特别是创业型高新技术企业服务,在上市门槛、监管制度、信息披露、投资风险等方面与主板市场有很大区别。科创板,是在上海证券交易所设立的独立于现有主板市场的新设板块,主要服务于有发展潜力、市场认可度高的科技创新企业，对发行人的包容性更强。为了保护公众投资者的利益，科创板对个人投资设置了比较高的门槛，并且退市条件和程序更加严格。全国中小企业股份转让系统（新三板）主要面向机构投资者和高净值人群，为中小微型企业提供融资交易服务。

第九十八条　【区域性股权市场】按照国务院规定设立的区域性股权市场为非公开发行证券的发行、转让提供场所和设施，具体管理办法由国务院规定。

条文注释

本条是关于区域性股权市场的规定。

区域性股权市场，是指为其所在省级行政区域内中小微企业证券非公开发行、转让及相关活动提供设施与服务的市场。在区域性股权市场发行或者转让的证券限于股票、可转换为股票的公司债券以及国务院有关部门按程序认可的其他证券。

本条授权国务院规定区域性股权市场的具体管理办法。2017年1月，国务院办公厅发布的《关于规范发展区域性股权市场的通知》规定了以下内容：(1)区域性股权市场是主要服务于所在省级行政区域内中小微企业的私募股权市场，是多层次资本市场体系的重要组成部分，是地方人民政府扶持中小微企业政策措施的综合运用平台。(2)区域性股权市场由所在地省级人民政府按规定实施监督管理，并承担相应风险处置责任。(3)区域性股权市场运营机构负责组织区域性股权市场的活动，对市场参与者进行自律管理，保障市场规范稳定运行。(4)区域性股权市场的各项活动应遵守法律法规和证监会制定的业务及监督管理规则。(5)区域性股权市场实行合格投资者制度。(6)区域性股权市场的信息系统应符合有关法律法规和证监会制定的信息技术管理规范。(7)区域性股权市场不得为所在省级行政区域外的企业私募证券或股权的融资、转让提供服务。(8)国务院有关部门和地方人民政府要在职责范围内采取必要措施，为区域性股权市场规范健康发展创造良好环境。

第九十九条 【证券交易所自律管理】证券交易所履行自律管理职能，应当遵守社会公共利益优先原则，维护市场的公平、有序、透明。

设立证券交易所必须制定章程。证券交易所章程的制定和修改，必须经国务院证券监督管理机构批准。

条文注释

本条是关于证券交易所自律管理的规定。

证券交易所应当按照其制定的自律规则进行自律管理。证券交易所履行自律管理职能。首先，证券交易所应当遵守社会公共利益优先原则，即不仅不得违反社会公共利益，还应当以社会公共利益作为优先选择的价值取向。其次，证券交易所履行自律管理职能的目的是维护市场的公平、有序、透明。公平，是指证券市场参与者在法律上地位平等，在证券市场中机会平等。证券交易所应当使发行人、投资者等证券市场参与主体不因所有制性质、身份等因素受到不合理的区别对待，能够公平地参与市场竞争，公平地面对机会和风险。有序，是指证券交易所作为进行有序交易的平台，应当维护市场的秩序。透明，是指证券交易具有较强的社会性和公开性，故证券交易所应当维护证券市场的公开透明。

第一百条 【证券交易所的名称】证券交易所必须在其名称中标明证券交易所字样。其他任何单位或者个人不得使用证券交易所或者近似的名称。

条文注释

本条是关于证券交易所名称的规定。

证券交易所的名称，是指证券交易所的称谓，是某证券交易所区别于其他单位或者个人的标志。根据我国的有关法律规定，法人名称的构成、确定及效力应遵循以下原则：(1)法人名称的构成必须符合法律规定；(2)法人只能使用一个名称；(3)法人名称不得包含禁用文字;(4)法人的名称使用权受法律保护;(5)法人名称具有排他和禁止仿冒的效力。证券交易所的名称应当遵循上述原则。

"证券交易所必须在其名称中标明证券交易所字样",是证券交易所名称强制使用制度的要求。"其他任何单位或个人不得使用证券交易所或者近似的名称"的要求,是为了防止该名称被滥用,从而造成混乱。

第一百零一条　【证券交易所收入支配规则及财产积累】 证券交易所可以自行支配的各项费用收入,应当首先用于保证其证券交易场所和设施的正常运行并逐步改善。

实行会员制的证券交易所的财产积累归会员所有,其权益由会员共同享有,在其存续期间,不得将其财产积累分配给会员。

条文注释

本条是关于证券交易所收入支配规则及财产积累的规定。

本条中的可以自行支配的各项费用收入,是指证券交易所在提供证券交易的场所、设施和服务过程中收取的为证券交易所管理的费用,如证券交易费用、会员费、席位费等。证券交易所有权自行支配上述费用收入。对于这部分费用收入,应当首先用于保证证券交易场所和设施的正常运行并逐步改善。证券交易场所包括交易大厅及与交易有关的其他场所。证券交易所的设施,是指保证证券交易的各种设备,如显示屏幕、电话、电脑、电路、网络等。

本条还对实行会员制的证券交易所的财产积累的所有权进行了规定,即该财产积累归会员所有,其权益由会员共同享有。由于会员制证券交易所属于非营利性法人,该财产积累如果分配给会员,即构成会员的营利回报,与其非营利性不符。因此,证券交易所在存续期间不得将其财产积累分配给会员,只有在其解散时才能将剩余财产分配给会员。

第一百零二条　【证券交易所设理事会、监事会、总经理】 实行会员制的证券交易所设理事会、监事会。

证券交易所设总经理一人，由国务院证券监督管理机构任免。

条文注释

本条是关于证券交易所设理事会、监事会、总经理的规定。

对于证券交易所的理事会，可作如下理解：(1)理事会是证券交易所的常设机构，依照法律规定和证券交易所章程设置。(2)理事会是证券交易所的日常管理机构，负责证券交易所的日常业务活动的管理与指挥，并执行证券交易所会员大会的有关决议。(3)理事会由证券交易所会员大会选举产生。

监事会是实行会员制的证券交易所的监督机构，通常行使下列职权：(1)检查证券交易所财务情况；(2)检查证券交易所风险基金的使用和管理情况；(3)监督证券交易所理事或者董事、高级管理人员执行职务行为；(4)监督证券交易所遵守法律、行政法规、部门规章和证券交易所章程、协议、业务规则以及风险预防与控制的情况；(5)当理事或者董事、高级管理人员的行为损害证券交易所利益时，要求理事、高级管理人员予以纠正；(6)提议召开临时会员大会；(7)提议召开临时理事会；(8)向证券交易所会员大会提出提案；(9)证券交易所会员大会或者股东大会授予和证券交易所章程规定的其他职权。

总经理在证券交易所理事会的领导下负责证券交易所的日常管理工作，通常行使下列职权：(1)执行证券交易所会员大会和理事会决议，并向其报告工作；(2)主持证券交易所的日常工作；(3)拟订并组织实施证券交易所工作计划；(4)拟订证券交易所年度财务预算、决算方案；(5)审定业务细则及其他制度性规定；(6)审定除取消会员资格以外的其他纪律处分；(7)审定除应当由理事会审定以外的其他财务管理事项；(8)理事会授予的和证券交易所章程规定的其他职权。另外，总经理由国务院证券监督管理机构任免，是根据我国资本市场的实际情况所作的特别规定。通常情况下，会员制证券交易所的总经理一般由理事会任免，而根据本条的规定，我国证券交易所的总经理由国务院证券监督管理机构任免，理事会无权任免。这样规定的目的是加强对证券交易所总经理的监管，保障交易所合法合规稳定运行。

第一百零三条　【证券交易所负责人任职资格限制】有《中华人民共和国公司法》第一百四十六条规定的情形或者下列情形之一的，不得担任证券交易所的负责人：

（一）因违法行为或者违纪行为被解除职务的证券交易场所、证券登记结算机构的负责人或者证券公司的董事、监事、高级管理人员，自被解除职务之日起未逾五年；

（二）因违法行为或者违纪行为被吊销执业证书或者被取消资格的律师、注册会计师或者其他证券服务机构的专业人员，自被吊销执业证书或者被取消资格之日起未逾五年。

条文注释

本条是关于证券交易所负责人任职资格限制的规定。

所谓证券交易所负责人任职资格，是指担任证券交易所负责人的条件。对于证券交易所负责人的范围，本法未作规定，一般认为包括证券交易所的理事、监事、总经理、副总经理等。

《公司法》第178条对公司董事、监事、高级管理人员的任职资格作了规定，根据本条的指引性规定，证券交易所的负责人也适用该规定。《公司法》第178条规定："有下列情形之一的，不得担任公司的董事、监事、高级管理人员：（一）无民事行为能力或者限制民事行为能力；（二）因贪污、贿赂、侵占财产、挪用财产或者破坏社会主义市场经济秩序，被判处刑罚，或者因犯罪被剥夺政治权利，执行期满未逾五年，被宣告缓刑的，自缓刑考验期满之日起未逾二年；（三）担任破产清算的公司、企业的董事或者厂长、经理，对该公司、企业的破产负有个人责任的，自该公司、企业破产清算完结之日起未逾三年;(四)担任因违法被吊销营业执照、责令关闭的公司、企业的法定代表人,并负有个人责任的,自该公司、企业被吊销营业执照、责令关闭之日起未逾三年;(五)个人因所负数额较大债务到期未清偿被人民法院列为失信被执行人。违反前款规定选举、委派董事、监事或者聘任高级管理人员的,该选举、委派或者聘任无效。董事、监事、高级管理人员在任职期间出现本条第一款所列情形的,公司应当解除其职务。"结合本条规定,有《公司法》上述规定情形之一的不能担任证券交易所的负责人。

另外,本条还增加了两项限制性规定。其中解除职务,是指由证券交易所会员大会、其他证券交易场所的权力机构、证券登记结算机构的权力机构或者证券公司的权力机构,根据法律、行政法规和内部规章制度的规定,免去其负责人或者董事、监事、高级管理人员担任的高级行政职务,但是该负责人或者董事、监事、高级管理人员还可以在该单位继续担任从事其他业务活动的一般职务。

关联法规

《律师法》第 49 条

《注册会计师法》第 13 条

第一百零四条　【招聘证券交易所从业人员的限制条件】 因违法行为或者违纪行为被开除的证券交易场所、证券公司、证券登记结算机构、证券服务机构的从业人员和被开除的国家机关工作人员,不得招聘为证券交易所的从业人员。

条文注释

本条是关于招聘证券交易所从业人员的限制条件的规定。

证券交易场所的从业人员,是指所有在证券交易所、国务院批准的其他全国性证券交易场所、按照国务院规定设立的区域性股权市场正式任职的、负责证券交易操作和监管业务的工作人员,具体可以包括公司的理事、监事、总经理及其他正式聘用或者签订了劳务协议的从业人员。根据本条的规定,不允许因违法行为或者违纪行为被开除的证券交易场所、证券公司、证券登记结算机构、证券服务务机构的从业人员和被开除的国家机关工作人员被招聘为证券交易所的从业人员。这些人员因违法行为或者违纪行为被开除，其道德操守已经有了瑕疵，在一定程度上已经失去了人们的信任，而证券交易所的从业人员应当正直诚实、品行良好。同时，对这些违法违纪者未来从业进行限制，可以对其他证券从业人员和国家机关工作人员予以警示。

第一百零五条　【参与会员制证券交易所集中交易的主体】进入实行会员制的证券交易所参与集中交易的，必须是证券交易所的会员。证券交易所不得允许非会员直接参与股票的集中交易。

条文注释

本条是关于参与会员制证券交易所集中交易的主体的规定。

会员制证券交易所只对会员服务，即只有会员才能利用其交易系统进行交易。会员制证券交易所的会员种类、会员资格以及会员的权利和义务由证券交易所章程和业务规则规定。会员制证券交易所接纳的会员主要是经批准设立并具有法人资格的境内证券经营机构。境外证券经营机构设立的驻华代表处，经申请可以成为会员制证券交易所的特别会员。

第一百零六条　【投资者买卖证券程序】投资者应当与证券公司签订证券交易委托协议，并在证券公司实名开立账户，以书面、电话、自助终端、网络等方式，委托该证券公司代其买卖证券。

条文注释

本条是关于投资者买卖证券程序的规定。

本条所称投资者，是指买卖证券的单位或者个人。投资者在证券交易所买卖证券必须通过有会员资格的证券公司进行，自己不能直接在证券交易所内进行交易。

投资者应当与证券公司签订证券交易委托协议,委托该证券公司代其买卖证券。证券交易委托协议一般由证券公司统一印制,供委托人使用。证券交易委托协议一经签订,投资者即成为该证券公司的客户。证券交易委托协议经双方盖章或者签字成立。

第一百零七条 【证券账户实名制管理】证券公司为投资者开立账户,应当按照规定对投资者提供的身份信息进行核对。

证券公司不得将投资者的账户提供给他人使用。

投资者应当使用实名开立的账户进行交易。

条文注释

本条是关于证券账户实名制管理的规定。

本条对证券公司管理投资者账户提出要求,即证券公司应当履行核对投资者身份信息的义务,如果投资者提供的身份信息资料不完整、不准确、有待完善或发生变更,证券公司应当及时督促投资者更新补充。目前,除了在证券经营场所的现场开户服务外,许多证券公司还推出了互联网自助开户和手机自助开户服务,这对证券公司核实投资者身份信息提出了新的要求,但无论采用何种途径开设证券账户,证券公司都必须履行核对投资者身份信息的义务。证券公司不履行该义务的,应当承担相应的法律责任。根据本法第201条第1款的规定,证券公司未对投资者开立账户提供的身份信息进行核对的,责令改正,给予警告,并处以5万元以上50万元以下的罚款。对直接负责的主管人员和其他直接责任人员给予警告,并处以10万元以下的罚款。

另外,证券账户实名制管理要求投资者开立的证券账户应当严格由其个人所有和使用,其他人无权使用。根据本法第201条第2款的规定,证券公司将投资者的账户提供给他人使用的,责令改正,给予警告,并处以10万元以上100万元以下的罚款。对直接负责的主管人员和其他直接责任人员给予警告,并处以20万元以下的罚款。

第一百零八条 【证券公司接受委托买卖证券程序】证券公司根据投资者的委托，按照证券交易规则提出交易申报，参与证券交易所场内的集中交易，并根据成交结果承担相应的清算交收责任。证券登记结算机构根据成交结果，按照清算交收规则，与证券公司进行证券和资金的清算交收，并为证券公司客户办理证券的登记过户手续。

条文注释

本条是关于证券公司接受委托买卖证券的程序的规定。

按照证券交易规则提出交易申报，是指证券公司应当按照证券交易规则中申报内容、方式及程序等有关规定进行交易申报。参与证券交易所场内的集中交易，是指具有证券交易所会员资格的证券公司参与该证券交易所组织的集中交易市场内的证券集中竞价交易。

成交，是指证券公司相互间就买卖证券的价格、数量达成一致，成立证券买卖合同的行为。证券交易于成立时生效。证券交易生效后，买卖双方必须承认交易结果，履行清算交收义务，任何一方均不得反悔。

清算，是指证券公司将因接受委托而代理买进或卖出的证券的数量、金额相互抵冲核销后，按其差额进行结算的过程。交收，是指证券买卖成交后，买方支付价款、收取证券，卖方交付证券、收取价款的过程。清算交收分为两个阶段：一是证券公司与证券登记结算机构进行清算交收；二是投资者与证券公司进行清算交收。

第一百零九条 【证券交易保障和证券交易行情】证券交易所应当为组织公平的集中交易提供保障，实时公布证券交易即时行情，并按交易日制作证券市场行情表，予以公布。

证券交易即时行情的权益由证券交易所依法享有。未经证券交易所许可，任何单位和个人不得发布证券交易即时行情。

条文注释

本条是关于证券交易保障和证券交易行情的规定。

证券交易行情按照时效的不同分为即时行情和历史行情。证券交易即时行情是投资者对证券投资作出客观判断的重要依据，因此，本条规定了证券交易所需要履行实时公布证券交易即时行情的义务。不及时发布证券交易即时行情或者发布的证券交易即时行情有误，会给投资者造成不必要的损失。因此，对于发布证券交易即时行情的主体必须要有严格的要求，即由证券交易所发布证券交易即时行情，未经证券交易所许可，任何单位和个人不得发布证券交易即时行情。

第一百一十条 【上市交易股票的停、复牌】上市公司可以向证券交易所申请其上市交易股票的停牌或者复牌，但不得滥用停牌或者复牌损害投资者的合法权益。

证券交易所可以按照业务规则的规定，决定上市交易股票的停牌或者复牌。

条文注释

本条是关于上市交易股票的停、复牌的规定。

股票停牌，是指股票价格因某种消息或进行某种活动连续上涨或下跌，证券交易所暂停该股票在股票市场上进行交易的措施。待情况澄清或企业恢复正常后，再复牌交易。

上市公司发生证券交易所股票上市规则规定的停牌事项后，应当向证券交易所申请对其上市交易股票停牌；股票上市规则未有明确规定的，上市公司可以以证券交易所认为合理的理由，申请对其股票停牌或者复牌。并且，上市公司向证券交易所提出停牌申请时，应当说明停牌理由、计划停牌时间以及预计恢复时间。上市公司在其股票停牌后，应当及时处理导致股票停牌的事项或者积极采取行动以符合复牌要求。

根据本条第2款的规定，由证券交易所按照业务规则的规定，对上市交易的股票作出停牌或者复牌决定。证券交易所对在其交易所上市交易的股票进行定期或不定期的审核,如果发现某上市交易的股票出现不宜继续上市的情形,其可以作出停牌决定。股票停牌后,证券交易所发现该股票停牌事由不成立,或者停牌申请不符合规定的条件和要求的,其可以要求上市公司立即申请复牌。上市公司未按要求申请复牌的,证券交易所可以对停牌的股票予以强制复牌,并要求上市公司披露相关情况,作出解释说明。

第一百一十一条 【突发性事件的处置措施】因不可抗力、意外事件、重大技术故障、重大人为差错等突发性事件而影响证券交易正常进行时,为维护证券交易正常秩序和市场公平,证券交易所可以按照业务规则采取技术性停牌、临时停市等处置措施,并应当及时向国务院证券监督管理机构报告。

因前款规定的突发性事件导致证券交易结果出现重大异常,按交易结果进行交收将对证券交易正常秩序和市场公平造成重大影响的,证券交易所按照业务规则可以采取取消交易、通知证券登记结算机构暂缓交收等措施,并应当及时向国务院证券监督管理机构报告并公告。

证券交易所对其依照本条规定采取措施造成的损失,不承担民事赔偿责任,但存在重大过错的除外。

条文注释

本条是关于影响证券交易正常进行的突发性事件的处置措施的规定。

技术性停牌,是指突发性事件影响证券交易的正常进行时,证券交易所采取的暂时停止某种证券交易的措施。突发性事件,是指在证券交易过程中无法预测或者难以预测的、对证券交易具有重大影响的事件,包括但不限于不可抗力、意外事件、重大技术故障、重大人为差错等。临时停市,是指证券交易所在一定时期内暂停所有证券交易的措施。由于临时停市的影响很大,因此证券交易所作出临时停市决定必须十分慎重。

证券交易所对证券交易实行实时监控，有权在证券市场出现重大异常情况时采取技术性停牌、临时停市等处置措施，但应当符合以下条件：(1)发生了不可抗力、意外事件、重大技术故障、重大人为差错或者非证券交易所能够控制的其他突发性事件；(2)突发性事件的发生影响证券交易的正常进行；(3)采取技术性停牌、临时停市等处置措施的目的在于维护证券交易正常秩序和市场公平；(4)按照证券交易所的业务规则决定。

第一百一十二条　【证券交易所对证券交易的监控】证券交易所对证券交易实行实时监控，并按照国务院证券监督管理机构的要求，对异常的交易情况提出报告。

证券交易所根据需要，可以按照业务规则对出现重大异常交易情况的证券账户的投资者限制交易，并及时报告国务院证券监督管理机构。

条文注释

本条是关于证券交易所对证券交易的监控的规定。

实时监控证券交易，是指证券交易所为实现对证券交易的有效监督和管理，通过电脑运行系统对证券交易情况进行统计分析并及时警示非正常交易的监控措施。证券交易所的实时监控主要包括以下内容：(1)行情监控。即对交易行情进行实时监控，观察股票价格、股价指数、成交量等的变化情况，如果股价或指数突然大幅度波动或者成交量突然放大等，监控人员可以立即掌握情况，作出判断。(2)交易监控。即对异常交易进行跟踪，如果异常交易是由违规行为引起的，则对违规者进行调查。(3)证券监控。即对证券卖出情况进行监控，如果发现某证券账户中没有证券或数量不足而卖出证券，构成卖空，则对相应的证券商进行处罚。(4)资金监控。即对证券交易和新股发行的资金进行监控，如果买入证券未及时补足清算头寸，构成买空，监控系统可以立即根据实际情况作出判断。

另外，证券交易所实时监控证券交易。证券交易所实时监控系统可以对证券交易价格剧烈波动或者严重背离指标的情形及时检查、专项监控，对于出现重大异常交易情况的证券账户限制其交易，并及时报告国务院证券监督管理机构。如果存在内幕交易等情形，证券交易所要上报国务院证券监督管理机构立案查处。

第一百一十三条　【证券交易所的处置措施】证券交易所应当加强对证券交易的风险监测，出现重大异常波动的，证券交易所可以按照业务规则采取限制交易、强制停牌等处置措施，并向国务院证券监督管理机构报告；严重影响证券市场稳定的，证券交易所可以按照业务规则采取临时停市等处置措施并公告。

证券交易所对其依照本条规定采取措施造成的损失，不承担民事赔偿责任，但存在重大过错的除外。

条文注释

本条是关于重大异常波动时证券交易所可以采取的处置措施的规定。

限制交易，是指证券交易所根据需要，对出现重大异常交易情况的证券账户采取的限制买卖的措施。强制停牌，是指当某股票的价格出现重大异常波动时，证券交易所强制暂停该股票在证券市场上进行交易的措施。证券交易所采取限制交易、强制停牌等处置措施，必须向国务院证券监督管理机构报告，说明相关情况。证券交易所应当在其业务规则中对重大异常波动的情形，以及采取限制交易、强制停牌等处置措施的情形和程序作出具体规定。

证券交易所采取限制交易、强制停牌等处置措施难免会给证券市场交易方造成一定的损失，如果不能免除证券交易所的责任，将使其不敢采取上述处置措施；但如果完全免除证券交易所的责任，就无法对证券交易所进行约束。为了解决这一问题，本条第2款规定，证券交易所对其依照本条规定采取措施造成的损失，不承担民事赔偿责任，但存在重大过错的除外。

第一百一十四条 【证券交易所风险基金】证券交易所应当从其收取的交易费用和会员费、席位费中提取一定比例的金额设立风险基金。风险基金由证券交易所理事会管理。

风险基金提取的具体比例和使用办法，由国务院证券监督管理机构会同国务院财政部门规定。

证券交易所应当将收存的风险基金存入开户银行专门账户，不得擅自使用。

条文注释

本条是关于证券交易所设立风险基金及基金管理的规定。

风险基金，是指证券交易所设立的用于弥补其重大经济损失，防范与证券交易所业务活动有关的重大风险事故的发生，以保证证券交易活动正常进行而设立的专项基金。但是，这一基金既不可用于弥补投资者由于市场欺诈行为而遭受的证券价值损失，也不可用于弥补因不可抗力导致的损失。对于风险基金提取的具体比例和使用办法，本法授权国务院证券监督管理机构和国务院财政部门对其进行制定。

风险基金作为一种法定的有特殊用途的基金，只有在发生了特定的情况时才能动用，以保护广大客户、会员的利益，保证证券交易的正常运行。为此，本条要求证券交易所在管理该基金时专款专用，不得擅自动用。

第一百一十五条 【证券交易所业务规则】证券交易所依照法律、行政法规和国务院证券监督管理机构的规定，制定上市规则、交易规则、会员管理规则和其他有关业务规则，并报国务院证券监督管理机构批准。

在证券交易所从事证券交易，应当遵守证券交易所依法制定的业务规则。违反业务规则的，由证券交易所给予纪律处分或者采取其他自律管理措施。

条文注释

本条是关于证券交易所制定、执行业务规则的规定。

证券交易所负有制定业务规则、对证券市场进行规范的权利和义务,其制定的业务规则是证券经营活动的自律性规范。根据本法、有关行政法规和证监会制定的相关文件的规定,证券交易所可以通过制定《证券交易所章程》《证券交易所交易规则》等形式制定相关业务规则。该业务规则主要包括:(1)上市规则。内容包括:证券上市的条件、申请和批准程序以及上市协议的内容及格式;上市公告书的内容及格式;上市保荐人的资格、责任、义务;上市费用及其他有关费用的收取方式和标准;对违反上市规则行为的处理;其他需要在上市规则中规定的事项。(2)交易规则。内容包括:交易证券的种类和期限;证券交易方式和操作程序;证券交易中的禁止行为;清算交收事项;交易纠纷的解决;上市证券的暂停、恢复与取消交易;证券交易所的开市、收市、休市及异常情况的处理;交易手续费及其他有关费用的收取方式和标准;对违反交易规则行为的处理规定;证券交易所证券交易信息的提供和管理;股价指数的编制方法和公布方式;其他需要在交易规则中规定的事项。(3)会员管理规则。内容包括:取得会员资格的条件和程序;席位管理办法;与证券交易和清算业务有关的会员内部监督、风险控制、电脑系统的标准及维护等方面的要求;会员的业务报告制度;会员所派的出市代表在交易场所内的行为规范;会员及其出市代表违法、违规行为的处罚;其他需要在会员管理规则中规定的事项。(4)其他有关业务规则,如证券交易所从业人员规则、证券交易所营业细则等。以上业务规则由证券交易所理事会通过后,必须经过国务院证券监督管理机构批准方能生效。

在证券交易所从事证券交易的主体,应当遵守证券交易所依照法律、行政法规和国务院证券监督管理机构的规定制定的上市规则、交易规则、会员管理规则和其他有关业务规则。在证券交易所从事证券交易的主体,违反业务规则的,由证券交易所给予纪律处分或者采取其他自律管理措施。

第一百一十六条 【证券交易所从业人员的职务回避】证券交易所的负责人和其他从业人员执行与证券交易有关的职务时,与其本人或者其亲属有利害关系的,应当回避。

条文注释

本条是关于证券交易所负责人和其他从业人员的职务回避的规定。

本条中的回避,是指证券交易所的董事、监事、总经理等负责人和其他从事证券交易工作的人员在执行与证券交易有关的职务时,与其本人或者其亲属有利害关系的,应当退出,由他人来执行相关职务的行为。

根据本条的规定,回避的人员包括两类:一类是证券交易所的负责人。对于证券交易所负责人的范围,本法未作规定,一般认为包括证券交易所的董事、监事、总经理等。另一类是证券交易所负责人以外的其他从业人员。此处的证券交易所负责人以外的其他从业人员是指各部门经理、专业技术人员等人员。

第一百一十七条 【交易结果不得改变及其例外】按照依法制定的交易规则进行的交易,不得改变其交易结果,但本法第一百一十一条第二款规定的除外。对交易中违规交易者应负的民事责任不得免除;在违规交易中所获利益,依照有关规定处理。

条文注释

本条是关于交易结果不得改变及其例外的规定。

一般情况下,在证券交易场所的成交申报、成交结果 经交易所确认,不得撤销或者变更,买卖双方必须承认交易结果,履行清算交收义务。但是,本条规定了上述情况的例外,即因本法第111条第2款规定的突发性事件导致证券交易结果出现重大异常,按交易结果进行交收将对证券交易正常秩序和市场公平造成重大影响的,证券交易所按照业务规则可以采取取消交易、通知证券登记结算机构暂缓交收等措施，并应当及时向国务院证券监督管理机构报告并公告。

在交易活动中，虽然交易结果不得改变，但是存在过错的一方应当承担相应的责任。根据本条的规定，违规交易者的民事责任不得免除；至于违规交易者在违规交易中获得的利益，应当按照有关规定进行处理。如果因违规交易给他人造成了损失，违规交易者应当承担赔偿责任。在违规交易中获得的利益如果属于非法获得的利益，除用于承担民事赔偿责任外，应当依法没收上缴国库。

第八章　证 券 公 司

第一百一十八条　【证券公司的设立条件】设立证券公司，应当具备下列条件，并经国务院证券监督管理机构批准：

（一）有符合法律、行政法规规定的公司章程；

（二）主要股东及公司的实际控制人具有良好的财务状况和诚信记录，最近三年无重大违法违规记录；

（三）有符合本法规定的公司注册资本；

（四）董事、监事、高级管理人员、从业人员符合本法规定的条件；

（五）有完善的风险管理与内部控制制度；

（六）有合格的经营场所、业务设施和信息技术系统；

（七）法律、行政法规和经国务院批准的国务院证券监督管理机构规定的其他条件。

未经国务院证券监督管理机构批准，任何单位和个人不得以证券公司名义开展证券业务活动。

条文注释

本条是关于设立证券公司的条件的规定。

在我国，设立证券公司必须经国务院证券监督管理机构审查批准，未经国务院证券监督管理机构审查批准，任何单位和个人不得以证券公司的名义开展证券业务活动。

本条规定了设立证券公司应当具备的条件。其中证券公司的风险管理与内部控制，是指证券公司为实现经营目标，根据经营环境变化，对证券公司经营与管理过程中的风险进行识别、评价和管理的制度安排、组织体系和控制措施。完善的风险管理与内部控制制度应当符合健全、合理、制衡、独立的原则，确保风险管理与内部控制的有效性。

除本条规定的条件外，其他有关法律、行政法规及经国务院批准的国务院证券监督管理机构对公司设立条件的规定和对证券公司设立条件作出的补充或者细化规定，对于证券公司的设立同样适用。

第一百一十九条　【证券公司的设立审批、登记和申领经营证券业务许可证】国务院证券监督管理机构应当自受理证券公司设立申请之日起六个月内，依照法定条件和法定程序并根据审慎监管原则进行审查，作出批准或者不予批准的决定，并通知申请人；不予批准的，应当说明理由。

证券公司设立申请获得批准的，申请人应当在规定的期限内向公司登记机关申请设立登记，领取营业执照。

证券公司应当自领取营业执照之日起十五日内，向国务院证券监督管理机构申请经营证券业务许可证。未取得经营证券业务许可证，证券公司不得经营证券业务。

条文注释

本条是关于证券公司的设立审批、登记和申领经营证券业务许可证的规定。

关于证券公司设立审批时限，由于证券公司与众多投资者的利益及证券市场的稳定关系密切，对证券公司设立申请的审批应当严格、谨慎，因此本条第1款规定，国务院证券监督管理机构应当自受理证券公司设立申请之日起6个月内，依照法定条件和法定程序并根据审慎监管原则进行审查，作出批准或者不予批准的决定，并通知申请人；对设立申请不予批准的，国务院证券监督管理机构应当向申请人说明理由，以保障申请人的知情权。

国务院证券监督管理机构在审批证券公司设立申请时，除应当依据本法和有关法律、行政法规规定的条件和程序进行审查外，还应当依据审慎监管原则进行审查。审慎监管要求监管机构根据已发布的监管规定以及监管机构认可的内部政策、程序和管理制度来决定是否批准。

证券公司设立申请获得批准的，申请人应当在规定的期限内提交设立登记申请书、公司章程、验资证明、国务院证券监督管理机构的批准文件以及法律、行政法规规定的其他文件，向公司登记机关申请设立登记，领取营业执照。证券公司应当自领取营业执照之日起15日内向国务院证券监督管理机构申请经营证券业务许可证。未取得经营证券业务许可证，证券公司不得经营证券业务。

第一百二十条　【证券业务】经国务院证券监督管理机构核准，取得经营证券业务许可证，证券公司可以经营下列部分或者全部证券业务：

（一）证券经纪；

（二）证券投资咨询；

（三）与证券交易、证券投资活动有关的财务顾问；

（四）证券承销与保荐；

（五）证券融资融券；

（六）证券做市交易；

（七）证券自营；

（八）其他证券业务。

国务院证券监督管理机构应当自受理前款规定事项申请之日起三个月内，依照法定条件和程序进行审查，作出核准或者不予核准的决定，并通知申请人；不予核准的，应当说明理由。

证券公司经营证券资产管理业务的，应当符合《中华人民共和国证券投资基金法》等法律、行政法规的规定。

除证券公司外，任何单位和个人不得从事证券承销、证券保荐、证券经纪和证券融资融券业务。

证券公司从事证券融资融券业务，应当采取措施，严格防范和控制风险，不得违反规定向客户出借资金或者证券。

条文注释

本条是关于证券公司经营证券业务的规定。

证券经纪业务，是指证券公司在核定业务范围内，通过收取证券买卖佣金，促成买卖双方证券交易的中介业务。在证券经纪业务中，证券公司与投资者之间属于委托关系，投资者是委托方，证券公司是受托方。证券投资咨询业务，是指证券公司为投资人或者客户提供证券投资分析、预测或者建议等直接或者间接的有偿咨询服务的业务。与证券交易、证券投资活动有关的财务顾问业务，是指证券公司根据客户需求，为客户的证券投融资、资本运作、证券资产管理等活动提供咨询、分析、方案设计等服务的业务。证券承销业务，是指证券公司通过与证券发行人签订证券承销协议，在规定的证券发行期限内协助证券发行人推销其所发行的证券的业务。证券保荐业务，是指证券公司对发行人的发行文件进行实质性核查，保证该文件真实、准确、完整，并推荐发行人证券发行的业务。融资融券交易，又称保证金交易或者信用交易，是指客户按照法律规定，在买卖证券时向证券公司支付一定数额的保证金或交付部分证券进行质押，在其应当支付的价款和应当交付的证券不足时，由证券公司垫付的一种交易方式。证券做市交易，是指在资本市场上，由证券公司作为特许交易商，不断向投资者报出某些特定证券的买卖价格，并在该价格上接受投资者的买卖要求，以其自有资金和证券与投资者进行交易的交易方式。证券自营业务，是指证券公司以自己的名义和资金进行证券买卖，并从中获取收益的业务。除上述业务外，证券公司还可以经营经国务院证券监督管理机构核准的其他证券业务，如代销政府债券、证券投资基金份额等。

证券资产管理，是指证券公司依照其与客户签订的资产管理合同，运用客户资产进行证券投资的业务活动。其中，投资产生的收益由客户享有，损失由客户承担，证券公司可以按照合同约定收取管理费用。

本条虽然允许证券公司在经国务院证券监督管理机构核准取得相关业务许可证后从事融资融券业务，但由于融资融券交易在提高市场活跃度的同时易引发风险，所以本条第5款明确规定，证券公司从事融资融券业务，应当采取措施，严格防范和控制风险，不得违反规定向客户出借资金或者证券。

第一百二十一条　【证券公司注册资本的最低限额】证券公司经营本法第一百二十条第一款第(一)项至第(三)项业务的，注册资本最低限额为人民币五千万元；经营第(四)项至第(八)项业务之一的，注册资本最低限额为人民币一亿元；经营第(四)项至第(八)项业务中两项以上的，注册资本最低限额为人民币五亿元。证券公司的注册资本应当是实缴资本。

国务院证券监督管理机构根据审慎监管原则和各项业务的风险程度，可以调整注册资本最低限额，但不得少于前款规定的限额。

条文注释

本条是关于证券公司注册资本最低限额的规定。

证券公司经营证券承销与保荐业务时需要大量资金，并要为证券发行文件的真实性、准确性、完整性负保证责任。融资融券业务为证券公司提供了杠杆机会和对冲机会，也为证券交易提供了更多的资金，是证券公司收入的重要来源，但该业务可能会给证券公司、证券市场乃至整个金融系统带来很大的风险。做市交易要求证券公司具备相当的资金实力。自营业务要求证券公司承担交易的全部风险。因此，本条对经营以上业务的证券公司的注册资本最低限额的要求较高。需要注意的是，证券公司既从事本法第120条第1款第1项至第3项业务（证券经纪、证券投资咨询、财务顾问），还从事该款第4项至第8项业务（证券承销与保荐、证券融资融券、证券做市交易、证券自营和其他证券业务）的，其注册资本的最低限额按照就高原则执行。并且，证券公司经营证券业务，风险较高，涉及众多投资者的利益，法律应当对其注册资本进行严格要求。因此，本条第1款规定，证券公司的注册资本应当实缴，不得分期缴付。

本条第1款关于证券公司注册资本最低限额的规定，是根据目前证券市场实际情况作出的要求。由于证券市场处于不断的变化之中，有些证券业务的风险会随着市场变化剧增，为了提高证券公司承担市场风险的能力，维护证券市场稳定，有必要授权国务院证券监督管理机构根据审慎监管原则和证券公司各项业务的风险程度，在必要时调整证券公司注册资本最低限额，同时这种调整不得少于本条第1款规定的限额。

第一百二十二条　【证券公司重要事项变更】证券公司变更证券业务范围，变更主要股东或者公司的实际控制人，合并、分立、停业、解散、破产，应当经国务院证券监督管理机构核准。

条文注释

本条是关于证券公司重要事项变更的规定。

变更证券业务范围，是指证券公司改变其经国务院证券监督管理机构依法核准的证券业务，扩大或者缩小其证券业务范围的行为。变更主要股东或者公司的实际控制人，是指证券公司对其主要股东予以变更，或者对虽不是其股东，但通过投资关系、协议或者其他安排能够实际支配其行为的人予以变更。公司合并，是指证券公司与其他公司进行资产重组，合并设立新公司，或者吸收合并其他公司，或者被其他公司吸收合并。公司分立，是指证券公司将其财产作相应分割，设立两家以上新公司。公司停业，是指证券公司决定暂时停止经营证券业务。公司解散，是指证券公司符合《公司法》第229条规定的解散事由而对其予以解散。公司破产，是指证券公司不能清偿到期债务，并且资产不足以清偿全部债务或者明显缺乏清偿能力而被人民法院宣告破产。

第一百二十三条　【证券公司的风险控制】国务院证券监督管理机构应当对证券公司净资本和其他风险控制指标作出规定。

证券公司除依照规定为其客户提供融资融券外，不得为其股东或者股东的关联人提供融资或者担保。

条文注释

本条是关于证券公司风险控制的规定。

证券公司风险控制指标包括公司的净资本以及国务院证券监督管理机构规定的其他指标。根据目前国务院证券监督管理机构的有关规定，其他风险控制指标还包括风险覆盖率、资本杠杆率、流动性覆盖率、净稳定资金率等。

根据本法第120条的规定，证券公司在经国务院证券监督管理机构核准后，可以经营融资融券业务，但必须采取措施严格防范和控制风险，并且应当按照规定向客户出借资金或者证券。除此之外，证券公司不得为其股东或者股东的关联人提供融资或者担保服务。股东的关联人，是指受证券公司股东直接或间接控制，或者与证券公司股东之间存在可能导致公司利益转移的其他关系的企业和个人。由于实践中仍然存在股东或者股东的关联人通过向证券公司借款或者要求证券公司为其提供无偿担保等关联交易，转移公司资产或者向证券公司转移风险的情形，因此，证券公司除依照规定为其客户提供融资融券服务外，不得为其股东或者股东的关联人提供融资或者担保服务。

第一百二十四条　【证券公司董事、监事、高级管理人员的任职条件】证券公司的董事、监事、高级管理人员，应当正直诚实、品行良好，熟悉证券法律、行政法规，具有履行职责所需的经营管理能力。证券公司任免董事、监事、高级管理人员，应当报国务院证券监督管理机构备案。

有《中华人民共和国公司法》第一百四十六条规定的情形或者下列情形之一的，不得担任证券公司的董事、监事、高级管理人员：

（一）因违法行为或者违纪行为被解除职务的证券交易场所、证券登记结算机构的负责人或者证券公司的董事、监事、高级管理人员，自被解除职务之日起未逾五年；

（二）因违法行为或者违纪行为被吊销执业证书或者被取消资格的律师、注册会计师或者其他证券服务机构的专业人员，自被吊销执业证书或者被取消资格之日起未逾五年。

条文注释

本条是关于证券公司董事、监事、高级管理人员任职条件的规定。

证券公司的董事、监事、高级管理人员任职的积极条件具体包括：（1）正直诚实，品行良好。证券公司的管理人员通过其业务知识和经验，为投资者提供专业服务，对投资者负有诚实信用、勤勉尽责的义务，正直诚实、品行良好是对其道德水准、职业操守的基本要求。（2）熟悉证券法律、行政法规。知法是守法的必要前提，证券公司的董事、监事、高级管理人员只有了解和掌握证券法律、行政法规，才能以此规范自己的行为。（3）具有履行职责所需的经营管理能力。证券公司的董事、监事、高级管理人员只有具有证券业务经营管理方面的专业知识、实践经验，才能为其客户提供专业化的优质服务。

证券公司的董事、监事、高级管理人员任职的消极条件具体包括:(1)无民事行为能力或者限制民事行为能力;(2)因贪污、贿赂、侵占财产、挪用财产或者破坏社会主义市场经济秩序,被判处刑罚,或者因犯罪被剥夺政治权利,执行期满未逾5年,被宣告缓刑的,自缓刑考验期满之日起未逾二年;(3)担任破产清算的公司、企业的董事或者厂长、经理,对该公司、企业的破产负有个人责任的,自该公司、企业破产清算完结之日起未逾3年;(4)担任因违法被吊销营业执照、责令关闭的公司、企业的法定代表人,并负有个人责任的,自该公司、企业被吊销营业执照、责令关闭之日起未逾3年;(5)个人因所负数额较大债务到期未清偿被人民法院列为失信被执行人;(6)因违法行为或者违纪行为被解除职务的证券交易场所、证券登记结算机构的负责人或者证券公司的董事、监事、高级管理人员,自被解除职务之日起未逾5年;(7)因违法行为或者违纪行为被吊销执业证书或者被取消资格的律师、注册会计师或者其他证券服务机构的专业人员,自被吊销执业证书或者被取消资格之日起未逾5年。根据《公司法》的规定,证券公司违反上述规定选举、委派董事、监事或者聘任高级管理人员的,该选举、委派或者聘任无效。董事、监事、高级管理人员在任职期间出现上述情形的,公司应当解除其职务。

此外,证券公司任免董事、监事、高级管理人员,还应当报国务院证券监督管理机构备案,使其及时掌握证券公司经营管理层的变动。

第一百二十五条 【证券公司从业人员的任职条件】证券公司从事证券业务的人员应当品行良好,具备从事证券业务所需的专业能力。

因违法行为或者违纪行为被开除的证券交易场所、证券公司、证券登记结算机构、证券服务机构的从业人员和被开除的国家机关工作人员,不得招聘为证券公司的从业人员。

国家机关工作人员和法律、行政法规规定的禁止在公司中兼职的其他人员,不得在证券公司中兼任职务。

条文注释

本条是关于证券公司从业人员任职条件的规定。

证券公司的从业人员，是指在证券公司中任职，依照证券公司章程的规定，经办所任职业务的证券公司的职员，包括证券公司的管理人员和业务人员。证券公司的从业人员应当品行良好，并且具备从事证券业务所需的专业能力。证券从业人员直接服务于客户，品行良好是对其道德水准、职业操守的基本要求；证券业务可分为经纪业务、投资咨询业务、融资融券业务等，每一项业务的专业性都很强，并且有特定的业务规则和风险控制制度等，只有具备相应证券业务所需专业能力的证券从业人员，才可能在为客户提供良好服务的同时，为公司创造收益。

为了加强对证券市场的监督管理，保护投资者的合法权益，本法在总结证券市场监督管理经验的基础上规定，因违法行为或者违纪行为被开除的证券交易场所（具体包括证券交易所、国务院批准的其他全国性证券交易场所、按照国务院规定设立的区域性股权市场）、证券公司、证券登记结算机构、证券服务机构（如律师事务所、会计师事务所投资咨询机构、资产评估机构等）的从业人员和被开除的国家机关工作人员，不得招聘为证券公司的从业人员。证券公司招聘从业人员要严格把关，已招聘的从业人员如果发现有上述规定的情形的，应当依法予以解聘。

国家机关工作人员，是指在各级国家权力机关、行政机关、司法机关及其他履行国家管理职能的机关中从事公务的人员。禁止国家机关工作人员在证券公司中兼职，是因为他们手中掌握国家赋予的管理公共事务的职权，这种权力不应当用于公司的经营，否则，将使国家权力与公司的经营活动结合在一起，弊端很大。

除本条规定的国家机关工作人员外，有关法律、行政法规还会根据需要禁止一些不宜在证券公司中兼职的人员在证券公司兼任职务，如证券交易所总经理、副总经理、非会员理事、非会员监事及其他工作人员。

第一百二十六条　【证券投资者保护基金】国家设立证券投资者保护基金。证券投资者保护基金由证券公司缴纳的资金及其他依法筹集的资金组成，其规模以及筹集、管理和使用的具体办法由国务院规定。

条文注释

本条是关于证券投资者保护基金的规定。

投资者保护基金作为投资者保护体系的重要组成部分，具有以下重要作用：(1)可以在证券公司出现关闭、破产等重大风险时弥补投资者的损失，通过简捷的渠道快速地对投资者特别是中小投资者予以保护。(2)有助于稳定和增强投资者对我国金融体系的信心，有助于防止证券公司个案风险的传递和扩散。(3)是对现有的国家行政监督管理部门、证券交易所等自律组织、会计师事务所等市场中介机构组成的全方位、多层次监管体系的一个重要补充，可以在监测证券公司风险、推动证券公司积极稳妥地解决遗留问题和处置证券公司风险方面发挥重要作用。(4)有助于我国建立国际成熟市场通行的证券投资者保护机制。考虑到证券投资者保护基金的主要目的是防范和处置证券公司风险，因此本法仅作原则规定，同时授权国务院规定具体办法。

第一百二十七条　【交易风险准备金】证券公司从每年的业务收入中提取交易风险准备金，用于弥补证券经营的损失，其提取的具体比例由国务院证券监督管理机构会同国务院财政部门规定。

条文注释

本条是关于证券公司交易风险准备金的提取和使用的规定。

本条规定的交易风险准备金具有以下特征：(1)交易风险准备金是法定风险准备金，而非任意准备金，证券公司必须依法提取。(2)交易风险准备金必须从公司每年的业务收入中提取。(3)交易风险准备金只能用于弥补证券经营的损失，不得挪作他用，以确保证券公司遇到意外经营损失时能够及时得到资金补充。(4)交易风险准备金的提取比例由国务院证券监督管理机构会同国务院财政部门，根据我国证券市场发育程度和证券公司抗风险能力作出具体规定，证券公司必须执行。

第一百二十八条　【内部控制制度】证券公司应当建立健全内部控制制度，采取有效隔离措施，防范公司与客户之间、不同客户之间的利益冲突。

证券公司必须将其证券经纪业务、证券承销业务、证券自营业务、证券做市业务和证券资产管理业务分开办理，不得混合操作。

条文注释

本条是关于证券公司内部控制制度的规定。

证券公司内部控制，是指证券公司为实现经营目标，根据经营环境变化，对证券公司经营与管理过程中的风险进行识别、评价和管理的制度安排、组织体系和控制措施。完善的内部控制制度应当具有健全性、合理性、制衡性、独立性。健全性要求风险管理与内部控制应当覆盖证券公司的所有业务、部门和人员，渗透到决策、执行、监督、反馈等各个环节。合理性要求风险管理与内部控制应当与证券公司经营规模、业务范围、风险状况及经营环境相适应。制衡性要求证券公司部门和岗位的设置应当权责分明、相互制约。独立性要求承担内部控制职能的专门部门应当独立于证券公司其他部门。

证券公司依法经国务院证券监督管理机构核准，可以同时经营证券经纪业务、证券承销业务、证券自营业务、证券做市业务和证券资产管理业务。为了防止证券公司利用兼业条件，将应当属于某个客户的利益或者获利机会转给自己或者其他客户，根据本条第2款的规定，证券公司必须将上述业务分开办理，不得混合操作。这里所说的分开办理，是指证券公司应当分别开立自有资金账户、客户资金账户和证券账户，分别存储其自有资金、客户的交易结算资金和证券，同时，办理某项业务的人员不得办理其他业务。

第一百二十九条 【自营业务】证券公司的自营业务必须以自己的名义进行，不得假借他人名义或者以个人名义进行。

证券公司的自营业务必须使用自有资金和依法筹集的资金。

证券公司不得将其自营账户借给他人使用。

条文注释

本条是关于证券公司自营业务管理的规定。

证券公司的名称是该公司区别于其他公司的标志，因此，证券公司必须以自己的真实名称从事经营活动，行使民事权利，承担民事责任。

本条第2款明确了证券公司自营业务的资金来源，即其自有资金和依法筹集的资金。证券公司的自有资金主要是指证券公司的资本金以及通过使用该资本金而产生的收益。证券公司依法筹集的资金，包括证券公司通过发行公司债券募集的资金，通过同业拆借、市场拆借筹集的资金及其他依法筹集的资金。

本条第3款规定，证券公司不得将其自营账户借给他人使用。其目的在于防止不符合法律规定条件的企业甚至个人以证券公司的名义进行证券自营买卖，逃避证券监督管理机构的监管，增加证券市场风险，扰乱证券市场秩序。

第一百三十条 【证券公司经营的基本原则】证券公司应当依法审慎经营，勤勉尽责，诚实守信。

证券公司的业务活动，应当与其治理结构、内部控制、合规管理、风险管理以及风险控制指标、从业人员构成等情况相适应，符合审慎监管和保护投资者合法权益的要求。

证券公司依法享有自主经营的权利，其合法经营不受干涉。

条文注释

本条是关于证券公司经营的基本原则的规定。

本条第1款对证券公司的经营基本原则予以明确，即证券公司应当依法审慎经营，勤勉尽责，诚实守信。

本条第2款从审慎监管和保护投资者合法权益的角度出发，对证券公司经营业务活动提出了具体要求，即证券公司经营业务活动应当与其治理结构、内部控制、合规管理、风险管理以及风险控制指标、从业人员构成等情况相适应。其中，治理结构包括但不限于董事会、监事会以及经理层的配置及运行。内部控制，是指证券公司为实现经营目标，根据经营环境变化，对证券公司经营与管理过程中的风险进行识别、评价和管理的制度安排、组织体系和控制措施。合规管理要求证券公司及其工作人员的经营管理和执业行为应当符合法律、法规、规章及规范性文件、行业规范和自律规则、公司内部规章制度，以及行业普遍遵守的职业道德和行为准则。风险管理要求证券公司对证券公司经营中的流动性风险、市场风险、信用风险、操作风险等各类风险，进行准确识别、审慎评估、动态监控、及时应对及管理。风险控制指标与风险管理相对应，包括净资本、风险覆盖率、资本杠杆率、流动性覆盖率、净稳定资金率等各项指标。

本条第3款明确规定证券公司依法享有自主经营的权利，该权利具体包括名称权、人事权、财产权、决策权、收益权以及其他自主经营的权利。

证券公司依法自主经营受法律保护。证券公司的合法权益受到侵害时，其可以通过申请行政复议或者诉讼等方式保护自身的合法权益。

第一百三十一条　【客户资产管理】证券公司客户的交易结算资金应当存放在商业银行，以每个客户的名义单独立户管理。

证券公司不得将客户的交易结算资金和证券归入其自有

财产。禁止任何单位或者个人以任何形式挪用客户的交易结算资金和证券。证券公司破产或者清算时,客户的交易结算资金和证券不属于其破产财产或者清算财产。非因客户本身的债务或者法律规定的其他情形,不得查封、冻结、扣划或者强制执行客户的交易结算资金和证券。

条文注释

本条是关于证券公司客户资产管理的规定。

按照本法的规定,交易结算资金独立存管于商业银行,证券存管于证券登记结算机构,二者均独立于证券公司的自有财产,这种独立性体现在:(1)证券公司客户的交易结算资金和证券,与证券公司的自有财产相区别,证券公司不得将其归入自有财产。(2)任何单位或者个人不得以任何形式挪用客户的交易结算资金和证券。(3)证券公司破产或者清算时,客户的交易结算资金和证券不属于其破产财产或者清算财产,应当从其破产财产或者清算财产中去除,并将该财产返还给客户,证券公司的债权人不得对其客户的交易结算资金和证券主张权利。(4)非因客户本身的债务或者法律规定的其他情形,不得查封、冻结、扣划或者强制执行客户的交易结算资金和证券;法律规定的其他情形包括客户拖欠税款,受到没收财产、没收违法所得、罚款、罚金处罚及法律规定的其他情形。

第一百三十二条 【经纪业务】证券公司办理经纪业务,应当置备统一制定的证券买卖委托书,供委托人使用。采取其他委托方式的,必须作出委托记录。

客户的证券买卖委托,不论是否成交,其委托记录应当按照规定的期限,保存于证券公司。

条文注释

本条是关于证券经纪业务的规定。

证券买卖委托书是统一制定的具有固定格式和内容的合同书，其目的在于规范客户与证券公司之间的委托与受托行为。

客户委托证券公司代其买卖证券的方式很多，使用最多的委托方式主要有以下三种：(1)当面委托，即柜台委托，是指客户到证券公司的营业柜台亲自填写证券买卖委托书，委托证券公司代其买卖证券的委托方式。(2)电话委托，是指客户通过电话向证券公司计算机系统输入委托指令，以完成证券买卖委托和有关信息查询的委托方式。(3)电脑委托，是指客户通过与证券公司自动委托交易系统联结的电脑终端，按照系统发出的指示输入买卖委托指令，以完成买卖委托和有关信息查询的委托方式。客户可以根据自己的实际情况从上述三种委托方式中进行选择。证券公司应当置备电话录音或者其他能够记录并保存客户交易委托的设备，对客户的电话委托和电脑委托进行同步记录，并予以保存，以备查询。

客户的证券买卖委托书是证明客户与证券公司权利义务的法律文件，是证券公司代客户买卖证券的重要凭据。不论根据客户的委托进行的证券交易是否成交，证券买卖委托记录是柜台委托保存的书面委托书，还是电话委托、电脑委托保存的录音及其他委托记录，都必须按照国务院证券监督管理机构规定的期限，保存于证券公司，以备日后查询。

第一百三十三条 【证券买卖委托执行】证券公司接受证券买卖的委托，应当根据委托书载明的证券名称、买卖数量、出价方式、价格幅度等，按照交易规则代理买卖证券，如实进行交易记录；买卖成交后，应当按照规定制作买卖成交报告单交付客户。

证券交易中确认交易行为及其交易结果的对账单必须真实，保证账面证券余额与实际持有的证券相一致。

条文注释

本条是关于证券买卖委托执行的规定。

客户的证券买卖委托书是确定客户与证券公司权利义务的法律文件，是证券公司代客户买卖证券的凭据，其中包含了客户对所买卖的证券名称、买卖数量、出价方式、价格幅度等的明确指示。

证券公司应当及时、准确地执行客户的委托指令，如其有错漏或者其他违背客户意思表示的行为，给客户造成损失的，其应当对客户的损失承担赔偿责任。当客户委托的交易成交后，证券公司必须按照证券交易、结算规则的规定办理证券交易的清算、交收，为客户办理资金的收付和证券的过户，真实、准确、完整地记录证券交易的所有环节，并按照本法和国务院证券监督管理机构以及证券交易规则的规定制作买卖成交报告单。

证券买卖对账单应当按照本法和国务院证券监督管理机构以及证券交易规则的规定编制，正本交客户存查，副本保存于证券公司备查。证券买卖对账单一般包括以下内容：(1)客户姓名或者名称；(2)客户代码；(3)资金账号；(4)委托日期、时间和序号；(5)交易场所；(6)成交时间；(7)成交的证券名称、数量、价格；(8)交易费用；(9)其他事项。证券买卖对账单必须真实、准确、完整，即与实际交易情况完全一致，证券公司应保证账面证券余额与实际持有的证券相一致，不得虚假记载。

第一百三十四条　【禁止全权委托和出租席位】证券公司办理经纪业务，不得接受客户的全权委托而决定证券买卖、选择证券种类、决定买卖数量或者买卖价格。

证券公司不得允许他人以证券公司的名义直接参与证券的集中交易。

条文注释

本条是关于禁止全权委托买卖证券以及禁止证券公司出租席位的规定。

全权委托，又称授权委托，是指客户出于投资获利的愿望，在委托证券公司代其买卖证券时，对证券的买进或者卖出，或者买卖证券的种类、数量、价格不加任何限制，完全由证券公司代为决定的委托方式。由于证券市场受经济等各个方面因素的影响很大，并且证券公司及其从业人员的忠实、诚信义务无法完全保证，为了防止过度投机和保护中小投资者的利益，本条禁止全权委托买卖证券，即证券公司在接受客户委托买卖证券时，不得接受全权委托，由客户自行决定是否买卖证券、买卖何种证券、买卖多少数量的证券以及以何种价格买卖证券。

针对实践中突出存在的证券公司出租席位给他人，使其进场直接参与证券集中交易的现象，本条第 2 款明确禁止他人以证券公司的名义直接参与证券的集中交易。集中交易作为证券交易的主要方式，可分为集中竞价、集合竞价和大宗交易，对时间要求极高。因此，进入实行会员制的证券交易所参与集中交易的证券公司，必须是证券交易所的会员。

第一百三十五条　【禁止承诺交易结果】证券公司不得对客户证券买卖的收益或者赔偿证券买卖的损失作出承诺。

条文注释

本条是关于禁止证券公司承诺证券交易结果的规定。

证券公司对客户证券买卖的收益作出承诺，是指证券公司向客户保证其进行证券买卖将会获得一定数额的收入。证券公司对赔偿证券买卖的损失作出承诺，是指证券公司向客户保证其进行证券买卖，在受到损失时将会由证券公司赔偿其一定数额的损失或者全部的损失。以多种方式预先对客户证券买卖的收益或者赔偿证券买卖的损失作出承诺的行为不仅是一种不正当竞争行为，也是对证券市场有严重危害的欺诈客户的行为，必须予以禁止。

如果证券公司对客户证券买卖的收益或者赔偿证券买卖的损失作出承诺，那么，一旦客户出现损失或者没有获得承诺的收益，就需要证券公司兑现承诺。但依照《公司法》的规定，证券公司的收入在依法弥补亏损和提取公积金后，余额属于股东，即应当按照股份有限公司股东的持股比例或公司章程约定，有限责任公司股东实缴的出资比例将余额分配给股东,而提取的公积金只能用于弥补公司的亏损、扩大公司的生产经营或者转为增加公司的资本。因此,证券公司没有任何资金可用于增加客户的收益或者赔偿客户的损失,即证券公司既没有保证客户买卖收益的能力,也没有赔偿客户买卖损失的能力。

第一百三十六条 【从业人员职务行为的责任归属、禁止私下接受委托】证券公司的从业人员在证券交易活动中,执行所属的证券公司的指令或者利用职务违反交易规则的,由所属的证券公司承担全部责任。

证券公司的从业人员不得私下接受客户委托买卖证券。

条文注释

本条是关于证券公司从业人员职务行为的责任归属及禁止其私下接受委托的规定。

证券公司的从业人员从事职务或者授权行为,是以证券公司的名义进行的,代表了证券公司的意志,因此他们的行为就是证券公司的行为。如果他们在履行职务的过程中违反了交易规则,就应当由所属的证券公司承担全部责任,具体包括:(1)对因执行其指令违反交易规则的所属从业人员的行为承担责任;(2)对利用职务违反交易规则的所属从业人员的行为承担责任。

私下接受客户的委托,是指证券公司的从业人员,在依法设立的营业场所之外,直接接受客户委托买卖证券的行为。证券公司的从业人员私下接受客户委托买卖证券,经常伴有行贿受贿、内幕交易等违法犯罪行为,危害很大。为有效规范证券公司从业人员的经纪行为,避免买卖纠纷、预防违法犯罪、维护公平竞争,本条第2款对该行为予以明确禁止。

第一百三十七条　【客户信息查询和保存】证券公司应当建立客户信息查询制度，确保客户能够查询其账户信息、委托记录、交易记录以及其他与接受服务或者购买产品有关的重要信息。

证券公司应当妥善保存客户开户资料、委托记录、交易记录和与内部管理、业务经营有关的各项信息，任何人不得隐匿、伪造、篡改或者毁损。上述信息的保存期限不得少于二十年。

条文注释

本条是关于客户信息查询制度的规定。

客户开户资料，是指客户是否在证券公司开户以及开户时提供的各种信息，如姓名或者名称、公民身份证明的号码、法人合法证件等料。委托记录，是指客户委托证券公司买卖证券时填写的证券买卖委托书，以及电话委托、计算机委托时保存的录音、电子数据等信息资料。交易记录，是指记载客户进行的证券交易活动的资料，如交易的时间、买卖证券的种类、交易的数额等。

投资者作为从证券公司接受服务或者购买产品的客户，有权通过证券公司了解自己的账户信息、委托记录、交易记录以及其他与接受服务或者购买产品有关的重要信息，因此证券公司应当建立客户信息查询制度。

客户开户资料、委托记录、交易记录和与内部管理、业务经营有关的各项信息是记录和反映证券交易活动、证券公司运行状况及其业务状况的重要证据。为了使客户能够真实了解有关情况，减少和防止客户与证券公司之间的纠纷，并为处理纠纷提供可靠的证据，根据本条第2款的规定，证券公司负有依法保存有关资料的义务，并且保存期限不得少于20年。

第一百三十八条　【信息报送】证券公司应当按照规定向国务院证券监督管理机构报送业务、财务等经营管理信息和资料。国务院证券监督管理机构有权要求证券公司及其主要股东、实际控制人在指定的期限内提供有关信息、资料。

证券公司及其主要股东、实际控制人向国务院证券监督管理机构报送或者提供的信息、资料，必须真实、准确、完整。

条文注释

本条是关于证券公司及其主要股东、实际控制人负有依法报送经营管理信息和资料的义务的规定。

业务、财务等经营管理信息和资料，是指反映证券公司的业务情况、财务状况、经营成果及客户资产状况等的信息和资料。证券公司对其业务、财务等经营管理信息和资料，应当按照规定主动报送国务院证券监督管理机构。同时，国务院证券监督管理机构也有权要求证券公司及其主要股东、实际控制人在国务院证券监督管理机构指定的期限内提供有关信息、资料。

证券公司提供或者报送的信息、资料必须真实、准确、完整。真实要求有关的信息、资料是客观事实的反映，没有虚假的成分。准确要求有关的信息、资料完全与客观事实相一致，没有偏差。完整要求有关的信息、资料反映了客观事实的全貌，没有缺少的部分。

第一百三十九条　【审计或者评估】国务院证券监督管理机构认为有必要时，可以委托会计师事务所、资产评估机构对证券公司的财务状况、内部控制状况、资产价值进行审计或者评估。具体办法由国务院证券监督管理机构会同有关主管部门制定。

条文注释

本条是关于国务院证券监督管理机构可以依法委托有关证券服务机构对证券公司进行审计或者评估的规定。

证券公司的财务和经营状况不能完全按照其表述来判断，再加上国务院证券监督管理机构没有足够的具有专业知识的人员来对众多的证券公司进行审计、评估，因此，本条规定，国务院证券监督管理机构认为有必要时，可以委托会计师事务所、资产评估机构对证券公司的财务状况、内部控制状况、资产价值进行审计或者评估。

国务院证券监督管理机构委托有关证券服务机构对证券公司进行审计或者评估，其间会涉及证券公司的权益，审计、评估结果会涉及国务院证券监督管理机构对证券公司及证券市场的监管。因此，对于国务院证券监督管理机构具体在什么情况下、怎样委托会计师事务所或者资产评估机构对证券公司进行审计或者评估等问题，都需要进行规范，规范的具体办法由国务院证券监督管理机构会同有关主管部门制定。

第一百四十条　【监管措施】证券公司的治理结构、合规管理、风险控制指标不符合规定的，国务院证券监督管理机构应当责令其限期改正；逾期未改正，或者其行为严重危及该证券公司的稳健运行、损害客户合法权益的，国务院证券监督管理机构可以区别情形，对其采取下列措施：

（一）限制业务活动，责令暂停部分业务，停止核准新业务；

（二）限制分配红利，限制向董事、监事、高级管理人员支付报酬、提供福利；

（三）限制转让财产或者在财产上设定其他权利；

（四）责令更换董事、监事、高级管理人员或者限制其权利；

（五）撤销有关业务许可；

（六）认定负有责任的董事、监事、高级管理人员为不适当人选；

（七）责令负有责任的股东转让股权，限制负有责任的股东行使股东权利。

证券公司整改后，应当向国务院证券监督管理机构提交报告。国务院证券监督管理机构经验收，治理结构、合规管理、风险控制指标符合规定的，应当自验收完毕之日起三日内解除对其采取的前款规定的有关限制措施。

条文注释

本条是关于国务院证券监督管理机构对治理结构、合规管理、风险控制指标不符合规定的证券公司的处理程序以及可以采取的有关措施的规定。

证券公司的治理结构、合规管理、风险控制指标是否符合规定，是衡量证券公司是否有风险以及风险大小的一个重要标准。一旦不符合规定，就有可能影响证券公司的运营，给投资者造成损害，并引起证券市场的动荡。根据本条的规定，对于治理结构、合规管理、风险控制指标不符合规定的证券公司，由国务院证券监督管理机构依法处理。

限制业务活动，是指国务院证券监督管理机构对证券公司正在进行的业务活动予以限制的行为。责令暂停部分业务，是指国务院证券监督管理机构责令暂时停止证券公司经批准可以经营的部分业务的行为，如证券经纪业务、证券投资咨询业务等。停止批准新业务，是指国务院证券监督管理机构对证券公司要求在现有的业务以外增加某种新业务的申请，不予批准的行为。责令更换董事、监事、高级管理人员，是指国务院证券监督管理机构责令证券公司解除其现任的部分或者全部董事、监事、高级管理人员的职务，并重新任命新的人员来担任这些职务的行为。撤销有关业务许可，是指国务院证券监督管理机构将原来对证券公司从事有关业务的批准撤销，证券公司不得再从事原批准的有关业务的行为。责令负有责任的股东转让股权，是指国务院证券监督管理机构责令对证券公司的治理结构、合规管理、风险控制指标不符合规定负有责任的股东将其股权部分或者全部转让给他人的行为。

无论是被责令限期改正的证券公司，还是被国务院证券监督管理机构依法采取了措施的证券公司，该证券公司在自己整顿并改正以后，应当向国务院证券监督管理机构提交报告，说明有关的整改情况。为在加强监管的同时，确保当事人的合法权益，防止权力滥用，国务院证券监督管理机构在收到证券公司的报告后，应当及时对该证券公司进行验收。国务院证券监督管理机构经验收，对治理结构、合规管理、风险控制指标符合规定的证券公司，应当自验收完毕之日起3日内解除对其采取的有关限制措施。

第一百四十一条　【虚假出资、抽逃出资】证券公司的股东有虚假出资、抽逃出资行为的，国务院证券监督管理机构应当责令其限期改正，并可责令其转让所持证券公司的股权。

在前款规定的股东按照要求改正违法行为、转让所持证券公司的股权前，国务院证券监督管理机构可以限制其股东权利。

条文注释

本条是关于对虚假出资、抽逃出资的股东采取的措施的规定。

虚假出资，是指股东采取各种方式拒绝向公司交付其作为出资的货币，或者不依法向公司转移其作为出资的实物、知识产权、土地使用权等非货币财产的财产权的行为。抽逃出资，是指公司登记成立后，股东采取各种方式，将其在公司中的出资无偿转移出公司的行为。

根据《公司法》的规定，有限责任公司的股东在公司成立后，不得抽回出资，以维护公司的正常经营与发展，保证公司必要的偿债能力，维护债权人利益。证券公司是依照《公司法》和本法规定设立的从事证券业务的有限责任公司或者股份有限公司，因此，证券公司的股东也不得虚假出资、抽逃出资。对于虚假出资、抽逃出资的股东，国务院证券监督管理机构应当责令其在一定期限内改正，并要求其在限定时间内，将未交付的作为出资的货币或者非货币财产，向证券公司交付，将抽逃的出资归还证券公司。

股东虚假出资、抽逃出资时，由于其出资额已经减少或者完全丧失,其行使现有权利的基础也就丧失了,只有当其改正了虚假出资、抽逃出资的行为,将未交付的作为出资的货币或者非货币财产向公司交付,将抽逃的出资归还公司后,才会重新拥有行使股东权利的基础。为此,本条赋予了国务院证券监督管理机构依法限制虚假出资、抽逃出资的股东行使其股东权利的权力。

第一百四十二条 【证券公司董事、监事、高级管理人员未勤勉尽责】证券公司的董事、监事、高级管理人员未能勤勉尽责,致使证券公司存在重大违法违规行为或者重大风险的,国务院证券监督管理机构可以责令证券公司予以更换。

条文注释

本条是关于证券公司董事、监事、高级管理人员未勤勉尽责的规定。

我国《公司法》规定,董事、监事、高级管理人员应当遵守法律、行政法规和公司章程,对公司负有忠实义务和勤勉义务。为了保证证券公司的董事、监事、高级管理人员能够切实履行其职责,本法还规定,证券公司的董事、监事、高级管理人员应当正直诚实,品行良好,熟悉证券法律、行政法规,具有履行职责所需的经营管理能力。

证券公司负有忠实和勤勉义务的董事、监事、高级管理人员,在履行自己的职责时,因没有勤勉尽责而导致证券公司存在重大的违反法律、行政法规或者有关规定的行为,或者导致证券公司存在重大风险,国务院证券监督管理机构根据证券公司的董事、监事、高级管理人员未能勤勉尽责的具体情形,可以责令证券公司将该董事、监事、高级管理人员予以更换,使其不再担任董事、监事、高级管理人员。

第一百四十三条 【停业整顿、托管、接管、撤销】证券公司违法经营或者出现重大风险,严重危害证券市场秩序、损害投资者利益的,国务院证券监督管理机构可以对该证券公司采取责令停业整顿、指定其他机构托管、接管或者撤销等监管措施。

条文注释

本条是关于在证券公司违法经营或者出现重大风险并造成严重后果的情形下，国务院证券监督管理机构可以采取的监管措施的规定。

证券公司成立以后，其依法享有自主经营的权利，承担守法经营的义务。如果证券公司违反了该义务，或者出现了重大风险，严重危害了证券市场秩序、损害了投资者利益，国务院证券监督管理机构可以对该证券公司采取一些处置风险的监管措施。

责令停业整顿，是指国务院证券监督管理机构责令证券公司停止营业，要求其查找存在的违法违规行为或者存在的重大风险，并主动采取措施予以改正的监管措施。指定其他机构托管，是指国务院证券监督管理机构为处置证券公司风险、保证证券公司业务正常开展，委托其他机构经营证券公司业务的监管措施。接管，是指在金融机构出现财务危机时，国务院证券监督管理机构以及政府强制性接管其经营管理的监管措施。撤销，是指国务院证券监督管理机构对经其批准设立的证券公司，依法终止其经营活动，并予以解散的监管措施。

当证券公司违法经营或者出现重大风险，严重危害证券市场秩序、损害投资者利益时，除上述监管措施以外，国务院证券监督管理机构还可以依法采取其他监管措施，以有效监管市场，维护证券市场的正常秩序，保护国家利益和社会公众利益。

第一百四十四条　【限制出境和处分财产】在证券公司被责令停业整顿、被依法指定托管、接管或者清算期间，或者出现重大风险时，经国务院证券监督管理机构批准，可以对该证券公司直接负责的董事、监事、高级管理人员和其他直接责任人员采取以下措施：

（一）通知出境入境管理机关依法阻止其出境；

（二）申请司法机关禁止其转移、转让或者以其他方式处分财产，或者在财产上设定其他权利。

条文注释

本条是关于可以依法对证券公司直接负责的董事、监事、高级管理人员和其他直接责任人员采取有关措施的规定。

对证券公司直接负责的董事、监事、高级管理人员和其他直接责任人员采取本条所规定的措施，必须符合本条所规定的条件，即证券公司正处于被责令停业整顿、依法指定托管、接管或者清算期间，或者证券公司出现了重大风险。

本条规定可以依法采取的措施有两种：一是通知出境入境管理机关依法阻止证券公司直接负责的董事、监事、高级管理人员出境。证券公司直接负责的董事、监事、高级管理人员和其他直接责任人员，对于证券公司违法经营或者出现重大风险，负有直接的责任。为了使我国有关机构和司法机关在对证券公司进行调查处理时，方便对其进行询问、查清有关事实和问题，并在应当依法追究其法律责任时，使其真正承担相应的责任，本条规定，在法定的情形下，经国务院证券监督管理机构批准，可以通知出境入境管理机关对企图出境的证券公司直接负责的董事、监事、高级管理人员或者其他直接责任人员，依法不允许其出境。二是申请司法机关禁止证券公司直接负责的董事、监事、高级管理人员转移、转让或者以其他方式处分财产，或者在财产上设定其他权利。为了保证证券公司直接负责的董事、监事、高级管理人员和其他直接责任人员在必要时能够真正承担责任，本条规定，在法定的情形下，经国务院证券监督管理机构批准，可以申请司法机关禁止证券公司直接负责的董事、监事、高级管理人员或者其他直接责任人员将财产转移至他处、将财产转让给他人或者以其他方式处分财产，如将财产赠与他人等，或者在财产上设定其他权利，如在财产上设定担保等。

第九章　证券登记结算机构

第一百四十五条　【证券登记结算机构的主要职能、性质、法律地位和设立审批】证券登记结算机构为证券交易提供集中登记、存管与结算服务，不以营利为目的，依法登记，取得法人资格。

设立证券登记结算机构必须经国务院证券监督管理机构批准。

条文注释

本条是关于证券登记结算机构的主要职能、性质、法律地位、设立审批的规定。

证券登记，是指证券登记结算机构受证券发行人委托维护证券持有人名册，从而确认证券权属状态的行为。证券存管，是指证券登记结算机构受托集中保管证券公司交存的客户证券和自有证券，并提供相关权益维护服务的行为。证券结算，是指证券交易成交后交易双方确定和履行相应权利义务的过程，包括清算和交收两个步骤。

根据本条的规定，证券登记结算机构提供服务，不以营利为目的，从法律上明确了证券登记结算机构提供服务的目的不在于追求利润，而是为证券交易提供集中登记、存管与结算服务，为整个证券市场安全、稳定、有效运行提供保障。证券登记结算机构在证券交易中处于关键的环节，承担重要的责任，关系到买卖双方的利益，对整个证券市场的运行起着不可或缺的作用。因此，必须由国家实施严格的监督管理制度予以规范，并且它的设立需要由国务院证券监督管理机构批准，不得擅自设立，其他部门也不得越权审批。

第一百四十六条　【证券登记结算机构的设立条件和名称标识】设立证券登记结算机构,应当具备下列条件:

(一)自有资金不少于人民币二亿元;

(二)具有证券登记、存管和结算服务所必须的场所和设施;

(三)国务院证券监督管理机构规定的其他条件。

证券登记结算机构的名称中应当标明证券登记结算字样。

条文注释

本条是关于证券登记结算机构的设立条件和名称标识的规定。

本条第1款对证券登记结算机构的设立条件作出了规定:(1)资金条件,即自有资金不少于人民币2亿元,以保障其正常业务活动;(2)场所和设施条件,即具有证券登记、存管和结算服务所必须的场所和设施;(3)国务院证券监督管理机构规定的其他条件。

本条第2款对证券登记结算机构的名称标识专门作出规定,即证券登记结算机构需要在名称中显示其特征,标明证券登记结算字样。究其立法目的,一是通过名称表明其特殊的职能,便于辨认;二是防止其他机构使用同样或者类似名称误导社会公众,造成混乱或者进行欺诈。

第一百四十七条　【证券登记结算机构的职能】证券登记结算机构履行下列职能:

(一)证券账户、结算账户的设立;

(二)证券的存管和过户;

(三)证券持有人名册登记;

(四)证券交易的清算和交收;

(五)受发行人的委托派发证券权益;

(六)办理与上述业务有关的查询、信息服务;

(七)国务院证券监督管理机构批准的其他业务。

条文注释

本条是关于证券登记结算机构职能的具体规定。

(1)设立证券账户与结算账户。证券账户,是指投资者开立的,用于记录其持有证券的余额及其变动情况的账户。结算账户,是指证券登记结算机构仅为证券公司等结算参与人开立的,用于办理钱券交割的账户。结算参与人,是指获得证券登记结算机构结算参与人资格,直接进入登记结算系统参与结算业务的机构。

(2)证券的存管和过户。证券的存管,是指证券登记结算机构受托集中保管证券持有人持有的进行交易的证券的行为。证券的过户,是指证券登记结算机构根据证券交易清算交收的结果,将证券持有人持有证券的事实记录下来的行为。

(3)证券持有人名册登记。这是指证券登记结算机构基于发行人的委托,根据证券交易中结算、交收、过户的结果进行的,通过设立和维护证券持有人名册,确认证券持有人持有证券事实的行为。

(4)证券交易的清算和交收。证券交易的清算,是指证券登记结算机构按照确定的规则计算证券和资金的应收、应付数额的行为。证券交易的交收,是指证券登记结算机构根据确定的清算结果,通过转移证券和资金履行相关债权债务的行为。证券交易的清算与交收统称为证券交易的结算。

(5)受发行人的委托派发证券权益。一般来说,证券在发行交易后,在投资者之间流动,发行人难以掌握哪些人持有证券。但发行人还要向股东派发权益,或者向债权人支付利息,因此,其有必要委托证券登记结算机构依据证券持有人登记名册进行派发,以保护投资者利益。

(6)办理查询和信息服务。证券登记结算机构办理查询和信息服务必须是与本条前5项业务有关的事项,即相关业务的延伸。

(7)除了本条前6项业务外,还会有一些是证券登记结算机构可以提供的服务,但其需要经过国务院证券监督管理机构的批准。

第一百四十八条　【证券登记结算的运营方式】在证券交易所和国务院批准的其他全国性证券交易场所交易的证券的登记结算,应当采取全国集中统一的运营方式。

前款规定以外的证券,其登记、结算可以委托证券登记结算机构或者其他依法从事证券登记、结算业务的机构办理。

条文注释

本条是关于证券登记结算的运营方式的规定。

在证券交易所和国务院批准的其他全国性证券交易场所交易的证券,主要是公开发行的证券。由于这些证券实行统一的交易规则,由统一的法律规范进行调整,因此对这些证券的登记结算也采取全国集中统一的运营方式是必要的。一是更有利于实现统一监管,推动证券交易的统一、安全运作。二是有助于实现证券交易和结算的高效率。三是有助于减少证券交易风险。

对于非在证券交易所和国务院批准的其他全国性证券交易场所交易的证券,由于其是非公开发行的证券,因此没有必要对其登记结算作法定要求,即这些证券的登记、结算既可以委托证券登记结算机构办理,也可以委托其他依法从事证券登记、结算业务的机构办理。

第一百四十九条　【证券登记结算机构的章程和业务规则】证券登记结算机构应当依法制定章程和业务规则,并经国务院证券监督管理机构批准。证券登记结算业务参与人应当遵守证券登记结算机构制定的业务规则。

条文注释

本条是关于证券登记结算机构的章程和业务规则的规定。

证券登记结算机构作为有法人资格的组织,应当制定章程,同时,其从事服务需要有适合自身特点的业务规则,以保证提供的各项服务符合证券市场的要求。但其章程和业务规则都要依法制定,并要接受国务院证券监督管理机构的监督,经过批准才能生效。

证券登记结算机构的业务规则作为证券登记结算机构依法制定的关于业务运行和业务办理的特殊规范,应当具有特殊的法律地位和效力。因此,本条增加了证券登记结算机构制定的业务规则对证券登记结算业务参与人具有约束力的规定,即证券登记结算业务参与人应当遵守证券登记结算机构制定的业务规则。

第一百五十条 【证券存管】在证券交易所或者国务院批准的其他全国性证券交易场所交易的证券,应当全部存管在证券登记结算机构。

证券登记结算机构不得挪用客户的证券。

条文注释

本条是关于证券存管的规定。

本条第1款是对证券的要求,即在证券交易所或者国务院批准的其他全国性证券交易场所交易的证券,应当全部存管在证券登记结算机构。法定要求存管的证券为在证券交易所或者国务院批准的其他全国性证券交易场所交易的证券;没有在证券交易所或者国务院批准的其他全国性证券交易场所交易的证券,则没有集中全部存管的法定要求。

本条第2款是对证券登记结算机构的限制,即证券登记结算机构不得挪用客户的证券。挪用客户的证券,是指证券登记结算机构未经客户同意,将客户存管的证券用于为客户证券交易结算以外的其他用途的行为,主要包括据为己有、用于其他客户的证券交易结算、出借给他人、用作自己或者他人借款的担保物等。客户证券的用途应当由客户自行决定,禁止证券登记结算结构以任何形式挪用。需要注意的是,证券登记结算机构不得挪用的客户证券,不仅包括在证券交易所或者国务院批准的其他全国性证券交易场所交易的证券,即公开发行的证券,还包括非公开发行的证券。

第一百五十一条 【证券持有人名册】证券登记结算机构应当向证券发行人提供证券持有人名册及有关资料。

证券登记结算机构应当根据证券登记结算的结果，确认证券持有人持有证券的事实，提供证券持有人登记资料。

证券登记结算机构应当保证证券持有人名册和登记过户记录真实、准确、完整，不得隐匿、伪造、篡改或者毁损。

条文注释

本条是关于证券持有人名册的规定。

证券登记结算机构有责任向证券发行人提供证券持有人名册及有关资料。由于证券流通速度快、范围广，具有不特定性，首次发行证券后，发行人自身无法掌握该种证券的情况，此时只有登记结算机构掌握证券登记行为完成后的相关业务数据。因此，必须由证券登记结算机构向发行人提供这方面的情况。

证券登记结算机构确认证券持有人持有证券的事实，所根据的应当是证券登记结算的结果，因为这种结果是反映交易的实际后果，是经过既定程序形成的，应当作为确认投资者权利的一种可靠的依据。

保证证券持有人名册和登记过户资料真实、准确和完整是证券登记结算机构最基本的要求，也是其法定责任。证券持有人名册和登记过户资料都记载了投资者的合法权益，关系投资者的直接利益，所以必须完全真实，否则就会侵害投资者或者其他合法权利人的合法权益。

由于证券持有人名册和登记资料关系投资者的切身利益，关系证券登记结算机构的责任，因此，对于在业务中形成的各种资料证券登记结算机构必须保存好，不得有隐匿、伪造、篡改或者毁损行为。

第一百五十二条　【业务安全保障】证券登记结算机构应当采取下列措施保证业务的正常进行：

（一）具有必备的服务设备和完善的数据安全保护措施；

（二）建立完善的业务、财务和安全防范等管理制度；

（三）建立完善的风险管理系统。

条文注释

本条是关于证券登记结算机构业务安全保障的规定。

具有必备的服务设备，是从设备上保证证券登记结算机构的正常运行，即保证证券登记结算机构能够正常地提供登记、存管、结算服务。

具备完善的数据安全保护措施，是因为在证券登记结算机构的业务运行过程中会生成、储存、运算大量的数据，这些数据直接关系到证券市场参与者多方面利益。采取有效措施做好数据保密工作，能够一定程度上避免数据泄露等情况的发生。

建立完善的业务、财务和安全防范等管理制度，具体包括以下三个方面的内容：一是建立健全业务管理制度，要求证券登记结算机构的登记、存管、结算及其他日常业务的开展有条不紊，同时对证券市场的交易新品种及时制定配套业务规则，对其他国家和地区的登记结算制度积极研究借鉴。二是建立健全财务管理制度，保证各项资金各尽其用。三是建立健全安全防范制度，保障其办公场所、业务开展场所、硬件设备存放场所等的安全。

建立完善的风险管理系统，对证券登记结算机构具有较高的要求。证券登记结算系统的风险主要指结算风险。证券结算风险，是指证券交易结算过程中交易一方或各方不能按照约定条件足额、及时履行交收义务，交收被延迟或者失败，或者由于资金与证券保管、操作系统和法律环境等原因，证券登记结算机构无法结算对手方资金损失或整个结算系统不能正常运转的可能性。

第一百五十三条 【资料保存】证券登记结算机构应当妥善保存登记、存管和结算的原始凭证及有关文件和资料。其保存期限不得少于二十年。

条文注释

本条是关于保存登记、存管和结算原始凭证及有关文件和资料保存的规定。

证券登记结算机构为证券交易提供登记过户、存管、结算服务而形成的清算交收、登记过户记录等原始凭证以及会计账簿、财务会计报告等文件和资料,是记录和反映证券登记、存管、结算、过户业务活动的重要史料和证据,通过这些文件和资料,可以了解证券登记结算机构每项业务活动的真实情况。因此,本条规定,证券登记结算机构有责任将其妥善保存。同时本条还从法律上限定重要的原始凭证及有关文件和资料最短的保存期限,即20年。

第一百五十四条 【证券结算风险基金】证券登记结算机构应当设立证券结算风险基金,用于垫付或者弥补因违约交收、技术故障、操作失误、不可抗力造成的证券登记结算机构的损失。

证券结算风险基金从证券登记结算机构的业务收入和收益中提取,并可以由结算参与人按照证券交易业务量的一定比例缴纳。

证券结算风险基金的筹集、管理办法,由国务院证券监督管理机构会同国务院财政部门规定。

条文注释

本条是关于证券结算风险基金的用途、来源和管理办法的制定的规定。

证券登记结算机构对整个证券市场的运行具有重要意义,有必要设立证券结算风险基金,确保证券登记结算机构有足够的财力来对这种风险造成的经济损失进行补偿。此外,证券结算风险基金的用途由法律规定。

根据本条第2款的规定,证券结算风险基金的来源有三个方面:一是证券登记结算机构的业务收入;二是证券登记结算机构的收益;三是结算参与人的缴纳,即结算参与人按照证券交易业务量的一定比例缴纳。本款规定体现了证券市场结算参与人风险共担的原则。

关于证券结算风险基金的筹集、管理办法,一是要规定基金如何筹集,如有关的缴纳单位的范围、缴纳的具体比例、时间上的限制等;二是要规定基金如何管理,比如确定管理的机构、使用的权限、使用的程序、监督检查等。对这些问题的细化规定,是有效筹集基金,并管好、用好基金的制度保证。

第一百五十五条 【证券结算风险基金专户专项管理和追偿】证券结算风险基金应当存入指定银行的专门账户,实行专项管理。

证券登记结算机构以证券结算风险基金赔偿后,应当向有关责任人追偿。

条文注释

本条是关于证券结算风险基金专户专项管理和证券登记结算机构追偿权的规定。

实现证券结算风险基金专户专项管理,目的在于确保它能够正确地发挥作用,避免与其他资金混合管理,避免交叉使用带来的弊端,特别是防止影响或者改变证券结算风险基金的真正作用。

证券结算风险基金作为一项经济补偿制度,为控制风险和合理承担风险责任,本条第2款规定了证券登记结算机构的追偿权。具体要求是,一旦出现因违约交收、技术故障、操作失误、不可抗力造成的证券登记结算机构的损失,由证券结算风险基金先行赔偿,然后由证券登记结算机构向有关责任人提出承担赔偿责任的要求,依法追回应由有关责任人承担的那一部分。

第一百五十六条 【证券登记结算机构的解散】证券登记结算机构申请解散,应当经国务院证券监督管理机构批准。

条文注释

本条是关于证券登记结算机构解散需经批准的规定。

证券登记结算机构负有组织管理证券登记结算业务的特殊职能,关系到证券市场多方参与者的利益,与证券市场正常运行有密切联系,其设立与解散都必须慎重、严密,以保护投资者以及有关当事人的合法权益。所以,证券登记结算机构申请解散须经国务院证券监督管理机构批准,而不能擅自解散。

第一百五十七条 【投资者开立证券账户】投资者委托证券公司进行证券交易,应当通过证券公司申请在证券登记结算机构开立证券账户。证券登记结算机构应当按照规定为投资者开立证券账户。

投资者申请开立账户,应当持有证明中华人民共和国公民、法人、合伙企业身份的合法证件。国家另有规定的除外。

条文注释

本条是关于投资者开立证券账户的规定。

根据本法的规定,在证券交易所或者国务院批准的其他全国性证券交易场所交易的证券,全部存管在证券登记结算机构,上述证券的交易由证券登记结算机构统一进行清算交收、登记过户,因此,投资者委托证券公司进行证券交易,应当通过证券公司申请在证券登记结算机构开立证券账户。证券登记结算机构应当按照规定为投资者开立证券账户。

本条第 2 款规定了投资者申请开立账户的条件,即投资者申请开立账户,必须持有合法的身份证明。个人开户必须持有公安机关制发的证明中国公民身份的有效居民身份证,法人或者合伙企业开户必须持有证明其具有中国法人或者合伙企业资格的合法证件。

鉴于我国证券市场已经有条件地部分对外资开放，因此，本条还作了例外规定，即"国家另有规定的除外"。

第一百五十八条　【中央对手方、货银对付、结算履约优先和违约交收】证券登记结算机构作为中央对手方提供证券结算服务的，是结算参与人共同的清算交收对手，进行净额结算，为证券交易提供集中履约保障。

证券登记结算机构为证券交易提供净额结算服务时，应当要求结算参与人按照货银对付的原则，足额交付证券和资金，并提供交收担保。

在交收完成之前，任何人不得动用用于交收的证券、资金和担保物。

结算参与人未按时履行交收义务的，证券登记结算机构有权按照业务规则处理前款所述财产。

条文注释

本条是关于证券净额结算的业务模式、货银对付原则、结算履约优先原则和违约交收处理权限的规定。

证券交易的结算方式可以分为全额结算和净额结算。全额结算，是指交易双方对所有达成的交易实行逐笔清算，并通过某种机制交换全部证券和资金的结算方式。净额结算，是指证券登记结算机构以结算参与人为单位，对其买入和卖出交易的余额进行轧差，以轧差得到的净额(具体包括该结算参与人的应收应付证券和资金净额)，组织结算参与人进行证券和资金的交收的结算方式。

本条第1款明确了证券登记结算机构进行结算时，其是作为中央对手方提供结算服务的。中央对手方，又称共同对手方，是指对证券交易而言，既作为所有买方的卖方又作为所有卖方的买方的主体。中央对手方制度的作用主要体现为以下四个方面：一是重新分配交易风险，能够解决因个别参与人交收违约引起的连锁交收失败的问题。二是对每个参与人应收应付的金额和证券进行轧差，既能够降低每个参与人的风险，又能够使整个证券市场的总风险显著降低。三是简化了参与人交收过程，能够减少参与人资金和证券实际交收的数量，大大提高结算效率；同时能够减少结算参与人在结算系统内占用的资金量，提高资金的使用率。四是提供担保交收并实施严格的风险管理制度，有助于增强投资信心，活跃市场交易。

货银对付原则，是指在证券登记结算机构的组织管理下，结算参与人进行的证券交收和资金交收同时完成，且不可撤销的原则。按照货银对付的原则组织交收是有效控制结算风险的必然要求。按照货银对付的原则组织结算活动，是维护结算系统安全、保证市场正常运行的重要手段。

卖方卖出的证券或者买方用于买入证券的资金，在交收完成前虽然尚未交付，但这些证券和资金已经指定了特定的用途，进入了特定的结算法律关系之中，属于已进入交收程序的财产。同理，证券登记结算机构按照业务规则要求结算参与人提供的担保物，是结算参与人的履约保证，在参与人没有足额资金或证券完成交收时，必须用这些担保物完成向交易对手方的交收。

本条第4款规定，结算参与人未按时履行交收义务的，证券登记结算机构有权按照业务规则处理有关交收财产。这一规定可以有效保障证券登记结算机构按照业务规则进行交收，维护正常交收秩序的权威性。

第一百五十九条　【清算交收履约财产】证券登记结算机构按照业务规则收取的各类结算资金和证券，必须存放于专门的清算交收账户，只能按业务规则用于已成交的证券交易的清算交收，不得被强制执行。

条文注释

本条是关于清算交收履约财产的存放制度和执行豁免制度的规定。

清算交收履约财产的存放制度，是指按照业务规则向结算参与人收取的各类结算资金和证券，必须存放于专门设立的清算交收账户,不得与其他资金、证券混合存放,并且仅用于按业务规则已成交的证券交易的清算交收的制度。

根据法律规定,强制执行应当以被执行人的责任财产为标的。但在执行实践中,由于现代社会财产往往有复杂的性质和多种存在形式,有些财产因其性质不应被强制执行,因此,本条特别规定了清算交收履约财产执行豁免制度,防止证券公司因法律纠纷而被强制执行已交由证券登记结算机构存放的各类结算资金或者证券。此外,清算交收履约财产执行豁免与保护申请执行人的合法权益并不矛盾。在清算交收完成之后,证券交易的履行宣告完成,作为交易标的的证券、资金权属不再属于清算交收履约财产,可被强制执行。

第十章　证券服务机构

第一百六十条　【证券服务机构的业务原则及业务核准】 会计师事务所、律师事务所以及从事证券投资咨询、资产评估、资信评级、财务顾问、信息技术系统服务的证券服务机构,应当勤勉尽责、恪尽职守,按照相关业务规则为证券的交易及相关活动提供服务。

从事证券投资咨询服务业务,应当经国务院证券监督管理机构核准;未经核准,不得为证券的交易及相关活动提供服务。从事其他证券服务业务,应当报国务院证券监督管理机构和国务院有关主管部门备案。

条文注释

本条是关于证券服务机构的业务原则以及从事相关业务核准的规定。

随着证券行业专业化程度不断提高,相关服务业务也得到快速发展,出现大量为证券发行、交易提供服务的机构,包括会计师事务所、律师事务所以及从事证券投资咨询、资产评估、资信评级、财务顾问、信息技术系统服务的证券服务机构等。根据本条第1款的规定，会计师事务所、律师事务所以及从事证券投资咨询、资产评估、资信评级、财务顾问、信息技术系统服务的机构，作为参与证券业务的重要服务机构，在提供证券服务业务时应当忠实地履行自己的职责，不得有违法和违规行为。

证券服务机构从事证券投资咨询服务业务质量的高低，在一定程度上影响着广大投资者的权益的保护状况和证券市场的运行秩序。为保护广大投资者和维护证券市场正常运行，根据本条第2款的规定，从事证券投资咨询服务业务的证券服务机构应当经国务院证券监督管理机构核准；未经核准，不得为证券的交易及相关活动提供服务。

本条第2款还规定，证券服务机构从事其他证券服务业务，应当报国务院证券监督管理机构和国务院有关主管部门备案，以便于国务院证券监督管理机构和国务院有关主管部门对证券服务机构从事其他证券服务业务进行监督。

第一百六十一条 【证券投资咨询机构及其从业人员从业禁止行为】证券投资咨询机构及其从业人员从事证券服务业务不得有下列行为：

（一）代理委托人从事证券投资；

（二）与委托人约定分享证券投资收益或者分担证券投资损失；

（三）买卖本证券投资咨询机构提供服务的证券；

（四）法律、行政法规禁止的其他行为。

有前款所列行为之一，给投资者造成损失的，应当依法承担赔偿责任。

条文注释

本条是关于证券投资咨询机构及其从业人员从事证券服务业务的禁止行为的规定。

证券投资咨询机构,是指向投资者或者客户提供证券投资分析、预测或者建议等咨询服务并收取一定费用的机构。为了稳定证券市场、保护投资者利益、规范证券投资咨询机构及其从业人员从事证券服务的行为,证券投资咨询机构及其从事证券服务业务的人员不得从事下列行为:(1)代理委托人从事证券投资。证券投资咨询机构及其从业人员的职责就是为投资者、交易者和筹资者提供证券市场信息和咨询服务,代理委托人从事证券投资已经超出其业务范围,故应当禁止。(2)与委托人约定分享证券投资收益或者分担证券投资损失。这一要求明确限制了证券投资咨询机构及其从业人员与委托人之间的利益关系,能够一定程度上确保委托人和被委托人之间的正常委托与被委托关系。(3)买卖本证券投资咨询机构提供服务的上市公司股票。这一要求的目的在于防止其利用所掌握的内幕信息谋取不正当利益,给其他投资者带来不必要的损失,保证证券市场的公平性。(4)从事法律、行政法规禁止的其他行为。

根据本条第2款的规定,证券投资咨询机构及其从业人员有上述行为之一,给投资者造成损失的,应当依法承担赔偿责任,赔偿其给投资者造成的损失。

第一百六十二条 【证券服务机构及其从业人员的保存义务】证券服务机构应当妥善保存客户委托文件、核查和验证资料、工作底稿以及与质量控制、内部管理、业务经营有关的信息和资料,任何人不得泄露、隐匿、伪造、篡改或者毁损。上述信息和资料的保存期限不得少于十年,自业务委托结束之日起算。

条文注释

本条是关于证券服务机构及其从业人员的保存义务的规定。

为加强对证券服务机构的监管,根据本条规定,会计师事务所、律师事务所以及从事证券投资咨询、资产评估、资信评级、财务顾问、信息技术系统服务的机构,应当妥善保存客户委托文件、核查和验证资料、工作底稿以及与质量控制、内部管理、业务经营有关的信息和资料;保存期限不得少于10年,自业务委托结束之日起算。对于上述文件资料,证券服务机构的任何人不得泄露、隐匿、伪造、篡改或者毁损。

妥善保存本条所规定的客户的信息和资料是证券服务机构的法定义务,未按照本条规定履行保存义务的证券服务机构,应当承担相应的法律责任。

第一百六十三条 【证券服务机构的义务和责任】证券服务机构为证券的发行、上市、交易等证券业务活动制作、出具审计报告及其他鉴证报告、资产评估报告、财务顾问报告、资信评级报告或者法律意见书等文件,应当勤勉尽责,对所依据的文件资料内容的真实性、准确性、完整性进行核查和验证。其制作、出具的文件有虚假记载、误导性陈述或者重大遗漏,给他人造成损失的,应当与委托人承担连带赔偿责任,但是能够证明自己没有过错的除外。

条文注释

本条是关于证券服务机构的义务和责任的规定。

证券服务机构为证券的发行、上市、交易等证券业务活动制作、出具审计报告及其他鉴证报告、资产评估报告、财务顾问报告、资信评级报告或者法律意见书等文件,应履行如下义务:一是勤勉义务,即证券服务机构在提供证券服务业务时应当忠实地履行自己的职责,不得有违法和违规行为;二是核查和验证义务,即证券服务机构在提供证券服务时,应当建立核查和验证制度,对其制作、出具文件所依据的文件资料内容的真实性、准确性、完整性进行核查和验证,防止其制作、出具的文件有虚假记载、误导性陈述或者重大遗漏。

若证券服务机构制作和出具的证券服务性文件有虚假记载、误导性陈述或者重大遗漏,给接受服务的买卖证券的人造成损失,该证券服务机构应当与证券发行人、上市公司共同承担连带赔偿责任,除非该证券服务机构能够证明自己没有过错。在证券服务机构应当对提供的证券服务承担连带责任时，受害人既可以向证券服务机构提出赔偿损失的请求，也可以直接向发行人、上市公司提出赔偿损失的请求，还可以同时向二者提出赔偿损失的请求。

第十一章　证券业协会

第一百六十四条　【证券业协会的特点和权力机构】证券业协会是证券业的自律性组织，是社会团体法人。

证券公司应当加入证券业协会。

证券业协会的权力机构为全体会员组成的会员大会。

条文注释

本条是关于证券业协会的特点和权力机构的规定。

根据本条第1款的规定，证券业协会具有以下特点：(1)证券业协会是社会团体法人。根据《民法典》的规定，社会团体法人应当依法成立，有必要的财产或者经费，有自己的名称、组织机构和场所，能够独立承担民事责任。作为社会团体法人的证券业协会，其成立须符合上述条件。另外，其成立还必须符合有关法律、行政法规及规章制度的规定，如《社会团体登记管理条例》的规定。(2)证券业协会是自律性组织。所谓自律，是指由协会会员通过订立章程对协会进行自我管理、自我约束。(3)证券业协会会员。关于成为证券业协会会员，通行的做法有两种：一种是自愿入会，即是否加入证券业协会由会员自己决定；另一种是强制入会，即不论会员是否同意，根据法律的规定必须入会。我国《证券法》采取的是自愿入会与强制入会相结合的办法。

本条第2款规定，证券公司应当加入证券业协会，即对证券公司实行强制入会制度，证券公司以外的其他会员属于自愿入会。

本条第3款规定，证券业协会的权力机构为全体会员组成的会员大会。根据《民法典》第91条第2款的规定，社会团体法人应当设会员大会或者会员代表大会等权力机构。所谓权力机构，是指证券业协会中有权决定协会的重大事项的内部机构，即全体会员组成的会员大会。

第一百六十五条　【证券业协会章程】证券业协会章程由会员大会制定，并报国务院证券监督管理机构备案。

条文注释

本条是关于证券业协会章程的规定。

所谓证券业协会章程，是指由证券业协会的会员大会制定的对所有会员具有约束力的会员之间的协议。该章程一般应载明下列事项：(1)协会的名称和住所。(2)协会的宗旨和职责。(3)协会的领导机构及其产生办法、任期。(4)协会的活动规则，比如何时召开会员大会、大会由谁召集、会员大会如何作出决议等。(5)协会会员的权利和义务，对协会会员的纪律处分。(6)协会的经费及管理。(7)其他事项。

根据本条的规定，证券业协会制定的协会章程应当报国务院证券监督管理机构备案。这一规定便于国务院证券监督管理机构的指导和监督。

第一百六十六条　【证券业协会职责】证券业协会履行下列职责：

（一）教育和组织会员及其从业人员遵守证券法律、行政法规，组织开展证券行业诚信建设，督促证券行业履行社会责任；

（二）依法维护会员的合法权益，向证券监督管理机构反映会员的建议和要求；

（三）督促会员开展投资者教育和保护活动，维护投资者合法权益；

（四）制定和实施证券行业自律规则，监督、检查会员及其从业人员行为，对违反法律、行政法规、自律规则或者协会章程的，按照规定给予纪律处分或者实施其他自律管理措施；

（五）制定证券行业业务规范，组织从业人员的业务培训；

（六）组织会员就证券行业的发展、运作及有关内容进行研究，收集整理、发布证券相关信息，提供会员服务，组织行业交流，引导行业创新发展；

（七）对会员之间、会员与客户之间发生的证券业务纠纷进行调解；

（八）证券业协会章程规定的其他职责。

条文注释

本条是关于证券业协会职责的规定。

根据本条规定，证券业协会履行下列职责：

(1)教育和组织会员及其从业人员遵守证券法律、行政法规，组织开展证券行业诚信建设，督促证券行业履行社会责任。证券业协会作为证券业的自律性组织，有义务、有责任组织会员及其从业人员学习、知悉证券法律、行政法规，并教育、督促会员及其从业人员贯彻、遵守证券法律、行政法规。此外，此次修改在第一项中新增加了“组织开展证券行业诚信建设，督促证券行业履行社会责任”的职责。

(2)依法维护会员的合法权益，向证券监督管理机构反映会员的建议和要求。本项职责是指当会员的合法权益受到侵害时，证券业协会既可以根据法律、行政法规的规定来维护会员的合法权益，也可以向证券监督管理机构反映会员提出的合法合理的有关证券业发展的建议和要求。

(3)督促会员开展投资者教育和保护活动，维护投资者合法权益。本项职责旨在要求证券业协会在教育、保护投资者，维护投资者合法权益方面发挥积极作用。

(4)制定和实施证券行业自律规则，监督、检查会员及其从业人员行为，对违反法律、行政法规、自律规则或者协会章程的，按照规定给予纪律处分或者实施其他自律管理措施。本项职责包括两层含义：一是证券业协会有权制定和实施证券行业自律规则；二是证券业协会有权监督、检查会员及其从业人员从事证券业务的行为，若其发现或者得知会员及其从业人员有违反法律、行政法规、自律规则或者协会章程的行为，则按照规定对该会员或从业人员给予纪律处分或者实施其他自律管理措施。

(5)制定证券行业业务规范，组织从业人员的业务培训。制定证券行业业务规范，是指证券业协会针对证券行业的业务活动所制定的专门规定。组织从业人员的业务培训包括政策法规的培训和专业技术知识的培训。

(6)组织会员就证券行业的发展、运作及有关内容进行研究，收集整理、发布证券相关信息，提供会员服务，组织行业交流，引导行业创新发展。此项职责包括以下含义：一是证券业协会组织自己的会员就证券业的发展、运作及有关内容进行讨论研究。二是证券业协会收集、整理、发布证券相关信息，为会员提供服务。三是证券业协会定期或不定期地组织证券行业交流，以推广、交流行业先进经验和管理方法等最新成果，引导证券行业创新发展。

(7)对会员之间、会员与客户之间发生的证券业务纠纷进行调解。该调解只是民间性的，如果当事方对调解结果不满意，其可以依法提起诉讼或者仲裁。

(8)证券业协会章程规定的其他职责。除上述七项职责外，证券业协会可以根据其任务与宗旨、会员的要求和决定以及证券市场发展的实际情况和需要，通过制定协会章程赋予协会其他自律管理、自我服务的职责。

第一百六十七条　【证券业协会理事会】证券业协会设理事会。理事会成员依章程的规定由选举产生。

条文注释

本条是关于证券业协会理事会的规定。

“理事会成员依章程的规定由选举产生”，是一个授权性规定。

实践中,根据《中国证券业协会章程》的规定,证券业协会理事会的相关规则如下:

理事会是会员大会的执行机构,在会员大会闭会期间领导协会开展日常工作,对会员大会负责。理事会由会员理事和非会员理事组成。会员理事由会员单位推荐,经会员大会选举产生。非会员理事由证监会委派,其人数不超过理事总数的1/5。理事任期4年,可连选连任。协会因特殊情况需提前或延期换届的,须由理事会表决通过,报证监会审查并经民政部批准同意,但延期换届最长不超过1年。理事会每年至少召开一次会议;既可采用现场方式召开,也可采用视频或通讯方式召开。常务理事会认为有必要或1/3以上理事联名提议时,可召开理事会临时会议。理事会会议须有2/3以上理事出席,其决议须经到会理事2/3以上表决通过。

第十二章 证券监督管理机构

第一百六十八条 【证监会的基本职能和主要任务】国务院证券监督管理机构依法对证券市场实行监督管理,维护证券市场公开、公平、公正,防范系统性风险,维护投资者合法权益,促进证券市场健康发展。

条文注释

本条是关于国务院证券监督管理机构基本职能和主要任务的规定。

本法第7条第1款确立了集中统一监管的原则,规定国务院证券监督管理机构依法对全国证券市场实行集中统一监督管理。本条又进一步规定了国务院证券监督管理机构的基本职能和主要任务。

证券市场对于强有力监管的需求,决定了我国应当设置专门的监管机构,来实现对证券市场的有效监管。为此,国家设置了国务院证券监督管理机构,其职能是依法对证券市场实行监管。国务院证券监督管理机构依照法律赋予的权力,履行法律规定的监督管理职责,对证券发行、交易的各个环节进行监督和管理。

根据本条的规定,国务院证券监督管理机构的根本任务,是维护证券市场公开、公平、公正,防范系统性风险,维护投资者合法权益,促进证券市场健康发展。公开,要求证券市场的运作和有关信息公开化。公平,要求证券市场的所有参与者具有平等的法律地位,且其合法权益能得到公平的保护。公正,要求国务院证券监督管理机构依法履职,对一切被监管的对象给予公正对待,做到法律面前人人平等,确保证券市场拥有公正的交易环境。

第一百六十九条 【证监会的职责】国务院证券监督管理机构在对证券市场实施监督管理中履行下列职责:

(一)依法制定有关证券市场监督管理的规章、规则,并依法进行审批、核准、注册,办理备案;

(二)依法对证券的发行、上市、交易、登记、存管、结算等行为,进行监督管理;

(三)依法对证券发行人、证券公司、证券服务机构、证券交易场所、证券登记结算机构的证券业务活动,进行监督管理;

(四)依法制定从事证券业务人员的行为准则,并监督实施;

(五)依法监督检查证券发行、上市、交易的信息披露;

(六)依法对证券业协会的自律管理活动进行指导和监督;

(七)依法监测并防范、处置证券市场风险;

(八)依法开展投资者教育;

(九)依法对证券违法行为进行查处;

(十)法律、行政法规规定的其他职责。

条文注释

本条是关于国务院证券监督管理机构职责的规定。

根据本条的规定，国务院证券监督管理机构在对证券市场实施监督管理中履行下列职责：

(1)依法制定有关证券市场监督管理的规章、规则，并依法进行审批、核准、注册，办理备案。

(2)依法对证券的发行、上市、交易、登记、存管、结算等行为，进行监督管理。国务院证券监督管理机构依法进行审批、核准、注册，办理备案的过程，就是其依法对证券市场进行监督管理的过程。除此之外，国务院证券监督管理机构还通过法定程序，依法对证券的发行、上市、交易、登记、存管、结算等行为进行其他形式的监督管理。

(3)依法对证券发行人、证券公司、证券服务机构、证券交易场所、证券登记结算机构的证券业务活动，进行监督管理。国务院证券监督管理机构在依法对证券的发行、交易、登记、存管、结算进行监督管理的过程中，同时对有关主体，即证券发行人、证券公司、证券交易场所、证券登记结算机构，以及会计师事务所、律师事务所和从事证券投资咨询、资产评估、资信评级、财务顾问、信息技术系统服务的证券服务机构进行的证券业务活动，进行监督管理。

(4)依法制定从事证券业务人员的行为准则，并监督实施。证券公司、证券交易场所、证券登记结算机构，以及会计师事务所、律师事务所和从事证券投资咨询、资产评估、资信评级、财务顾问、信息技术系统服务的证券服务机构的业务人员不仅需要具备从事相关业务活动所需的专业知识和技能，而且应当遵守一定的行为准则，以使证券市场能够高效有序地运行。国务院证券监督管理机构的职责之一就是依法制定从事证券业务人员的行为准则，并监督实施。

(5)依法监督检查证券发行、上市、交易的信息披露。保护投资者的合法利益是证券市场监督管理的核心任务。保护投资者的合法利益，关键是要建立起公平合理的市场环境，为投资者提供平等的交易机会和获取信息的机会，使投资者能够在公平的基础上，自主地决定交易行为。因此，建立和维护证券市场的公开、公平、公正原则,是保护投资者的合法利益的基础。

(6)依法对证券业协会的自律管理活动进行指导和监督。证券业协会是证券业的自律性组织,依法履行自我管理、自我教育以及为会员服务的各种法定职责。证券市场的健康发展,不仅离不开国务院证券监督管理机构的监督管理,也离不开证券业协会的行业自律管理。为了更好地发挥证券业协会的自律管理作用,促使其合法、有效地履行职责,本条规定国务院证券监督管理机构依法对证券业协会的自律管理活动进行指导和监督。

(7)依法监测并防范、处置证券市场风险。证券市场是商品经济高度发展的产物,也是高风险的市场。宏观经济形势的变化,财政、货币政策的调整,国际局势的变化,汇率的波动等,都会引起证券市场的波动。因此,依法监测并防范、处置证券市场风险是我国证券监管的长期任务。

(8)依法开展投资者教育。保护投资者权益要从开展投资者教育开始。国务院证券监督管理机构应当依法开展投资者教育,持续提高和增强投资者特别是中小投资者的专业知识水平和风险防范意识,引导投资者正确认识资本市场,坚持长期投资、价值投资、理性投资,为证券市场的长期稳定健康发展奠定基础。

(9)依法对证券违法行为进行查处。国务院证券监督管理机构作为依法对全国证券市场进行集中统一监督管理的机构,有能力和条件对证券违法行为进行查处。当证券市场中发生了违反有关法律、行政法规的行为时,国务院证券监督管理机构不得视而不见或者故意推诿,而应当依照法定的权限和程序,及时进行调查,在查明事实真相的基础上,及时依法作出处理,以维护证券交易的正常秩序。

(10)法律、行政法规规定的其他职责。为了有效地维护社会经济秩序和社会公共利益,保障证券市场的正常运行,除上述职责以外,根据本项的规定,国务院证券监督管理机构还应当履行法律、行政法规规定的其他职责。

第一百七十条　【证监会有权采取的措施】国务院证券监督管理机构依法履行职责,有权采取下列措施:

(一)对证券发行人、证券公司、证券服务机构、证券交易场所、证券登记结算机构进行现场检查;

(二)进入涉嫌违法行为发生场所调查取证;

(三)询问当事人和与被调查事件有关的单位和个人,要求其对与被调查事件有关的事项作出说明;或者要求其按照指定的方式报送与被调查事件有关的文件和资料;

(四)查阅、复制与被调查事件有关的财产权登记、通讯记录等文件和资料;

(五)查阅、复制当事人和与被调查事件有关的单位和个人的证券交易记录、登记过户记录、财务会计资料及其他相关文件和资料;对可能被转移、隐匿或者毁损的文件和资料,可以予以封存、扣押;

(六)查询当事人和与被调查事件有关的单位和个人的资金账户、证券账户、银行账户以及其他具有支付、托管、结算等功能的账户信息,可以对有关文件和资料进行复制;对有证据证明已经或者可能转移或者隐匿违法资金、证券等涉案财产或者隐匿、伪造、毁损重要证据的,经国务院证券监督管理机构主要负责人或者其授权的其他负责人批准,可以冻结或者查封,期限为六个月;因特殊原因需要延长的,每次延长期限不得超过三个月,冻结、查封期限最长不得超过二年;

(七)在调查操纵证券市场、内幕交易等重大证券违法行为时,经国务院证券监督管理机构主要负责人或者其授权的其他负责人批准,可以限制被调查的当事人的证券买卖,但限制的期限不得超过三个月;案情复杂的,可以延长三个月;

(八)通知出境入境管理机关依法阻止涉嫌违法人员、涉嫌违法单位的主管人员和其他直接责任人员出境。

为防范证券市场风险，维护市场秩序，国务院证券监督管理机构可以采取责令改正、监管谈话、出具警示函等措施。

条文注释

本条是关于国务院证券监督管理机构有权采取有关措施的规定。

一、依法履行职责有权采取的措施

国务院证券监督管理机构依法履行职责，有权采取的措施包括下列几项：(1)现场检查，即国务院证券监督管理机构派检查人员进入发行人、证券公司、证券服务机构、证券交易场所、证券登记结算机构所在的场地，通过听取汇报、查验有关资料等方式进行实地检查。(2)调查取证，即国务院证券监督管理机构进入涉嫌违法行为发生场所调查取证。(3)询问有关的单位和人员，即国务院证券监督管理机构询问当事人及与被调查事件有关的单位和个人，要求其对与被调查事件有关的事项作出说明，或者要求其按照指定的方式报送与被调查事件有关的文件和资料。(4)查阅、复制有关文件和资料，即国务院证券监督管理机构查阅、复制与被调查事件有关的财产权登记、通讯记录等文件和资料。(5)查阅、复制、封存、扣押有关文件和资料，即国务院证券监督管理机构查阅、复制当事人及与被调查事件有关的单位和个人的证券交易记录、登记过户记录、财务会计资料及其他相关文件和资料，对可能被转移、隐匿或者毁损的文件和资料，予以封存、扣押。(6)查询并冻结、查封有关的账户。(7)依法限制被调查的当事人的证券买卖，但限制的期限不得超过3个月；案情复杂的，可以延长3个月。(8)限制相关人员出境，即国务院证券监督管理机构有权通知出境入境管理机关依法阻止涉嫌违法人员、涉嫌违法单位的主管人员和其他直接责任人员出境。

二、为防范证券市场风险可以采取的措施

本条第2款规定，为防范证券市场风险，维护市场秩序，国务院证券监督管理机构可以采取责令改正、监管谈话、出具警示函等措施。所谓责令改正,是指国务院证券监督管理机构可以责令证券违法违规行为人停止和纠正证券违法违规行为,以恢复原状,维持正常的秩序或状态的一种行政监管措施。所谓监管谈话,是指国务院证券监督管理机构可以对证券违规行为人或者涉嫌证券违规的行为人进行谈话规劝或者批评的一种行政监管措施。所谓出具警示函,是指国务院证券监督管理机构对出现证券违法违规事项的单位或者相关人员发出警示函予以警示,要求其进行整改或者停止不当行为的一种行政监管措施。需要强调的是,国务院证券监督管理机构采取上述措施,应当以防范证券市场风险,维护市场秩序为目的和出发点。

第一百七十一条　【涉嫌证券违法行为人承诺制度】国务院证券监督管理机构对涉嫌证券违法的单位或者个人进行调查期间,被调查的当事人书面申请,承诺在国务院证券监督管理机构认可的期限内纠正涉嫌违法行为,赔偿有关投资者损失,消除损害或者不良影响的,国务院证券监督管理机构可以决定中止调查。被调查的当事人履行承诺的,国务院证券监督管理机构可以决定终止调查;被调查的当事人未履行承诺或者有国务院规定的其他情形的,应当恢复调查。具体办法由国务院规定。

国务院证券监督管理机构决定中止或者终止调查的,应当按照规定公开相关信息。

条文注释

本条是关于涉嫌证券违法行为人承诺制度的规定。

根据本条第1款的规定,中止调查的实质要求主要有以下几点:第一,提出承诺申请的时间是国务院证券监督管理机构已经受理案件且调查正在进行中,尚未结束。第二,提出承诺必须是自愿的,即由被调查的当事人自愿提出书面申请。第三,承诺采取的措施应当能够在国务院证券监督管理机构认可的合理期限内纠正涉嫌违法行为,赔偿有关投资者损失,消除损害或者不良影响。第四,执法机构有接受承诺的裁量权，即对于被调查的当事人的承诺，国务院证券监督管理机构没有必须接受的义务。为了避免被调查的当事人通过承诺来避免或者延缓处罚，本条第1款规定，“国务院证券监督管理机构可以决定中止调查”，即将是否接受承诺的判断权交由国务院证券监督管理机构裁量决定。

在中止调查期间，国务院证券监督管理机构应该对被调查的当事人履行承诺的情况进行监督，视情况是否得到改善而决定采取进一步措施。如果被调查的当事人切实履行了承诺，即在国务院证券监督管理机构认可的期限内纠正了涉嫌违法行为，赔偿了有关投资者损失，消除了损害或者不良影响，国务院证券监督管理机构可以作出终止调查，撤销案件的决定。如果国务院证券监督管理机构决定终止调查，其应当作出终止调查的决定书。决定书应当载明被调查的当事人承诺的具体内容和其履行承诺的情况。在中止调查期间，被调查的当事人未履行承诺或者有国务院规定的其他情形的，应当恢复调查。

需要强调的是，虽然本法设立了涉嫌证券违法行为人承诺制度，但对于其具体的运行规则并未作详细规定，而是授权国务院规定具体办法。

为了保证国务院证券监督管理机构证券执法活动透明和向公众公开信息，本条第2款规定，国务院证券监督管理机构决定中止或者终止调查的，应当按照规定公开相关信息。也就是说，要按照法律、行政法规、规章的规定，公开中止调查决定和终止调查决定的内容。

第一百七十二条　【监督检查、调查的程序】国务院证券监督管理机构依法履行职责，进行监督检查或者调查，其监督检查、调查的人员不得少于二人，并应当出示合法证件和监督检查、调查通知书或者其他执法文书。监督检查、调查的人员少于二人或者未出示合法证件和监督检查、调查通知书或者其他执法文书的，被检查、调查的单位和个人有权拒绝。

条文注释

本条是关于国务院证券监督管理机构进行监督检查、调查时应当遵守的程序的规定。

进行监督检查、调查的人员不得少于2人，是指国务院证券监督管理机构在进行监督检查或者调查时，实际到场进行监督检查、调查的工作人员至少为2人。本条作此规定旨在使国务院证券监督管理机构的工作人员互相监督制约，保证其依法履行职责，防止一个人在没有监督制约的情况下滥用权力甚至做出违法犯罪的行为。

合法证件，是指能证明国务院证券监督管理机构工作人员身份的证件，如工作证等。监督检查、调查通知书或者其他执法文书，是指国务院证券监督管理机构出具的、告知当事人有权对其进行监督检查、调查的书面文件。国务院证券监督管理机构工作人员依法履行职责，进行监督检查或者调查时，向当事人出示合法证件表明监督检查、调查人员是国务院证券监督管理机构的工作人员，使有关单位和人员知悉监督检查、调查人员的身份。

依据本条的规定，如果监督检查、调查的人员少于2人，或者进行监督检查、调查的人员不出示合法证件和监督检查、调查通知书或者其他执法文书，被检查、调查的单位和个人就可以拒绝对其进行的检查、调查，并且不会为此承担任何法律后果。

第一百七十三条　【被检查、调查的单位和个人的配合义务】国务院证券监督管理机构依法履行职责，被检查、调查的单位和个人应当配合，如实提供有关文件和资料，不得拒绝、阻碍和隐瞒。

条文注释

本条是关于被检查、调查的单位和个人负有配合义务的规定。

对当事人及有关的单位和个人进行检查、调查，是国务院证券监督管理机构在依法履行职责的过程中有权采取的措施。为了保证国务院证券监督管理机构检查和调查工作的顺利进行，本条规定被检查、调查的单位和个人负有配合检查、调查的义务。

对于国务院证券监督管理机构依法进行的检查和调查，被检查、调查的单位和个人，应当主动予以配合，接受调查询问，如实提供有关文件和资料，如证券交易记录、登记过户记录、财务会计资料等。被检查、调查的单位和个人不得以任何理由拒绝，不予提供有关文件和资料；也不得采用暴力、威胁或者其他手段阻碍国务院证券监督管理机构行使职权，获得真实可靠的文件和资料；更不得对有关文件和资料进行隐匿，掩盖事实真相。被检查、调查的单位和个人不配合国务院证券监督管理机构依法履行职责的，应当依法承担相应的法律责任。

第一百七十四条　【行政信息公开】国务院证券监督管理机构制定的规章、规则和监督管理工作制度应当依法公开。

国务院证券监督管理机构依据调查结果，对证券违法行为作出的处罚决定，应当公开。

条文注释

本条是关于国务院证券监督管理机构制定的规章、规则和监督管理工作制度应当依法公开以及作出的行政处罚决定应当公开的规定。

公开原则既要求证券发行、证券交易的有关信息公开，也要求与证券市场有关的行为规则公开，这样才能使证券市场的所有参与者都知晓相关规章制度并遵照执行，也才能使国务院证券监督管理机构的运行具有透明度，避免暗箱操作，进而防止各种证券违法行为的发生，保证证券市场能够健康、有效地运行。因此，根据本条规定，国务院证券监督管理机构依照宪法、法律、行政法规制定的规章、规则以及国务院证券监督管理机构自身制定的监督管理工作制度应当依法公开。

国务院证券监督管理机构在对证券违法行为依法作出处罚决定时，由于其处罚决定对当事人具有强制力，不仅会影响被处罚的当事人，也会影响投资人和其他利益相关方，甚至影响整个证券市场，使证券市场出现较大幅度的波动。因此，只有公开处罚决定，才能确保行政决定的执行以及社会的监督。为此，本条第2款规定，国务院证券监督管理机构依据调查结果，对证券违法行为作出的处罚决定，应当公开。

第一百七十五条　【部门协作和配合】国务院证券监督管理机构应当与国务院其他金融监督管理机构建立监督管理信息共享机制。

国务院证券监督管理机构依法履行职责，进行监督检查或者调查时，有关部门应当予以配合。

条文注释

本条是关于国务院证券监督管理机构与其他有关机构和部门的关系的规定。

由于金融市场各类金融活动之间存在紧密联系，因此金融市场上的各种违法活动既会损害该违法活动所在的单一金融市场秩序，又会损害其他金融市场的正常秩序。这就需要各金融监督管理机构之间互通信息，以防范和化解系统性金融风险。为了使各项金融监管政策相互协调，为金融机构创造公平竞争的环境，避免出现监管真空和重复监管，降低监管成本，提高监管效率，使所有金融机构及其从事的金融业务都能得到持续有效的监管，保障金融业稳健运行和健康发展，本条要求国务院证券监督管理机构与国务院其他金融监督管理机构建立监督管理信息共享机制。

本法虽然规定国务院证券监督管理机构有权依法进行监督检查和调查，但如果被检查、调查的当事人不予配合，国务院证券监督管理机构无权采取强制措施，此时就需要得到有关部门的协助和配合，才能使检查、调查工作顺利进行。为此，本条第2款规定，国务院证券监督管理机构依法履行职责，进行监督检查或者调查时，有关部门应当予以配合。

关联法规

《人民银行法》第35条第2款

《中国银行业监督管理委员会、中国证券监督管理委员会、中国

保险监督管理委员会在金融监管方面分工合作的备忘录》

第一百七十六条 【涉嫌证券违法、违规行为的举报】对涉嫌证券违法、违规行为,任何单位和个人有权向国务院证券监督管理机构举报。

对涉嫌重大违法、违规行为的实名举报线索经查证属实的,国务院证券监督管理机构按照规定给予举报人奖励。

国务院证券监督管理机构应当对举报人的身份信息保密。

条文注释

本条是关于涉嫌证券违法、违规行为的举报制度的规定。

我国证券市场规模庞大,参与主体数量众多且情况十分复杂,证券执法机关仅凭自身的人力、财力和物力资源难以及时发现和查处各种证券违法、违规行为,因此,有必要鼓励知情者对证券违法、违规行为进行举报。本条第 1 款明确赋予了任何单位和个人对证券违法、违规行为进行举报的权利。

本条第 2 款规定了举报奖励制度,即对涉嫌重大违法、违规行为的实名举报线索经查证属实的,国务院证券监督管理机构按照规定给予举报人奖励。这一举报制度的实施应满足以下两个条件:第一,举报奖励制度适用于涉嫌重大违法、违规行为的实名举报。第二,举报线索必须经查证属实,即被举报人确实存在证券重大违法、违规行为。

为了避免举报人因举报而遭受各种打击报复,达到保护举报人的目的,本条第 3 款规定了国务院证券监督管理机构的保密义务,即应当对举报人的身份信息予以保密。也就是说,国务院证券监督管理机构应当对提供重要线索、主要证据的举报人的身份信息如姓名、联系方式、工作单位、家庭住址、家庭成员情况等予以严格保密,切实保护举报人的人身安全和合法权利。

第一百七十七条　【证券监督管理跨境合作】国务院证券监督管理机构可以和其他国家或者地区的证券监督管理机构建立监督管理合作机制,实施跨境监督管理。

境外证券监督管理机构不得在中华人民共和国境内直接进行调查取证等活动。未经国务院证券监督管理机构和国务院有关主管部门同意,任何单位和个人不得擅自向境外提供与证券业务活动有关的文件和资料。

条文注释

本条是关于国务院证券监督管理机构可以和其他国家或者地区的证券监督管理机构建立监督管理合作机制的规定。

在经济全球化的今天,国家和地区之间的经济联系日益紧密,投资者跨境投资的行为也越来越多,投资的范围不仅有工业、农业、贸易等行业,还有证券业。此外,随着我国资本市场双向开放的不断推进,跨境证券发行和证券交易活动日益增多,相应地,跨境证券欺诈、内幕交易等违法扰乱证券市场的行为也日益增多。为了适应这些新情况,加强对跨境投资者在证券市场上进行的各种投资行为的监督管理,防范系统性风险问题,需要不同国家和地区的证券监督管理机构进行合作。为此,本条第1款规定,国务院证券监督管理机构可以和其他国家或者地区的证券监督管理机构建立监督管理合作机制,实施跨境监督管理。

在建立跨境监管合作机制的同时,基于主权原则,本条第2款规定,境外证券监督管理机构不得在中华人民共和国境内直接进行调查取证等活动。未经国务院证券监督管理机构和国务院有关主管部门同意,任何单位和个人不得擅自向境外提供与证券业务活动有关的文件和资料。即禁止任何单位和个人未经国务院证券监督管理机构和国务院有关主管部门同意,擅自向境外提供与证券业务活动有关的文件和资料,如会计账簿、财务会计报告、股票交易记录等。

第一百七十八条 【涉嫌犯罪的案件移送及公职人员的移送】国务院证券监督管理机构依法履行职责，发现证券违法行为涉嫌犯罪的，应当依法将案件移送司法机关处理；发现公职人员涉嫌职务违法或者职务犯罪的，应当依法移送监察机关处理。

条文注释

本条是关于涉嫌犯罪的证券违法案件和涉嫌职务违法或职务犯罪的公职人员移送的规定。

这里所说的“涉嫌犯罪”，是指根据已有证据，能够初步认定证券违法行为已经达到《刑法》规定的犯罪构成要件。涉嫌证券犯罪的案件，应当移送公安机关，由公安机关进行立案侦查。司法机关对移送的案件，依据《刑事诉讼法》的规定立案、侦查，对需要提起公诉的案件，一律由人民检察院审查决定。人民检察院认为犯罪嫌疑人的犯罪事实已经查清，证据确实、充分，依法应当追究刑事责任的，应当作出起诉决定，按照审判管辖的规定，向人民法院提起公诉，并将案卷材料、证据移送人民法院。人民法院依法进行审理，作出判决。本条规定国务院证券监督管理机构应当依法移送涉嫌犯罪的证券违法案件，其目的在于要求国务院证券监督管理机构在查处证券违法案件时，严格依法办案。

为了与《监察法》的规定相衔接，2019 年修改《证券法》增加“发现公职人员涉嫌职务违法或者职务犯罪的，应当依法移送监察机关处理”的规定，即国务院证券监督管理机构依法履行职责，发现公职人员涉嫌职务违法或者职务犯罪的，应当依照《监察法》的规定移送监察机关处理。

关联法规

《监察法》第 3、11 条

第一百七十九条　【证监会工作人员的义务和任职限制】 国务院证券监督管理机构工作人员必须忠于职守、依法办事、公正廉洁,不得利用职务便利牟取不正当利益,不得泄露所知悉的有关单位和个人的商业秘密。

国务院证券监督管理机构工作人员在任职期间,或者离职后在《中华人民共和国公务员法》规定的期限内,不得到与原工作业务直接相关的企业或者其他营利性组织任职,不得从事与原工作业务直接相关的营利性活动。

条文注释

本条是关于国务院证券监督管理机构工作人员所负义务和任职限制的规定。

一、国务院证券监督管理机构工作人员所负的义务

忠于职守,是指在自己的工作岗位上认真履行职责。作为代表国务院证券监督管理机构行使国家监督管理权力的国家工作人员,其首要义务就是忠于职守,在工作岗位上尽职尽责,不得不履行、不正确履行或者放弃履行职责,也不得滥用职权。

依法办事,是指严格依照国家法律、行政法规、部门规章及其他规范性文件规定的内容和程序,行使权力,履行职责。依法办事是对行使国家权力的国家机关工作人员的基本要求,国务院证券监督管理机构的工作人员也不例外。

公正廉洁,是指公平正直、毫不偏私地履行职责,对一切证券市场参与者给予公正的待遇,不利用手中的权力为自己谋取私利。公正廉洁是对行使国家权力的公职人员的基本要求,国务院证券监督管理机构的工作人员也不例外。

职务便利,是指利用本人职务范围内的权力,即自己职务上主管、负责或者承办某种公共事务的职权所造成的便利条件。不正当利益,是指根据法律法规及有关政策不应当得到的利益。利用职务便利牟取不正当利益是法律严格禁止的行为,本条即禁止国务院证

券监督管理机构工作人员利用职务便利牟取不正当利益。

国务院证券监督管理机构工作人员在依法履行职责、进行监督检查或者调查的过程中,有可能涉及、了解被监督检查或者调查的单位和个人以及有关单位和个人的商业秘密。为了避免国务院证券监督管理机构工作人员因泄露商业秘密而给被监督检查或者调查的单位和个人以及有关的单位和个人造成不必要的损失,根据本条规定,国务院证券监督管理机构工作人员负有保密的义务,不得将其所知道、了解的有关单位和个人的商业秘密泄露给他人,也不得利用该商业秘密牟取不正当利益。

二、国务院证券监督管理机构工作人员的任职限制

(一)国务院证券监督管理机构工作人员在任职期间的任职限制

国务院证券监督管理机构依法对证券活动实施监督管理,掌握制定规则、审核批准、注册备案、检查指导、查处惩戒等职权。如果允许其工作人员在被监管机构担任职务,则会出现监管机构"既当裁判员,又当运动员"的情况,难以避免发生偏袒庇护所兼职的被监管机构、为该监管机构牟取不正当利益等问题,违背公务人员廉洁自律的基本要求,影响证券市场的公平竞争和健康发展,损害国务院证券监督管理机构的公正性和权威性。因此,本条第 2 款明确规定,国务院证券监督管理机构工作人员在任职期间,不得到与原工作业务直接相关的企业或者其他营利性组织任职,不得从事与原工作业务直接相关的营利性活动。

(二)国务院证券监督管理机构工作人员在离职后的一定期限内的任职限制

国务院证券监督管理机构工作人员在任职期间掌握着公权力,其离职后对与原工作业务直接相关的企业或者其他营利性组织仍然具有一定的影响力。个别国务院证券监督管理机构的违法分子,利用公权力为与其工作业务直接相关的企业或者其他营利性组织牟取不正当利益,但并不要即时利益,而是等离职后再换取企业的"期权"。这种行为具有一定的隐蔽性和欺骗性,但本质上同样违背

了公务人员廉洁自律的基本要求，影响证券市场的公平竞争和健康发展，损害国务院证券监督管理机构的公正性和权威性。因此，本条第 2 款明确规定，国务院证券监督管理机构工作人员离职后在《公务员法》规定的期限内，不得到与原工作业务直接相关的企业或者其他营利性组织任职，不得从事与原工作业务直接相关的营利性活动。

关联法规

《公务员法》第 107 条第 1 款

第十三章　法律责任

第一百八十条　【违法公开发行证券的法律责任】违反本法第九条的规定，擅自公开或者变相公开发行证券的，责令停止发行，退还所募资金并加算银行同期存款利息，处以非法所募资金金额百分之五以上百分之五十以下的罚款；对擅自公开或者变相公开发行证券设立的公司，由依法履行监督管理职责的机构或者部门会同县级以上地方人民政府予以取缔。对直接负责的主管人员和其他直接责任人员给予警告，并处以五十万元以上五百万元以下的罚款。

条文注释

本条是关于违法公开发行证券的法律责任的规定。

证券公司未经国务院证券监督管理机构或者国务院授权的部门注册，擅自公开或者变相公开发行证券的行为，是一种严重的违法行为，依法应当承担相应的法律责任。根据本条规定，违反本法第 9 条的规定，擅自公开或者变相公开发行证券的，依法负有对违反证券市场监督管理行为进行查处职责的国务院证券监督管理机构或者国务院授权的部门，将会责令发行人停止证券发行、退还所募资金并加算银行同期存款利息，同时处以非法所募资金金额 5% 以上

50%以下的罚款;对擅自公开或者变相公开发行证券设立的公司,由依法履行监督管理职责的机构或者部门会同县级以上地方人民政府予以取缔。在处理有上述违法行为的单位的同时,对其直接负责的主管人员和其他直接责任人员也应当给予警告,并根据行为的情节轻重处以50万元以上500万元以下的罚款。

本条所规定的"警告",是指证券监督管理机构发现发行人有本条规定的违法行为时,对其直接负责的主管人员和直接责任人员提出告诫,使其认识到自己的违法所在以及如何改正的一种行政处罚。"罚款",是指行政机关对违反行政管理秩序的公民、法人或者其他组织,依法强制其缴纳一定数量的货币的一种行政处罚。"直接负责的主管人员",是指在公司违法行为中负有直接领导责任的人员,包括违法行为的决策人、事后对公司违法行为予以认可和支持的领导人员以及由于疏于管理或者放任而对公司违法行为负有不可推卸责任的领导人员。"其他直接责任人员",是指直接实施公司违法行为的人员。

第一百八十一条　【欺诈发行的法律责任】发行人在其公告的证券发行文件中隐瞒重要事实或者编造重大虚假内容,尚未发行证券的,处以二百万元以上二千万元以下的罚款;已经发行证券的,处以非法所募资金金额百分之十以上一倍以下的罚款。对直接负责的主管人员和其他直接责任人员,处以一百万元以上一千万元以下的罚款。

发行人的控股股东、实际控制人组织、指使从事前款违法行为的,没收违法所得,并处以违法所得百分之十以上一倍以下的罚款;没有违法所得或者违法所得不足二千万元的,处以二百万元以上二千万元以下的罚款。对直接负责的主管人员和其他直接责任人员,处以一百万元以上一千万元以下的罚款。

条文注释

本条是关于欺诈发行的法律责任的规定。

发行人在其公告的证券发行文件中隐瞒重要事实或者编造重大虚假内容,不仅严重违反了信息披露制度的要求,也严重破坏了市场诚信基础。提高发行人在其公告的证券发行文件中隐瞒重要事实或者编造重大虚假内容行为的违法成本,保护投资者权益,已成为市场各方的共识。按照本条第1款的规定,发行人在其公告的证券发行文件中隐瞒重要事实或者编造重大虚假内容的,应当承担相应的法律责任:尚未发行证券的,处以200万元以上2000万元以下的罚款;已经发行证券的,处以非法所募资金金额10%以上1倍以下的罚款。对直接负责的主管人员和其他直接责任人员,处以100万元以上1000万元以下的罚款。

按照本条第2款的规定,发行人的控股股东、实际控制人组织、指使从事第1款违法行为的,没收违法所得,并处以违法所得10%以上1倍以下的罚款;没有违法所得或者违法所得不足2000万元的,处以200万元以上2000万元以下的罚款。"控股股东",是指出资额占有限责任公司资本总额的50%以上或者其持有的股份占股份有限公司股本总额的50%以上的股东;出资额或者持有股份的比例虽然不足50%,但依其出资额或者持有的股份所享有的表决权已足以对股东会、股东大会的决议产生重大影响的股东。"实际控制人",是指虽不是公司的股东,但通过投资关系、协议或者其他安排,能够实际支配公司行为的人。由于控股股东、实际控制人能够对发行人的行为施加重大影响或者实际支配公司行为,而且实践中很多欺诈发行行为都是在发行人的控股股东、实际控制人的组织、指使下进行的,因此对控股股东、实际控制人的违法行为要给予严厉的处罚。

第一百八十二条　【保荐人不履行保荐义务的法律责任】 保荐人出具有虚假记载、误导性陈述或者重大遗漏的保荐书，或者不履行其他法定职责的，责令改正，给予警告，没收业务收入，并处以业务收入一倍以上十倍以下的罚款；没有业务收入或者业务收入不足一百万元的，处以一百万元以上一千万元以下的罚款；情节严重的，并处暂停或者撤销保荐业务许可。对直接负责的主管人员和其他直接责任人员给予警告，并处以五十万元以上五百万元以下的罚款。

条文注释

本条是关于保荐人出具有虚假记载、误导性陈述或重大遗漏的保荐书，或者不履行其他法定职责的行为所应当承担的法律责任的规定。

保荐制度，是指由证券发行人聘请保荐人为其出具保荐意见，以确认其证券发行、交易等行为符合法律等相关规定的条件和要求的制度。本法第10条对保荐人的法定职责和法定义务作出了规定，保荐人在出具发行保荐书、上市保荐书等文件时，必须严格履行法定职责，保证其所出具文件的真实性、准确性和完整性，不得有虚假记载、误导性陈述或者重大遗漏。

如果保荐人出具有虚假记载、误导性陈述或者重大遗漏的保荐书，或者不履行其他法定职责，应当依法承担相应的法律责任。(1)民事责任。依据本法第85条的规定，信息披露义务人未按照规定披露信息，或者公告的证券发行文件、定期报告、临时报告及其他信息披露资料存在虚假记载、误导性陈述或者重大遗漏，致使投资者在证券交易中遭受损失的，信息披露义务人应当承担赔偿责任；保荐人应当与发行人承担连带赔偿责任，但是能够证明自己没有过错的除外。(2)行政责任。按照本条的规定，保荐人出具有虚假记载、误导性陈述或者重大遗漏的保荐书，或者不履行其他法定职责的，由国务院证券监督管理机构责令改正，给予警告，没收业务收入，并处以业务收入1倍以上10倍以下的罚款;没有业务收入或者业务收入不足100万元的,处以100万元以上1000万元以下的罚款;如果行为的情节严重,那么,行为人除了被处以罚款外,还将受到暂停或者撤销保荐业务许可的处罚。与此同时,对直接负责的主管人员和其他直接责任人员,也将给予警告,并处以50万元以上500万元以下的罚款。

本条规定的“暂停或者撤销保荐业务许可”,是指行政机关依法限制或者剥夺违法者原有的特许权利或者资格的一种行政处罚,属于行为罚。根据本法第120条的规定,证券公司经营证券保荐业务,应当经国务院证券监督管理机构核准。保荐人违反保荐义务的,监管机构可以限制其在一定期限内停止从事保荐业务,或者撤销保荐业务许可,剥夺其从事证券保荐业务的资格。

第一百八十三条　【承销或销售擅自公开发行或者变相公开发行证券的法律责任】证券公司承销或者销售擅自公开发行或者变相公开发行的证券的,责令停止承销或者销售,没收违法所得,并处以违法所得一倍以上十倍以下的罚款;没有违法所得或者违法所得不足一百万元的,处以一百万元以上一千万元以下的罚款;情节严重的,并处暂停或者撤销相关业务许可。给投资者造成损失的,应当与发行人承担连带赔偿责任。对直接负责的主管人员和其他直接责任人员给予警告,并处以五十万元以上五百万元以下的罚款。

条文注释

本条是关于证券公司承销或销售擅自公开发行的证券的行为所应当承担的法律责任的规定。

2019年修改后的《证券法》,对申请公开发行证券实行注册制。根据本法第9条中的规定,未经依法注册,任何单位和个人不得公开发行证券。

按照本条的规定,证券公司承销或者销售擅自公开发行或者变相公开发行的证券的，由证券监督管理机构责令其停止承销或者销售，同时没收证券公司在承销或者销售上述证券的行为中所获取的违法所得，同时还要处以违法所得1倍以上10倍以下的罚款；对于有上述行为但没有违法所得或者违法所得不足100万元的，处以100万元以上1000万元以下的罚款。如果行为情节严重，还将“并处暂停或者撤销相关业务许可”。

对于承销或者销售擅自公开发行的证券，给投资者造成损失的，证券公司还应当与发行人承担连带赔偿责任。另外，对证券公司直接负责的主管人员和其他直接责任人员也要给予警告，并处以50万元以上500万元以下的罚款。

第一百八十四条 【违法承销的法律责任】证券公司承销证券违反本法第二十九条规定的，责令改正，给予警告，没收违法所得，可以并处五十万元以上五百万元以下的罚款；情节严重的，暂停或者撤销相关业务许可。对直接负责的主管人员和其他直接责任人员给予警告，可以并处二十万元以上二百万元以下的罚款；情节严重的，并处以五十万元以上五百万元以下的罚款。

条文注释

本条是关于证券公司违反证券承销业务规定的行为所应当承担的法律责任的规定。

根据本法第26条的规定，发行人向不特定对象发行的证券，法律、行政法规规定应当由证券公司承销的，发行人应当同证券公司签订承销协议。证券承销业务采取代销或者包销方式。本法第29条对证券公司承销证券业务提出了原则要求。根据本条的规定，如果证券公司承销证券违反本法第29条的规定，由国务院证券监督管理机构责令其改正，给予警告，没收违法所得，可以并处50万元以上500万元以下的罚款；情节严重的，还可以“暂停或者撤销相关业务许可”。对直接负责的主管人员和其他直接责任人员给予警告，可以并处20万元以上200万元以下的罚款;情节严重的,并处以50万元以上500万元以下的罚款。此处的"暂停或者撤销相关业务许可",是指监管机构可以限制证券公司在一定期限内停止从事证券承销业务,或者撤销其证券承销业务许可,剥夺其从事证券承销业务的资格。

第一百八十五条　【擅自改变募集资金用途的法律责任】 发行人违反本法第十四条、第十五条的规定擅自改变公开发行证券所募集资金的用途的,责令改正,处以五十万元以上五百万元以下的罚款;对直接负责的主管人员和其他直接责任人员给予警告,并处以十万元以上一百万元以下的罚款。

发行人的控股股东、实际控制人从事或者组织、指使从事前款违法行为的,给予警告,并处以五十万元以上五百万元以下的罚款;对直接负责的主管人员和其他直接责任人员,处以十万元以上一百万元以下的罚款。

条文注释

本条是关于发行人擅自改变公开发行证券所募集资金的用途,以及发行人的控股股东、实际控制人从事或者组织、指使从事上述违法行为所应当承担的法律责任的规定。

发行人公开发行证券所募集到的资金,必须规范使用。在实践中,公司改变募集资金使用用途的情况比较复杂。改变募股资金用途的行为,很可能损害投资者的利益,因此有必要从法律上加以规范。根据本法第14条的规定,公司对公开发行股票所募集资金,必须按照招股说明书或者其他公开发行募集文件所列资金用途使用;改变资金用途,必须经股东大会作出决议。根据本法第15条第2款的规定,公开发行公司债券筹集的资金,必须按照公司债券募集办法所列资金用途使用;改变资金用途,必须经债券持有人会议作出决议。公开发行公司债券筹集的资金,不得用于弥补亏损和非生产性支出。

发行人公开发行证券所募集资金应当按照招股说明书或者其他公开发行的募集文件所列资金用途进行使用，擅自改变公开发行证券所募集资金用途的行为是一种严重的违法行为，依法应当给予惩处。根据本条的规定，发行人违反本法规定，擅自改变公开发行证券所募集资金的用途的，由国务院证券监督管理机构责令改正，处以50万元以上500万元以下的罚款；对直接负责的主管人员和其他直接责任人员给予警告，并处以10万元以上100万元以下的罚款。如果发行人的控股股东、实际控制人从事或者组织、指使从事上述违法行为，由国务院证券监督管理机构给予警告，并处以50万元以上500万元以下的罚款。同时，对于直接负责的主管人员和其他直接责任人员，处以10万元以上100万元以下的罚款。

第一百八十六条 【在转让限制期限内买卖证券的法律责任】违反本法第三十六条的规定，在限制转让期内转让证券，或者转让股票不符合法律、行政法规和国务院证券监督管理机构规定的，责令改正，给予警告，没收违法所得，并处以买卖证券等值以下的罚款。

条文注释

本条是关于违反法律规定在限制转让期限内买卖证券行为所应当承担的法律责任的规定。

为了维护证券市场的正常秩序，保护社会公众投资者的利益，防止操纵股市、转嫁风险等证券违法行为的发生，本法和《公司法》对依法发行的证券在特定情况下规定了一定的转让期限。对违反相关法律规定，在限制转让期限内买卖证券的行为，应当给予相应的处罚。按照本条的规定，在限制转让期内转让证券，或者转让股票不符合法律、行政法规和国务院证券监督管理机构规定的，将由国务院证券监督管理机构责令改正，给予警告，没收违法所得，同时处以买卖证券等值以下的罚款。

关联法规

《公司法》第160条

第一百八十七条 【禁止参与股票交易的人员买卖股票的法律责任】法律、行政法规规定禁止参与股票交易的人员，违反本法第四十条的规定，直接或者以化名、借他人名义持有、买卖股票或者其他具有股权性质的证券的，责令依法处理非法持有的股票、其他具有股权性质的证券，没收违法所得，并处以买卖证券等值以下的罚款；属于国家工作人员的，还应当依法给予处分。

条文注释

本条是关于禁止参与股票交易的人员直接或者以化名、借他人名义持有、买卖股票或者其他具有股权性质的证券的行为所应当承担的法律责任的规定。

证券市场上的各种信息，是投资者进行投资决策的依据，少数人利用其特殊地位或机会取得内部消息，先行一步对市场作出反应，就有更多的获利机会，从而增加了其他投资者蒙受损失的可能，影响了证券市场的公平秩序。

本法第40条对证券业从业人员、证券监督管理机构的工作人员和法律、行政法规禁止参与股票交易的其他人员参与股票交易从中牟利行为作出了禁止性规定。

根据本条的规定，法律、行政法规规定禁止参与股票交易的人员，直接或者以化名、借他人名义持有、买卖股票或者其他具有股权性质的证券的，责令依法处理非法持有的股票、其他具有股权性质的证券，没收违法所得，并处以买卖股票等值以下的罚款。如果违法行为人属于国家工作人员，还应当依据《监察法》《公务员法》等法律规定给予处分。

关联法规

《公务员法》第61、62、64条

第一百八十八条 【证券服务机构和人员违法买卖股票的法律责任】证券服务机构及其从业人员，违反本法第四十二条的规定买卖证券的，责令依法处理非法持有的证券，没收违法所得，并处以买卖证券等值以下的罚款。

条文注释

本条是关于证券服务机构及其从业人员违反规定买卖证券行为所应当承担的法律责任的规定。

证券服务机构出具的审计报告、法律意见书等文件的内容不仅要对投资者和发行人负责，还要面向社会，发挥社会公证的作用。正是由于为证券发行、上市、交易出具审计报告或者法律意见书等文件的证券服务机构和人员在证券市场中的重要作用，他们因业务活动可能接触或者获得内幕信息，所以，上述人员均为知悉证券交易内幕信息的知情人员。与此同时，他们本身就是证券活动的重要参与者，熟悉证券业务规则和证券运行的规律、方式，如果他们滥用其特殊地位，违背职业道德，不遵守法律规定的期限，利用所掌握的内幕信息买卖接受委托提供服务公司的证券来牟取非法利益，就违反了他们所承担的法律义务，构成违法行为，依法要受到相应的法律制裁。

按照本条的规定，证券服务机构及其从业人员，如果违反本法第42条的规定，进行证券买卖的，由国务院证券监督管理机构责令依法处理非法持有的证券，没收违法所得，同时处以买卖证券等值以下的罚款。

第一百八十九条 【短线交易的法律责任】上市公司、股票在国务院批准的其他全国性证券交易场所交易的公司的董事、监事、高级管理人员、持有该公司百分之五以上股份的股东，违反本法第四十四条的规定，买卖该公司股票或者其他具有股权性质的证券的，给予警告，并处以十万元以上一百万元以下的罚款。

条文注释

本条是关于上市公司、股票在国务院批准的其他全国性证券交易场所交易的公司的董事、监事、高级管理人员、持有该公司5%以上股份的股东违反本法规定买卖本公司股票或者其他具有股权性质的证券，进行短线交易的行为所应当承担的法律责任的规定。

2019年《证券法》第44条对短线交易的行为进行了进一步规范，主要体现在扩大了短线交易主体、扩大了短线交易所涉证券范围、利用他人账户进行交易纳入短线交易监管。本条则加重了对短线交易行为的处罚力度。

法律禁止短线交易行为的目的是减少上市公司内部人员利用自身的信息和控制权优势进行交易，以牟取短期不正当利益。本法第44条对短线交易进行作出禁止性规定。根据该条规定，短线交易并不以获利为要件，即无论当事人是否获利、获利多少，都不影响这一违法行为的成立。

按照本条的规定，如果上市公司、股票在国务院批准的其他全国性证券交易场所交易的公司的董事、监事、高级管理人员、持有该公司5%以上股份的股东，违反本法第44条的规定，买卖该公司股票或者其他具有股权性质的证券的，将由国务院证券监督管理机构对其给予警告，并处以10万元以上100万元以下的罚款。

第一百九十条　【违法程序化交易的法律责任】违反本法第四十五条的规定，采取程序化交易影响证券交易所系统安全或者正常交易秩序的，责令改正，并处以五十万元以上五百万元以下的罚款。对直接负责的主管人员和其他直接责任人员给予警告，并处以十万元以上一百万元以下的罚款。

条文注释

本条是关于违反法律规定，采取程序化交易影响证券交易所系统安全或者正常交易秩序的行为所应当承担的法律责任的规定。

程序化交易具有频繁申报等特征，能够在一定程度上产生助涨助跌的作用，特别是在股市大幅度波动期间，对市场的影响更为明显。如果程序化交易被人不当利用，违法行为人依据编码交易规则(所谓“算法”)发出投资指令，抢占先机买卖股票或者其他证券，在各交易场所之间套利，证券交易所的系统安全或者证券交易所的正常交易秩序都会受到影响。鉴于此，本法第45条规定，通过计算机程序自动生成或者下达交易指令进行程序化交易的，应当符合国务院证券监督管理机构的规定，并向证券交易所报告，不得影响证券交易所系统安全或者正常交易秩序。本条规定的是违反本法第45条规定的行为的法律责任，即采取程序化交易影响证券交易所系统安全或者正常交易秩序的行为，由国务院证券监督管理机构责令其改正，并对相关主体处以50万元以上500万元以下的罚款。对直接负责的主管人员和其他直接责任人员也要给予警告，并处以10万元以上100万元以下的罚款。

第一百九十一条　【内幕交易的法律责任】证券交易内幕信息的知情人或者非法获取内幕信息的人违反本法第五十三条的规定从事内幕交易的，责令依法处理非法持有的证券，没收违法所得，并处以违法所得一倍以上十倍以下的罚款；没有违法所得或者违法所得不足五十万元的，处以五十万元以上五百万元以下的罚款。单位从事内幕交易的，还应当对直接负责的主管人员和其他直接责任人员给予警告，并处以二十万元以上二百万元以下的罚款。国务院证券监督管理机构工作人员从事内幕交易的，从重处罚。

违反本法第五十四条的规定，利用未公开信息进行交易的，依照前款的规定处罚。

条文注释

本条是关于内幕交易行为人所应当承担的法律责任的规定。

本法第50条规定，禁止证券交易内幕信息的知情人和非法获取内幕信息的人利用内幕信息从事证券交易活动。本法第53条第1

款规定，证券交易内幕信息的知情人和非法获取内幕信息的人，在内幕信息公开前，不得买卖该公司的证券，或者泄露该信息，或者建议他人买卖该证券。本法第54条第1款规定，禁止证券交易场所、证券公司、证券登记结算机构、证券服务机构和其他金融机构的从业人员、有关监管部门或者行业协会的工作人员，利用因职务便利获取的内幕信息以外的其他未公开的信息，违反规定，从事与该信息相关的证券交易活动，或者明示、暗示他人从事相关交易活动。上述都是对内幕交易行为、利用未公开信息进行交易行为的禁止性规定。

按照本条的规定，证券交易内幕信息的知情人或者非法获取内幕信息的人违反本法第53条的规定从事内幕交易的，由证券监督管理机构责令依法处理非法持有的证券，没收违法所得，同时还要处以违法所得金额1倍以上10倍以下的罚款；如果没有违法所得或者违法所得金额不足50万元的，处以50万元以上500万元以下的罚款。如果是单位从事内幕交易，还应当对直接负责的主管人员和其他直接责任人员给予警告，并处以20万元以上200万元以下的罚款。国务院证券监督管理机构工作人员从事内幕交易的，还要从重处罚。

第一百九十二条 【操纵证券市场的法律责任】违反本法第五十五条的规定，操纵证券市场的，责令依法处理其非法持有的证券，没收违法所得，并处以违法所得一倍以上十倍以下的罚款；没有违法所得或者违法所得不足一百万元的，处以一百万元以上一千万元以下的罚款。单位操纵证券市场的，还应当对直接负责的主管人员和其他直接责任人员给予警告，并处以五十万元以上五百万元以下的罚款。

条文注释

本条是关于操纵证券市场行为应承担的法律责任的规定。

操纵证券市场，是指个人或者机构背离市场自由竞争和供求关系原则，人为地操纵证券交易价格，或者制造证券交易的虚假价格或者证券交易量，以引诱他人参与证券交易，为自己牟取不正当利益或者转嫁风险的行为。本法第55条第1款对操纵证券市场的行为进行了列举。其中,“影响”证券交易价格或者证券交易量,即该行为产生了实质性的效果,致使证券交易价格异常或形成虚拟的价格水平,或者行为人的行为致使证券交易量异常或形成虚拟的交易量水平。“意图影响”证券交易价格或者证券交易量,是指该行为可能产生上述影响,即使由于各种原因损害后果未实际发生,也不影响其构成“操纵证券市场”。

根据本条的规定,违反本法第55条的规定,操纵证券市场的,由国务院证券监督管理机构责令依法处理其非法持有的证券,没收违法所得,并处以违法所得1倍以上10倍以下的罚款;如果没有违法所得或者违法所得不足100万元的,处以100万元以上1000万元以下的罚款。单位操纵证券市场的,国务院证券监督管理机构还应当对直接负责的主管人员和其他直接责任人员给予警告,并处以50万元以上500万元以下的罚款。

第一百九十三条 【编造、传播虚假信息或者误导性信息的法律责任】违反本法第五十六条第一款、第三款的规定,编造、传播虚假信息或者误导性信息,扰乱证券市场的,没收违法所得,并处以违法所得一倍以上十倍以下的罚款;没有违法所得或者违法所得不足二十万元的,处以二十万元以上二百万元以下的罚款。

违反本法第五十六条第二款的规定,在证券交易活动中作出虚假陈述或者信息误导的,责令改正,处以二十万元以上二百万元以下的罚款;属于国家工作人员的,还应当依法给予处分。

传播媒介及其从事证券市场信息报道的工作人员违反本法第五十六条第三款的规定,从事与其工作职责发生利益冲突的证券买卖的,没收违法所得,并处以买卖证券等值以下的罚款。

条文注释

本条是关于编造、传播扰乱证券市场虚假信息或者误导性信息，在证券交易活动中作出虚假陈述或者信息误导，传播媒介及其从事证券市场信息报道的工作人员违法从事与其工作职责发生利益冲突的证券买卖的行为所应当承担的法律责任的规定。

一、法律禁止编造、传播虚假信息或者误导性信息

虚假信息主要可以分为以下三类：一是正式文告中的虚假信息，此类不实信息隐蔽深、危害大；二是传播媒介、证券咨询机构从业人员进行股评营销方面的虚假信息，目前各种股评活动比较混乱，很容易误导投资者，其危害亦不容忽视；三是一些机构和人员为操纵证券市场蓄意散布的谣传。

具体来讲，编造、传播扰乱证券市场的虚假信息或者误导性信息，主要是指编造、传播可能误导投资者，对上市公司股票交易价格产生较大影响的虚假信息，如涉及公司分配股利或者增资的计划；公司债务担保的重大变更；公司发生重大亏损或遭受重大损失；公司减资、合并、分立、解散等虚假信息等。行为人必须有编造、传播扰乱证券市场的虚假信息或者误导性信息的行为，至于行为人是否从中谋利，并不影响这一行为的成立。

根据本条的规定，如果任何单位和个人有编造、传播虚假信息或者误导性信息，扰乱证券市场的行为，将被没收违法所得，并处以违法所得1倍以上10倍以下的罚款；即便没有违法所得或者违法所得不足20万元，也将被处以20万元以上200万元以下的罚款。

二、法律禁止在证券交易活动中作出虚假陈述或者信息误导

证券市场的相关从业人员，由于其工作职责和身份，即便其作出虚假陈述或者信息误导，也容易被信以为真，从而影响投资者的投资行为。而一旦交易量形成一定规模或者产生某些有影响力的错误市场信号等，就会严重影响证券市场的正常秩序，造成金融风险。因此，本法第56条第2款对证券市场相关从业人员的行为作出了限制性规定。

按照本条的规定，证券交易场所、证券公司、证券登记结算机构、

证券服务机构及其从业人员，证券业协会、证券监督管理机构及其工作人员，在证券交易活动中作出虚假陈述或者信息误导，扰乱证券市场的，由证券监督管理机构责令改正违法行为，处以20万元以上200万元以下的罚款；如果行为人属于国家工作人员，还应当依据行为的性质和情节，依法给予警告、记过、记大过、降级、撤职、开除等处分。

三、法律禁止传播媒介及其从事证券市场信息报道的工作人员从事与其工作职责发生利益冲突的证券买卖

根据本法第56条第3款的规定，传播媒介及其从事证券市场信息报道的工作人员不得从事与其工作职责发生利益冲突的证券买卖。由于从事证券市场信息报道的工作人员能够接触到大量信息和数据，了解证券市场运行的规律和投资者的心理，一旦利用自己所掌握的信息，从事与工作职责发生利益冲突的证券买卖，将严重影响证券市场的公平稳定，对此类行为必须给予严厉的处罚。因此，本条规定，传播媒介及其从事证券市场信息报道的工作人员违反本法第56条第3款的规定，从事与其工作职责发生利益冲突的证券买卖的行为，将被没收违法所得，同时处以买卖证券等值以下的罚款。这一规定的目的在于不让违法行为人从所从事的违法行为中获利，一旦违反就要对其进行严厉的处罚。

第一百九十四条　【证券公司及其从业人员背信行为的法律责任】证券公司及其从业人员违反本法第五十七条的规定，有损害客户利益的行为的，给予警告，没收违法所得，并处以违法所得一倍以上十倍以下的罚款；没有违法所得或者违法所得不足十万元的，处以十万元以上一百万元以下的罚款；情节严重的，暂停或者撤销相关业务许可。

条文注释

本条是关于证券公司及其从业人员从事损害客户利益的行为所应承担的法律责任的规定。

证券公司接受客户证券买卖的委托，应当根据委托书载明的证

券名称、买卖数量、出价方式、价格幅度等,按照交易规则代理客户买卖证券,买卖成交后,还应当按规定制作买卖成交报告单交付客户。如果证券公司违背客户的委托为其买卖证券、办理交易事项,或者有其他违背客户真实意思表示,损害客户利益的行为,是一种严重的违法行为,应当依法承担相应的法律责任。本法第57条第1款对证券公司及其从业人员从事损害客户利益的行为作出了禁止性规定。

根据本条规定,如果证券公司及其从业人员违反本法第57条,从事损害客户利益的行为,将由国务院证券监督管理机构给予警告,没收违法所得,同时处以违法所得1倍以上10倍以下的罚款;没有违法所得或者违法所得不足10万元的,处以10万元以上100万元以下的罚款。如果损害客户利益的行为情节严重,可以认为该证券公司及其从业人员不再适合从事相关业务,此时视情节轻重处以暂停或撤销相关业务许可。

第一百九十五条 【违法使用证券账户买卖证券的法律责任】违反本法第五十八条的规定,出借自己的证券账户或者借用他人的证券账户从事证券交易的,责令改正,给予警告,可以处五十万元以下的罚款。

条文注释

本条是关于行为人违法出借自己的证券账户或者借用他人的证券账户从事证券交易的行为所应当承担的法律责任的规定。

证券账户专门记载投资者所持有的证券种类和数量,是投资者开展证券交易活动、证券监督管理机构以及政府有关部门对证券交易进行监督管理的基础,因此,本法对证券账户实名制作了严格的规定。本法第58条对任何单位和个人出借自己的证券账户或者借用他人的证券账户从事证券交易作出了禁止性规定。该条在原则禁止的同时,增加了“违反规定”的限定,交由国务院或者有关主管部门对如何区分合法和违法情形作进一步的细化规定。

本条规定,对违反本法第58条的规定,出借自己的证券账户或者借用他人的证券账户从事证券交易的单位和个人,由证券监督管理机构责令改正其违法行为，给予警告，同时可以处50万元以下的罚款。

第一百九十六条 【违法收购的法律责任】收购人未按照本法规定履行上市公司收购的公告、发出收购要约义务的，责令改正，给予警告，并处以五十万元以上五百万元以下的罚款。对直接负责的主管人员和其他直接责任人员给予警告，并处以二十万元以上二百万元以下的罚款。

收购人及其控股股东、实际控制人利用上市公司收购，给被收购公司及其股东造成损失的，应当依法承担赔偿责任。

条文注释

本条是关于收购人在进行上市公司收购活动时未履行有关法定义务，以及收购人及其控股股东、实际控制人利用上市公司收购给被收购公司造成损失的法律责任的规定。

上市公司收购，是指投资者公开收购已经依法上市交易的股份有限公司的股份，以获得或者巩固对该公司控制权的行为，包括要约收购、协议收购和以其他合法方式收购。上市公司收购是一项极为复杂的股权运作活动，应当遵守一定的规则和程序，否则可能会导致信息垄断、大股东和实际控制人进行内幕交易和操纵市场，从而损害广大中小投资者的利益。因此，本法专设第四章对上市公司的收购方式、收购条件和程序、收购活动的监管等作出了具体规定。收购人在进行上市公司收购时，应当严格遵守相关规定，否则要根据本条规定承担相应的法律责任。

根据本条规定，收购人在进行上市公司收购活动时未履行有关法定义务的，首先应责令其改正：未履行报告和公告义务的，应当依法进行报告和公告；未履行发出收购要约义务的，应当依法发出收购要约；未履行报送收购报告书义务的，应当依法报送；擅自变更收购要约的，应当改正或在报请批准后变更。对于本法关于上市公司收购应履行的其他义务，收购人未履行的，也应在监督机关的命令下予以履行。同时，收购人有本条规定的违法行为的，还要承担以下法律责任:(1)给予警告。由监督机关对收购人提出告诫,使收购人认识到其行为的违法性以及自己应如何改正。(2)罚款。罚款数额是50万元以上500万元以下,具体处罚数额根据收购人违法行为及其造成的后果等情况确定。同时,还将对收购人的直接负责的主管人员和其他直接责任人员给予警告,并处以20万元以上200万元以下的罚款。

同时,收购人及其控股股东、实际控制人利用上市公司收购,实施不正当交易,损害被收购人及其股东的合法权益的,违法者要依据本条第2款的规定承担民事赔偿责任,对被收购公司及其股东因恶意收购行为而造成的损失进行赔偿。

第一百九十七条 【信息披露义务人的法律责任】信息披露义务人未按照本法规定报送有关报告或者履行信息披露义务的,责令改正,给予警告,并处以五十万元以上五百万元以下的罚款;对直接负责的主管人员和其他直接责任人员给予警告,并处以二十万元以上二百万元以下的罚款。发行人的控股股东、实际控制人组织、指使从事上述违法行为,或者隐瞒相关事项导致发生上述情形的,处以五十万元以上五百万元以下的罚款;对直接负责的主管人员和其他直接责任人员,处以二十万元以上二百万元以下的罚款。

信息披露义务人报送的报告或者披露的信息有虚假记载、误导性陈述或者重大遗漏的,责令改正,给予警告,并处以一百万元以上一千万元以下的罚款;对直接负责的主管人员和其他直接责任人员给予警告,并处以五十万元以上五百万元以下的罚款。发行人的控股股东、实际控制人组织、指使从事上述违法行为,或者隐瞒相关事项导致发生上述情形的,处以一百万元以上一千万元以下的罚款;对直接负责的主管人员和其他直接责任人员,处以五十万元以上五百万元以下的罚款。

条文注释

本条是关于信息披露义务人未按照规定报送有关报告和披露信息，或者报送的报告和所披露的信息有虚假记载、误导性陈述或者重大遗漏行为，以及发行人的控股股东、实际控制人组织、指使从事前述违法行为，或者隐瞒相关事项导致发生前述情形时所应当承担的法律责任的规定。

从我国目前情况来看，发行人、上市公司或者其他信息披露义务人在信息披露方面主要存在以下三个问题：一是信息披露不真实，发布或散布虚假信息问题比较普遍；二是信息披露不及时；三是信息披露不规范。这些失信行为，造成了市场信号失真，影响了市场机制的发挥。信息披露是注册制的核心要求，规范信息披露是证券市场健康发展的当务之急，必须对不按有关规定披露信息或者披露虚假信息现象采取严格的监督和严厉的处罚措施。

本法第5章对信息披露作出了专门规定。其中，第78条作出原则要求，第79～82、86条分别就信息披露的程序、内容等作出详细规定和要求，信息披露义务人必须按照这些规定履行信息披露义务。如果信息披露义务人未按照本法规定报送有关报告或者履行信息披露义务，就需要按照本条第1款的规定，由国务院证券监督管理机构责令改正，给予警告，并处以50万元以上500万元以下的罚款；对直接负责的主管人员和其他直接责任人员给予警告，并处以20万元以上200万元以下的罚款。

根据本法第85条的规定，信息披露义务人报送的报告或者披露的信息有虚假记载、误导性陈述或者重大遗漏，是一种严重的违法行为。因此，本条第2款明确规定，如果信息披露义务人报送的报告或者披露的信息有虚假记载、误导性陈述或者重大遗漏，由国务院证券监督管理机构责令其改正，给予警告，同时处以100万元以上1000万元以下的罚款。

另外，本条对发行人的控股股东、实际控制人组织、指使从事上述违法行为或者隐瞒相关事项导致发生上述情形时，所应当承担的法律责任作出了规定。即发行人的控股股东、实际控制人组织、指使信息披露义务人不按照本法规定报送有关报告或者履行信息披露义务，或者隐瞒相关事项导致发生上述情形的，由国务院证券监督管理机构处以50万元以上500万元以下的罚款。与此同时，还要对直接负责的主管人员和其他直接责任人员，处以20万元以上200万元以下的罚款。发行人的控股股东、实际控制人组织、指使信息披露义务人报送的报告或者披露的信息有虚假记载、误导性陈述或者重大遗漏，或者隐瞒相关事项导致发生上述情形的，由国务院证券监督管理机构处以100万元以上1000万元以下的罚款。与此同时，对直接负责的主管人员和其他直接责任人员，处以50万元以上500万元以下的罚款。

第一百九十八条　【证券公司违反适当性管理义务的法律责任】证券公司违反本法第八十八条的规定未履行或者未按照规定履行投资者适当性管理义务的，责令改正，给予警告，并处以十万元以上一百万元以下的罚款。对直接负责的主管人员和其他直接责任人员给予警告，并处以二十万元以下的罚款。

条文注释

本条是关于证券公司未履行或者未按照规定履行投资者适当性管理义务的行为所应当承担的法律责任的规定。

我国资本市场以中小投资者为主，更需要采取针对性措施来保护投资者特别是中小投资者的权益，引导市场健康、有序发展，建立投资者适当性制度尤显重要。依据本法第88条的规定，证券公司的投资者适当性管理义务主要包括：证券公司向投资者销售证券、提供服务时，应当按照规定充分了解投资者的基本情况、风险承受能力（财产状况、金融资产状况等）和风险识别能力（投资知识和经验、专业能力等）等相关信息；应当如实说明证券、服务的重要内容，充分揭示投资风险；销售、提供与投资者上述状况相匹配的证券、服务；投资者拒绝提供或者未按照要求提供证券公司进行投资者适当性管理所必需的信息的，证券公司应当告知其后果，并按照规定拒绝向其销售证券、提供服务。

根据本条的规定，如果证券公司违反本法第88条的有关规定，没有履行或者没有按照规定履行投资者适当性管理义务的，将由国务院证券监督管理机构责令改正，给予警告，同时处以10万元以上100万元以下的罚款。与此同时，对直接负责的主管人员和其他直接责任人员，也将由国务院证券监督管理机构给予警告，同时对其处以20万元以下的罚款。

第一百九十九条 【违法征集股东权利的法律责任】违反本法第九十条的规定征集股东权利的，责令改正，给予警告，可以处五十万元以下的罚款。

条文注释

本条是关于违法征集股东权利的行为所应当承担的法律责任的规定。

征集股东投票权，既有利于中小股东通过集中行使股东权利参与、影响公司决策，促进公司运作的民主化；也有利于股东大会达到法定出席比例、表决权比例而顺利召开，作出有效决议，提高公司运作效率。依据本法第90条中的规定，上市公司董事会、独立董事、持有1%以上有表决权股份的股东或者依照法律、行政法规或者国务院证券监督管理机构的规定设立的投资者保护机构，可以作为征集人，自行或者委托证券公司、证券服务机构，公开请求上市公司股东委托其代为出席股东大会，并代为行使提案权、表决权等股东权利。依照前述规定征集股东权利的，征集人应当披露征集文件，上市公司应当予以配合。禁止以有偿或者变相有偿的方式公开征集股东权利。

由于征集投票权的不当行使也可能成为公司经营权争夺的工具，影响公司的正常运营，因此也应当对其作出必要限制。公开征集股东权利应当依照法律、行政法规和国务院证券监督管理机构的规定严格进行。如果违反规定运用该制度争夺上市公司控制权，影响上市公司正常经营，通过一些对上市公司或者对其股东不利的决议,给上市公司或者其股东造成损失的,征集人就应当依法承担民事赔偿责任。同时还要根据本条规定接受有关行政机关的处罚。根据本条规定,违反本法第 90 条规定征集股东权利的,由国务院证券监督管理机构责令改正,给予警告,同时,还可以处 50 万元以下的罚款。

第二百条　【非法开设证券交易场所及允许非会员直接参与股票集中交易的法律责任】非法开设证券交易场所的,由县级以上人民政府予以取缔,没收违法所得,并处以违法所得一倍以上十倍以下的罚款;没有违法所得或者违法所得不足一百万元的,处以一百万元以上一千万元以下的罚款。对直接负责的主管人员和其他直接责任人员给予警告,并处以二十万元以上二百万元以下的罚款。

证券交易所违反本法第一百零五条的规定,允许非会员直接参与股票的集中交易的,责令改正,可以并处五十万元以下的罚款。

条文注释

本条是关于非法开设证券交易场所及允许非会员直接参与股票的集中交易所应当承担的法律责任的规定。

一、不得非法开设证券交易场所

根据本法第 37 条和第 96 条的规定,我国证券交易必须在依法设立的证券交易场所上市交易,同时,国务院拥有设立证券交易场所的决定权。一些地区未经国务院批准,擅自设立产权交易所、证券交易中心和证券交易自动报价系统等机构,从事非上市公司股票、股权证等证券的场外非法交易活动,扰乱了证券市场的正常秩序,隐藏着很大的金融风险,极易诱发影响社会稳定的事端。因此,本法明确规定,非法开设证券交易场所是一种严重的违法行为,应当依法承担相应的法律责任。

按照本条第 1 款的规定,对于非法开设证券交易场所的,县级以上人民政府发现后应当立即予以取缔，同时没收非法开设证券交易场所违法活动的一切所得，并处以违法所得1倍以上10倍以下的罚款；如果没有违法所得或者违法所得不足100万元的，也应当处以100万元以上1000万元以下的罚款。对直接负责的主管人员和其他直接责任人员，还应当给予警告，同时处以20万元以上200万元以下的罚款。本条对这一行为规定较重的处罚，目的是使违法开设证券交易场所的行为人不仅得不到任何好处，而且还要付出惨重的代价，真正起到惩戒、震慑的作用。

二、证券交易所不得允许非会员直接参与股票的集中交易

根据本法第105条的规定，进入实行会员制的证券交易所参与集中交易的，必须是证券交易所的会员。证券交易所不得允许非会员直接参与股票的集中交易。

本条第2款对允许非会员直接参与股票的集中交易行为规定了相应的法律责任。如果允许非会员直接参与股票的集中交易的，由国务院证券监督管理机构责令改正，同时可以处50万元以下的罚款。

第二百零一条 【证券公司未核对投资者信息及违规提供投资者账户的法律责任】证券公司违反本法第一百零七条第一款的规定，未对投资者开立账户提供的身份信息进行核对的，责令改正，给予警告，并处以五万元以上五十万元以下的罚款。对直接负责的主管人员和其他直接责任人员给予警告，并处以十万元以下的罚款。

证券公司违反本法第一百零七条第二款的规定，将投资者的账户提供给他人使用的，责令改正，给予警告，并处以十万元以上一百万元以下的罚款。对直接负责的主管人员和其他直接责任人员给予警告，并处以二十万元以下的罚款。

条文注释

本条是关于未对投资者开立账户提供的身份信息进行核对、将

投资者的账户提供给他人使用的行为所应当承担的法律责任的规定。

本法第107条第1款规定,证券公司为投资者开立账户,应当按照规定对投资者提供的身份信息进行核对。随着互联网和移动终端技术的发展,许多证券公司推出了互联网自助开户和手机自助开户服务,这对证券公司核实投资者身份信息提出了新的要求。如果不对投资者的身份信息进行核对,将造成投资账户信息的混乱,不仅会对证券市场秩序造成不良影响,也不利于保护投资者和身份信息所有人的合法权益。因此,依据本条的规定,证券公司未对投资者开立账户提供的身份信息进行核对的,由国务院证券监督管理机构责令其改正,给予警告,并处以5万元以上50万元以下的罚款。对直接负责的主管人员和其他直接责任人员给予警告,并处以10万元以下的罚款。

本法第107条第2款规定,证券公司不得将投资者的账户提供给他人使用。证券公司将投资者的账户提供给他人使用的行为,会严重损害投资者的合法权益,使证券市场的管理秩序出现混乱。因此,为进一步加强投资者账户管理,落实证券公司对投资者账户实名使用的管理责任,本条第2款规定,将投资者的账户提供给他人使用的,由国务院证券监督管理机构责令改正,给予警告,并处以10万元以上100万元以下的罚款。对直接负责的主管人员和其他直接责任人员也将给予警告,并处以20万元以下的罚款。

第二百零二条 【非法经营证券业务以及违法融资融券的法律责任】违反本法第一百一十八条、第一百二十条第一款、第四款的规定,擅自设立证券公司、非法经营证券业务或者未经批准以证券公司名义开展证券业务活动的,责令改正,没收违法所得,并处以违法所得一倍以上十倍以下的罚款;没有违法所得或者违法所得不足一百万元的,处以一百万元以上一千万元以下的罚款。对直接负责的主管人员和其他直接责任人员给予警告，并处以二十万元以上二百万元以下的罚款。对擅自设立的证券公司，由国务院证券监督管理机构予以取缔。

证券公司违反本法第一百二十条第五款规定提供证券融资融券服务的，没收违法所得，并处以融资融券等值以下的罚款；情节严重的，禁止其在一定期限内从事证券融资融券业务。对直接负责的主管人员和其他直接责任人员给予警告，并处以二十万元以上二百万元以下的罚款。

条文注释

本条是关于擅自设立证券公司或者非法经营证券业务、未经批准以证券公司名义开展证券业务活动以及证券公司违反法律规定提供证券融资融券服务的行为所应当承担的法律责任的规定。

一、证券公司的设立和经营应当符合法律规定

为了规范从事证券业务的经营机构的业务活动，将证券公司的经营活动纳入法制轨道，本法对证券公司的设立及经营业务许可等作出了一系列具体规定，如本法第 118 条对证券公司的设立条件作出了规定，本法第 119 条对设立证券公司经营证券业务采取严格的审批许可制作出了规定，本法第 120 条对证券公司经营证券业务许可作出了规定。

按照本条规定，如果擅自设立证券公司或者非法经营证券业务，由证券监督管理机构予以取缔，没收因擅自设立证券公司或者非法经营证券业务所获的一切违法所得，同时处以违法所得金额 1 倍以上 10 倍以下的罚款；没有违法所得或者违法所得不足 100 万元的，也要处以 100 万元以上 1000 万元以下的罚款。对直接负责的主管人员和其他直接责任人员还应当给予警告，同时处以 20 万元以上 200 万元以下的罚款。对擅自设立的证券公司，由国务院证券监督管理机构依法予以取缔。

二、证券公司进行证券融资融券业务应当符合法律规定

依据本法第 120 条第 5 款的规定，证券公司从事证券融资融券

业务，应当采取措施，严格防范和控制风险，不得违反规定向客户出借资金或者证券。

证券融资融券作为资本市场发展应具有的基本功能，建立证券融资融券交易制度，可增加市场流动性，提供风险回避手段，提高资金利用率。但是，证券融资融券业务必须在严格监管的条件下进行，否则，将会使证券市场面临严重的风险。因此，对于证券公司违反本法规定，在没有采取必要措施的情况下提供证券融资融券的行为，依法还应给予一定的处罚。按照本条的规定，首先应当由证券监督管理机构没收违法所得，同时处以融资融券等值以下的罚款；如果行为的情节严重，将在一定期限内被禁止从事证券融资融券业务。对于直接负责的主管人员和其他直接责任人员，还要由证券监督管理机构给予警告，同时处以20万元以上200万元以下的罚款。

第二百零三条　【骗取证券业务许可的法律责任】提交虚假证明文件或者采取其他欺诈手段骗取证券公司设立许可、业务许可或者重大事项变更核准的，撤销相关许可，并处以一百万元以上一千万元以下的罚款。对直接负责的主管人员和其他直接责任人员给予警告，并处以二十万元以上二百万元以下的罚款。

条文注释

本条是关于骗取证券业务许可以及证券公司在证券交易中有严重违法行为而应承担的法律责任的规定。

一、证券公司应当依法获得相关许可

本法第118条对设立证券公司的条件作出了规定，第121条对证券公司经营相关证券业务必须满足的法定注册资本作出了规定。只有具备了上述各项条件的要求，才可以凭各种证明文件向国务院证券监督管理机构提出设立证券公司并从事相关业务的申请，之后再由国务院证券监督管理机构通过审查所提交的证明文件来批准证券公司的设立，并颁发经营相关证券业务的许可证。

二、骗取证券业务许可的法律责任

依据有关规定，在申请设立证券公司和相关证券业务许可时，应当提交的证明文件包括由依法设立的注册会计师事务所等法定验资机构对申请人的出资所出具的验资报告、验资证明等材料；固定经营场所的所有权或使用权证明和交易设施的合格证明；管理制度健全的证明文件等。如果所提交的上述文件是虚假的，或者采取其他欺诈手段隐瞒重要事实骗取了证券公司设立许可、业务许可或者重大事项变更核准，那么就破坏了国家对证券公司的管理制度，不仅存在巨大的经营风险，而且也极易损害投资者的权益，因此是一种严重的违法行为，应当依法承担相应的法律责任。本条规定，提交虚假证明文件或者采取其他欺诈手段骗取证券公司设立许可、业务许可或者重大事项变更核准的，由证券监督管理机构撤销相关许可，并处以100万元以上1000万元以下的罚款。对直接负责的主管人员和其他直接责任人员，由国务院证券监督管理机构给予警告，并处以20万元以上200万元以下的罚款。

关联法规

《行政许可法》第69条第2款

第二百零四条　【证券公司重大事项违法的法律责任】证券公司违反本法第一百二十二条的规定，未经核准变更证券业务范围，变更主要股东或者公司的实际控制人，合并、分立、停业、解散、破产的，责令改正，给予警告，没收违法所得，并处以违法所得一倍以上十倍以下的罚款；没有违法所得或者违法所得不足五十万元的，处以五十万元以上五百万元以下的罚款；情节严重的，并处撤销相关业务许可。对直接负责的主管人员和其他直接责任人员给予警告，并处以二十万元以上二百万元以下的罚款。

条文注释

本条是关于证券公司未经核准变更证券业务范围，变更主要股东或者公司的实际控制人，合并、分立、停业、解散、破产所应当承担的法律责任的规定。

本法第122条规定，证券公司变更证券业务范围，变更主要股东或者公司的实际控制人，合并、分立、停业、解散、破产，应当经国务院证券监督管理机构核准。这是因为，上述事项的发生，都会对证券公司自身的资信状况以及其他经营情况产生影响，会在一定程度上影响广大投资者对证券公司的选择，很可能损害证券公司客户的利益。从保护投资者和控制证券公司风险的角度出发，法律作出了限制性规定，要求证券公司在从事上述行为时，必须履行审批手续。对于法律的这一限制，证券公司必须严格遵守，否则就要承担相应的法律责任。因此，本条规定，证券公司未经批准变更证券业务范围，未经批准变更主要股东或者公司的实际控制人，未经批准进行合并、分立、停业、解散、破产的，由国务院证券监督管理机构责令改正，给予警告，对违法所得予以没收，同时处以违法所得金额1倍以上10倍以下的罚款；如果没有违法所得或者违法所得不足50万元的，处以50万元以上500万元以下的罚款；情节严重的，并处撤销相关业务许可。此外，国务院证券监督管理机构要对直接负责的主管人员和其他直接责任人员给予警告，并处以20万元以上200万元以下的罚款。

第二百零五条　【证券公司违法进行融资或者担保的法律责任】证券公司违反本法第一百二十三条第二款的规定，为其股东或者股东的关联人提供融资或者担保的，责令改正，给予警告，并处以五十万元以上五百万元以下的罚款。对直接负责的主管人员和其他直接责任人员给予警告，并处以十万元以上一百万元以下的罚款。股东有过错的，在按照要求改正前，国务院证券监督管理机构可以限制其股东权利；拒不改正的，可以责令其转让所持证券公司股权。

条文注释

本条是关于证券公司违法进行融资或者担保的行为所应当承担的法律责任的规定。

证券公司为其股东或者股东的关联人提供融资或者担保,可能会产生股东利用关联关系从证券公司转移资产的情况,增加证券公司运营风险,并可能损害广大证券公司客户的利益。本法对此予以了严格规范,在第123条第2款规定,证券公司除依照规定为其客户提供融资融券外,不得为其股东或者股东的关联人提供融资或者担保。违反这一规定的证券公司要承担相应的法律责任。

根据本条的规定,证券公司除依照规定为其客户提供融资融券外,为其股东或者股东的关联人提供融资或者担保的,首先应当由国务院证券监督管理机构责令改正:正在进行融资或者担保行为的应当停止,已经完成融资或者担保行为的应当撤销。同时,还要对违法的证券公司给予警告、处以罚款,罚款的数额是50万元以上500万元以下。此外,对违法的证券公司直接负责的主管人员和其他直接责任人员,由国务院证券监督管理机构处以10万元以上100万元以下的罚款。

证券公司违法为其股东或者股东的关联人提供融资或者担保,往往是股东利用其在公司中的优势地位,通过其代理人如董事而使公司作出的,这些股东的意愿是证券公司实施违法行为的根本原因。因此,股东在本条规定的违法行为中有过错的,在公司改正其违法行为前,国务院证券监督管理机构可以限制其股东权利的行使,如限制其表决权的行使、限制其获得分红等。此外,如果证券公司拒绝改正其违法行为,不停止或者撤销融资或担保行为,国务院证券监督管理机构可以责令有过错的股东转让所持证券公司股权,将其从证券公司中驱逐出去。

第二百零六条 【混合操作证券业务的法律责任】证券公司违反本法第一百二十八条的规定,未采取有效隔离措施防范利益冲突,或者未分开办理相关业务、混合操作的,责令改正,给予警告,没收违法所得,并处以违法所得一倍以上十倍以下的罚款;没有违法所得或者违法所得不足五十万元的,处以五十万元以上五百万元以下的罚款;情节严重的,并处撤销相关业务许可。对直接负责的主管人员和其他直接责任人员给予警告,并处以二十万元以上二百万元以下的罚款。

条文注释

本条是关于证券公司未采取有效隔离措施防范利益冲突,未分开办理各项证券业务、混合操作所应当承担的法律责任的规定。

一、证券公司不得将相关证券业务混合操作

证券公司经批准后,可以同时从事证券经纪、证券投资咨询、证券交易及投资活动有关的财务顾问、证券承销与保荐、证券融资融券、证券做市交易、证券自营等不同的证券业务。但是,不同的证券业务由于其性质不同,代表的利益群体和经营目的不同,常常会发生利益上的冲突。为维护证券市场秩序,降低市场经营风险,保护投资者合法权益,必须在法律中明确规定证券公司应当将这些业务分开操作。

二、证券公司混合操作证券业务的法律责任

本法第128条第1款明确规定,证券公司应当建立健全内部控制制度,采取有效隔离措施,防范公司与客户之间、不同客户之间的利益冲突。而根据本条的规定,证券公司对其证券经纪业务、证券承销业务、证券自营业务、证券资产管理业务,不依法分开办理,混合操作的,应当责令停止其违法行为,要求其予以改正,将各项业务分开办理。同时,违法的证券公司还要承担以下法律责任:(1)没收违法所得。即将证券公司通过实施本条规定的违法行为所获得的金钱收入和其他财物,都依法予以没收。(2)罚款。在具体数额上,可以由证券监督管理机构根据违法行为的形式及后果等实际情况，在本条规定的范围内决定。(3)情节严重的，撤销相关业务许可。如果证券公司的违法行为且情节严重、危害较大，处罚机关可以撤销其相关的业务许可，剥夺违法的证券公司从事相关业务的资格。

三、证券公司直接负责的主管人员和其他直接责任人员的法律责任

由于违法的证券公司直接负责的主管人员和其他直接责任人员，在证券公司违法行为整体意志的形成和违法整体行为的实施方面都有着不可推卸的责任，因此，本条规定：对直接负责的主管人员和其他直接责任人员给予警告，并处以20万元以上200万元以下的罚款。

第二百零七条 【违法从事证券自营业务的法律责任】证券公司违反本法第一百二十九条的规定从事证券自营业务的，责令改正，给予警告，没收违法所得，并处以违法所得一倍以上十倍以下的罚款；没有违法所得或者违法所得不足五十万元的，处以五十万元以上五百万元以下的罚款；情节严重的，并处撤销相关业务许可或者责令关闭。对直接负责的主管人员和其他直接责任人员给予警告，并处以二十万元以上二百万元以下的罚款。

条文注释

本条是关于证券公司假借他人名义或者以个人名义从事证券自营业务行为所应当承担的法律责任的规定。

一、证券公司依法从事证券自营业务

证券自营业务，是指证券公司以自己的名义和资金买卖上市证券从而获取利润的证券业务，它强调的是以自己的名义和使用自己的资金来完成。但是，在现实生活中，一些证券公司的交易行为不够规范，假借他人名义或者以个人名义进行证券交易的行为时有发生。这种行为不仅干扰了正常的交易秩序，不利于交易安全，而且损

害了广大投资者的合法权益,应当加以禁止。因此,为了规范证券公司自营业务行为,维护证券市场秩序,降低市场经营风险,保护投资者合法权益,本法第129条明确规定,证券公司的自营业务必须以自己的名义进行,不得假借他人名义或者以个人名义进行。证券公司的自营业务必须使用自有资金和依法筹集的资金。证券公司不得将其自营账户借给他人使用。如果证券公司违反上述规定,就要应当承担相应的法律责任。

二、证券公司违法从事证券自营业务的法律责任

根据本条规定,证券公司违法假借他人名义或者以个人名义从事证券自营业务的,国务院证券监督管理机构应当责令其改正违法行为,给予警告,没收违法所得,同时处以违法所得1倍以上10倍以下的罚款;对于没有违法所得或者违法所得不足50万元的,处以50万元以上500万元以下的罚款;如果行为的情节严重,除上述法律责任外,国务院证券监督管理机构依法撤销相关业务许可或者责令关闭。对证券公司直接负责的主管人员和其他直接责任人员给予警告,同时处以20万元以上200万元以下的罚款。

第二百零八条　【违法将客户的资金和证券归入自有财产或者挪用客户的资金和证券的法律责任】违反本法第一百三十一条的规定,将客户的资金和证券归入自有财产,或者挪用客户的资金和证券的,责令改正,给予警告,没收违法所得,并处以违法所得一倍以上十倍以下的罚款;没有违法所得或者违法所得不足一百万元的,处以一百万元以上一千万元以下的罚款;情节严重的,并处撤销相关业务许可或者责令关闭。对直接负责的主管人员和其他直接责任人员给予警告,并处以五十万元以上五百万元以下的罚款。

条文注释

本条是关于将客户的资金和证券归入自有财产,或者挪用客户的资金和证券的行为所应当承担的法律责任的规定。

为了维护证券市场的正常秩序，规范证券交易行为，保护投资者利益，防止欺诈投资者行为的发生，保障证券市场健康、稳定发展，本法第131条对证券公司的经营业务规则作出了一系列规定。根据该条规定，证券公司客户的交易结算资金应当存放在商业银行，以每个客户的名义单独立户管理。证券公司不得将客户的交易结算资金和证券归入其自有财产。禁止任何单位或者个人以任何形式挪用客户的交易结算资金和证券。证券公司破产或者清算时，客户的交易结算资金和证券不属于其破产财产或者清算财产。非因客户本身的债务或者法律规定的其他情形，不得查封、冻结、扣划或者强制执行客户的交易结算资金和证券。

按照本条的规定，如果违反本法第131条规定，将客户的资金和证券归入自有财产，或者挪用客户的资金和证券，将由国务院证券监督管理机构责令改正其违法行为，给予相应的警告，同时没收违法所得，并处以违法所得1倍以上10倍以下的罚款；如果没有违法所得或者违法所得不足100万元，也要处以100万元以上1000万元以下的罚款；如果情节严重，还要责令关闭违法的证券公司或者撤销其相关业务许可。对于直接负责的主管人员和其他直接责任人员，要由国务院证券监督管理机构给予警告，同时处以50万元以上500万元以下的罚款。

第二百零九条 【证券公司违法接受委托、进行承诺及允许他人使用证券公司名义直接参与集中交易的法律责任】证券公司违反本法第一百三十四条第一款的规定接受客户的全权委托买卖证券的，或者违反本法第一百三十五条的规定对客户的收益或者赔偿客户的损失作出承诺的，责令改正，给予警告，没收违法所得，并处以违法所得一倍以上十倍以下的罚款；没有违法所得或者违法所得不足五十万元的，处以五十万元以上五百万元以下的罚款；情节严重的，并处撤销相关业务许可。

对直接负责的主管人员和其他直接责任人员给予警告，并处以二十万元以上二百万元以下的罚款。

证券公司违反本法第一百三十四条第二款的规定，允许他人以证券公司的名义直接参与证券的集中交易的，责令改正，可以并处五十万元以下的罚款。

条文注释

本条是关于证券公司办理经纪业务时接受客户的全权委托买卖证券，对客户买卖证券的收益或者赔偿证券买卖的损失作出承诺，以及允许他人以证券公司的名义直接参与证券集中交易的行为所应当承担的法律责任的规定。

一、证券公司应当依法办理经纪业务

本法第 134 条第 1 款规定，证券公司办理经纪业务，不得接受客户的全权委托而决定证券买卖、选择证券种类、决定买卖数量或者买卖价格。第 135 条规定，证券公司不得对客户证券买卖的收益或者赔偿证券买卖的损失作出承诺。上述这些规定，都是根据我国证券市场的实际情况而作出的。我国证券市场上的投资者大多是普通的公众投资者，他们往往因为自身对证券知识的缺乏和投资理念的不成熟而过分相信或者依赖专业的证券公司。如果允许证券公司接受客户的全权委托，极易产生证券公司利用掌握的客户资金，操纵股票价格，扰乱市场秩序的情况，也很容易损害投资者的利益。同样，证券公司对客户买卖证券的收益作出承诺或者对赔偿客户证券买卖的损失作出承诺的行为，是一种不规范的行为，违反了投资者盈亏自负的原则。本法对上述两种行为都明令禁止，违反者要依照本条规定承担相应的法律责任。

二、证券公司不得接受客户的全权委托买卖证券，对客户买卖证券的收益或者赔偿证券买卖的损失作出承诺

根据本条规定，证券公司接受客户的全权委托买卖证券，对客户买卖证券的收益或者赔偿证券买卖的损失作出承诺的，首先由证券监督管理机构责令其改正。同时，违法的证券公司还要被处以警

告、没收违法所得、罚款和撤销相关业务许可的行政处罚。证券公司有本条规定的违法行为，除了追究公司的责任外，对证券公司直接负责的主管人员和其他直接责任人员也要给予警告并处罚款。

三、证券公司不得允许他人以证券公司的名义直接参与证券的集中交易

本法第134条第2款规定，证券公司不得允许他人以证券公司的名义直接参与证券的集中交易。证券公司违反上述规定的，由监管机构责令改正，可以并处50万元以下的罚款。

第二百一十条　【私下接受客户委托买卖证券的法律责任】证券公司的从业人员违反本法第一百三十六条的规定，私下接受客户委托买卖证券的，责令改正，给予警告，没收违法所得，并处以违法所得一倍以上十倍以下的罚款；没有违法所得的，处以五十万元以下的罚款。

条文注释

本条是关于证券公司的从业人员私下接受客户委托买卖证券所应当承担的法律责任的规定。

一、证券公司的从业人员私下接受客户委托买卖证券

证券公司的从业人员属于因其职权和业务可能接触或者获得内幕信息的知情人员，如果他们利用所掌握的内幕信息，私下接受了客户证券买卖的委托，在依法设立的营业场所之外，直接接受客户委托买卖证券，就有可能为客户牟取到不正当利益，从而损害其他投资者的合法权益。即使他们不掌握内幕信息，私下接受客户证券买卖的委托，也可能会因其所处地位和方便条件给客户带来更多的获利机会，从而增加其他投资者蒙受损失的可能。并且，证券公司的从业人员私下接受客户委托买卖证券，经常伴随行贿受贿、内幕交易等违法犯罪行为。为了保障证券市场的公开、公平和公正性，有效规范证券公司从业人员的经纪行为，避免买卖纠纷，预防违法犯罪，维护公平竞争，防止证券公司及其从业人员与客户之间进行私

下交易,必须对这一行为加以限制。因此,本法第 136 条第 2 款明确规定,证券公司的从业人员不得私下接受客户委托买卖证券。违反者要依法追究其法律责任。

二、证券公司的从业人员私下接受客户委托买卖证券的法律责任

根据本条规定,证券公司的从业人员私下接受客户委托买卖证券的,首先由国务院证券监督管理机构责令改正,同时还应当对其处以警告、没收违法所得、罚款的行政处罚。

在实践中,判断某一私下接受委托买卖证券的行为是证券公司的行为还是证券公司从业人员的行为,应当依据本法第 136 条第 1 款的规定执行,即证券公司的从业人员在证券交易活动中,执行所属的证券公司的指令或者利用职务违反交易规则的,由所属的证券公司承担全部责任。除此之外的其他行为属于从业人员的个人行为,应当由该从业人员承担责任。

第二百一十一条 【报送信息违法的法律责任】证券公司及其主要股东、实际控制人违反本法第一百三十八条的规定,未报送、提供信息和资料,或者报送、提供的信息和资料有虚假记载、误导性陈述或者重大遗漏的,责令改正,给予警告,并处以一百万元以下的罚款;情节严重的,并处撤销相关业务许可。对直接负责的主管人员和其他直接责任人员,给予警告,并处以五十万元以下的罚款。

条文注释

本条是关于证券公司及其主要股东、实际控制人报送信息违法的行为所应当承担的法律责任的规定。

本法第 138 条第 1 款规定,证券公司应当按照规定向国务院证券监督管理机构报送业务、财务等经营管理信息和资料。国务院证券监督管理机构有权要求证券公司及其主要股东、实际控制人在指定的期限内提供有关信息、资料。同时,该条第 2 款明确要求,证券

公司及其主要股东、实际控制人向国务院证券监督管理机构报送或者提供的信息、资料,必须真实、准确、完整。

要求证券公司及其主要股东、实际控制人报送有关资料,旨在让证券监督管理机构及时、准确地了解证券公司的运营情况,适时地对证券公司进行监督,保证证券公司各项风险控制指标符合规定,从而最终实现控制证券公司风险、保护广大投资者利益的目的。

根据本条规定,证券公司及其主要股东、实际控制人违反本法第138条的规定,未报送、提供信息和资料,或者报送、提供的信息和资料有虚假记载、误导性陈述或者重大遗漏的,由证券监督管理机构责令改正,给予警告,并处以100万元以下的罚款;情节严重的,并处撤销证券公司相关业务许可。此外,对其直接负责的主管人员和其他直接责任人员,也要给予警告并处50万元以下的罚款。

第二百一十二条 【擅自设立证券登记结算机构的法律责任】违反本法第一百四十五条的规定,擅自设立证券登记结算机构的,由国务院证券监督管理机构予以取缔,没收违法所得,并处以违法所得一倍以上十倍以下的罚款;没有违法所得或者违法所得不足五十万元的,处以五十万元以上五百万元以下的罚款。对直接负责的主管人员和其他直接责任人员给予警告,并处以二十万元以上二百万元以下的罚款。

条文注释

本条是关于未经批准设立证券登记结算机构所应当承担的法律责任的规定。

本法第145条第1款规定,证券登记结算机构为证券交易提供集中登记、存管与结算服务,不以营利为目的,依法登记,取得法人资格。为了保证证券交易活动中证券保管、清算交割、登记过户业务的顺利进行,维护证券交易安全和防范交收风险,本法规定对证券登记结算机构的设立采取严格的审批制。本法第145条第2款规定,设立证券登记结算机构必须经国务院证券监督管理机构批准。

未经批准擅自设立证券登记结算机构，属于违法行为，应由国务院证券监督管理机构依法予以取缔。对于通过擅自设立的证券登记结算机构所获得的金钱和其他非法收入，也应当予以没收。同时，证券监督管理机构还要对违法行为人处以违法所得金额1倍以上10倍以下的罚款。如果没有违法所得或者违法所得不足50万元，则由国务院证券监督管理机构根据实际情况，处以50万元以上500万元以下的罚款。对于直接负责的主管人员和其他直接责任人员，要给予警告，同时处以20万元以上200万元以下的罚款。

第二百一十三条　【证券服务机构违法行为的法律责任】 证券投资咨询机构违反本法第一百六十条第二款的规定擅自从事证券服务业务，或者从事证券服务业务有本法第一百六十一条规定行为的，责令改正，没收违法所得，并处以违法所得一倍以上十倍以下的罚款；没有违法所得或者违法所得不足五十万元的，处以五十万元以上五百万元以下的罚款。对直接负责的主管人员和其他直接责任人员，给予警告，并处以二十万元以上二百万元以下的罚款。

会计师事务所、律师事务所以及从事资产评估、资信评级、财务顾问、信息技术系统服务的机构违反本法第一百六十条第二款的规定，从事证券服务业务未报备案的，责令改正，可以处二十万元以下的罚款。

证券服务机构违反本法第一百六十三条的规定，未勤勉尽责，所制作、出具的文件有虚假记载、误导性陈述或者重大遗漏的，责令改正，没收业务收入，并处以业务收入一倍以上十倍以下的罚款，没有业务收入或者业务收入不足五十万元的，处以五十万元以上五百万元以下的罚款；情节严重的，并处暂停或者禁止从事证券服务业务。对直接负责的主管人员和其他直接责任人员给予警告，并处以二十万元以上二百万元以下的罚款。

条文注释

本条是关于证券投资咨询服务机构擅自从事证券服务业务，会计师事务所、律师事务所以及从事资产评估、资信评级、财务顾问、信息技术系统服务的机构从事证券服务业务未报备案，以及证券服务机构违法出具有关文件而应承担的法律责任的规定。

一、证券投资咨询机构违法从事证券服务业务的法律责任

本法第160条第2款规定，从事证券投资咨询服务业务，应当经国务院证券监督管理机构核准；未经核准，不得为证券的交易及相关活动提供服务。本法第161条规定，证券投资咨询机构及其从业人员从事证券服务业务不得有下列行为：(1)代理委托人从事证券投资；(2)与委托人约定分享证券投资收益或者分担证券投资损失；(3)买卖本证券投资咨询机构提供服务的证券；(4)法律、行政法规禁止的其他行为。证券投资咨询服务机构违反上述规定，应当承担相应的法律责任。

根据本条的规定，证券投资咨询服务机构未经批准擅自从事证券服务业务的，或者从事证券服务业务有本法规定的违法行为的，由国务院证券监督管理机构或国务院有关主管部门责令改正。对于证券咨询服务机构违法进行证券服务业务所获得的非法收入，也应予以没收。同时，国务院证券监督管理机构或者国务院有关主管部门还要对违法的专业服务机构给予罚款的行政处罚，罚款的数额是其违法所得的1倍以上10倍以下。没有违法所得或者违法所得不足50万元的，处以50万元以上500万元以下的罚款。与此同时，对于直接负责的主管人员和其他直接责任人员，由国务院证券监督管理机构或国务院有关主管部门对其给予警告，并处以20万元以上200万元以下的罚款。

二、从事证券服务业务但未按规定进行备案的法律责任

证券市场的健康有序发展和正常运行，有赖于各种专业服务机构为其提供的服务，如会计师事务所、律师事务所以及从事资产评估、资信评级、财务顾问、信息技术系统服务的机构。为了保证各种专业服务机构为证券市场提供的服务真实、高效，保证证券市场的

安全、稳定，本法第160条第2款中规定，从事证券投资咨询服务业务以外的其他证券服务业务，应当报国务院证券监督管理机构和国务院有关主管部门备案。

如果会计师事务所、律师事务所以及从事资产评估、资信评级、财务顾问、信息技术系统服务的机构违反了本法第160条第2款的规定，从事证券投资咨询服务业务以外的其他证券服务业务却没有向国务院证券监管管理机构和国务院有关主管部门备案，将被责令改正，同时还要被处以20万元以下的罚款。

三、证券服务机构未勤勉尽责，制作、出具的文件有虚假记载、误导性陈述或者重大遗漏的法律责任

本法第163条规定，证券服务机构为证券的发行、上市、交易等证券业务活动制作、出具审计报告及其他鉴证报告、资产评估报告、财务顾问报告、资信评级报告或者法律意见书等文件，应当勤勉尽责，对所依据的文件资料内容的真实性、准确性、完整性进行核查和验证。证券服务机构如果违反第163条的规定，未能履行勤勉尽责的义务和要求，制作、出具有关文件有虚假记载、误导性陈述或者重大遗漏，根据本条规定，首先应责令其改正，同时还要承担以下法律责任：(1)没收违法所得，即由国务院证券监督管理机构将上述专业机构通过违法行为所获取的一切非法业务收入，依法收归国有。(2)罚款，罚款的额度是其非法收入的1倍以上10倍以下。没有业务收入或者业务收入不足50万元的，处以50万元以上500万元以下的罚款。(3)情节严重的，暂停或者禁止从事证券服务业务。

同时，对于有本条规定的违法行为的证券服务机构，还要对其直接负责的主管人员和其他直接责任人员给予警告和罚款的行政处罚，罚款额度为20万元以上200万元以下。

第二百一十四条　【资料保存违法的法律责任】发行人、证券登记结算机构、证券公司、证券服务机构未按照规定保存有关文件和资料的，责令改正，给予警告，并处以十万元以上一百

万元以下的罚款；泄露、隐匿、伪造、篡改或者毁损有关文件和资料的，给予警告，并处以二十万元以上二百万元以下的罚款；情节严重的，处以五十万元以上五百万元以下的罚款，并处暂停、撤销相关业务许可或者禁止从事相关业务。对直接负责的主管人员和其他直接责任人员给予警告，并处以十万元以上一百万元以下的罚款。

条文注释

本条是关于发行人、有关机构未按照规定保存有关文件和资料的违法行为所应当承担的法律责任的规定。

本法和有关法律、法规、规章，对发行人、证券登记结算机构、证券公司、证券服务机构保存有关文件和资料提出了要求。根据本条规定，发行人、证券登记结算机构、证券公司、证券服务机构未按照有关规定保存文件和资料的，由国务院证券监督管理机构给予警告，并处以10万元以上100万元以下的罚款，具体罚款数额根据其违法行为的情节等实际情况决定；发行人、有关机构泄露、隐匿、伪造、篡改或者毁损有关文件和资料的，也要对其处以警告和罚款的行政处罚，罚款的数额是20万元以上200万元以下。如果情节严重，还将对行为人处以50万元以上500万元以下的罚款，并处暂停、撤销相关业务许可或者禁止从事相关业务。与此同时，对于直接负责的主管人员和其他直接责任人员还将给予警告，同时处以10万元以上100万元以下的罚款。

第二百一十五条　【证券市场诚信档案】国务院证券监督管理机构依法将有关市场主体遵守本法的情况纳入证券市场诚信档案。

条文注释

本条是关于将有关证券市场行为人遵守《证券法》的情况纳入证券市场诚信档案的规定。

将违法违规行为纳入信用信息系统,能够有效规范市场各类主体的行为,维护经济秩序的良性运转。随着国家信用管理体系的不断完善,诚信档案、信用记录在惩戒失信行为人方面正在发挥着越来越重要的作用。因此,2019 年《证券法》在“法律责任”部分专门增加将有关市场主体遵守《证券法》的情况纳入证券市场诚信档案的条款,目的就在于倡导证券市场的所有主体本着诚实信用的基本原则参与证券活动,严格遵守法律、行政法规、规章和依法制定的自律规则,共同努力,营造证券市场诚信环境,保护投资者切身利益。违法违规的行为除了承担本章各项条款所规定的法律责任外,还将导致社会信用评价的降低,将来可能还会承担失信的惩戒。

第二百一十六条 【不依法履行监管职责的法律责任】国务院证券监督管理机构或者国务院授权的部门有下列情形之一的,对直接负责的主管人员和其他直接责任人员,依法给予处分:

(一)对不符合本法规定的发行证券、设立证券公司等申请予以核准、注册、批准的;

(二)违反本法规定采取现场检查、调查取证、查询、冻结或者查封等措施的;

(三)违反本法规定对有关机构和人员采取监督管理措施的;

(四)违反本法规定对有关机构和人员实施行政处罚的;

(五)其他不依法履行职责的行为。

条文注释

本条是关于国务院证券监督管理机构或者国务院授权的部门不依法履行职责所应当承担的法律责任的规定。

国务院证券监督管理机构和国务院授权的部门作为对证券市场实施监督的行政机关,应依法行使行政权力,在法定的职权范围内按照法律规定条件和程序履行职责,实施各项行政许可、行政检查、行政强制措施和行政处罚。上述机构或部门未依法履行职责的，要承担相应的法律责任。

一、违法行为的表现形式

本条列举了五种违法行为：

(1)对不符合本法规定的发行证券、设立证券公司等申请予以核准、注册、批准。例如，设立证券公司，必须经国务院证券监督管理机构批准。有关机构或者部门在实施本法规定的行政许可时，必须严格依法进行，不得对不符合法定条件的予以许可，否则即构成违法。

(2)违反本法规定采取现场检查、调查取证、查询、冻结或者查封等措施。根据本法第170条的有关规定，国务院证券监督管理机构为履行其监督管理职责，有权对有关单位和个人采取现场检查、调查取证、查询、冻结或者查封等措施。但是，国务院证券监督管理机构实施上述措施时，应严格依法进行。例如，进行监督检查或者调查时，监督检查、调查的人员不得少于2人，并应当出示合法证件和监督检查、调查通知书或者其他执法文书。又如，行政机关实施监督检查，不得妨碍被许可人正常的生产经营活动，不得索取或者收受被许可人的财物，不得谋取其他利益。

(3)违反本法规定对有关机构和人员采取监督管理措施。根据本法规定，国务院证券监督管理机构和国务院授权的部门，有权对违反本法规定的单位和个人采取监督管理措施，但是，这些措施的采取必须严格依照法律规定的程序和条件进行。违反规定采取监督管理措施的，应当承担相应的法律责任。

(4)违反本法规定对有关机构和人员实施行政处罚。根据本法规定，国务院证券监督管理机构和国务院授权的部门，有权对违反本法规定的单位和个人实施行政处罚。上述机构和部门在实施行政处罚时，必须严格按照《行政处罚法》规定的条件和程序进行，否则要承担相应的法律责任。

(5)其他不依法履行职责的行为。

二、依法对直接负责的主管人员和其他直接责任人员作出处分

根据本条规定，国务院证券监督管理机构或者国务院授权的部

门不依法履行职责的，对其直接负责的主管人员和其他直接责任人员要给予处分。本条规定的处分对象是违法的机构或者部门的直接负责的主管人员和其他直接责任人员，即在单位违法行为中负有直接领导责任的人员，包括违法行为的决策人，事后对单位违法行为予以认可和支持的领导人员，由于疏于管理或放任而对单位违法行为负有不可推卸责任的领导人员，以及直接实施单位违法行为的人员。

关联法规

《监察法》第45条

《公务员法》第61、62条

第二百一十七条　【渎职的法律责任】国务院证券监督管理机构或者国务院授权的部门的工作人员，不履行本法规定的职责，滥用职权、玩忽职守，利用职务便利牟取不正当利益，或者泄露所知悉的有关单位和个人的商业秘密的，依法追究法律责任。

条文注释

本条是关于国务院证券监督管理机构或者国务院授权的部门的工作人员存在渎职行为所应当承担的法律责任的规定。

一、具有证券领域相关职权的工作人员应当依法履职

根据本法第179条的规定，国务院证券监督管理机构工作人员必须忠于职守，依法办事，公正廉洁，不得利用职务便利牟取不正当利益，不得泄露所知悉的有关单位和个人的商业秘密。国务院证券监督管理机构工作人员在任职期间，或者离职后在《公务员法》规定的期限内，不得到与原工作业务直接相关的企业或者其他营利性组织任职，不得从事与原工作业务直接相关的营利性活动。这是对证券监督管理机构工作人员基本行为规则的明确规定。除此之外，本法还有许多条款对国务院证券监督管理机构工作人员的职责作了具体规定。国务院证券监督管理机构的工作人员和国务院授权的

部门的工作人员，应该严格按照本法的规定履行职责，不得有滥用职权、玩忽职守等违法行为。

二、渎职行为的法律责任

依据本条的规定，国务院证券监督管理机构的工作人员和国务院授权的部门的工作人员，不履行本法规定的职责，有本条规定的违法行为的，要依照本法和有关法律的规定追究其法律责任。(1)依据《监察法》和《公务员法》的有关规定给予其行政处分。(2)情节严重，构成犯罪的，依照《刑法》追究其刑事责任。(3)其他法律、行政法规、规章对上述人员的违法行为规定了法律责任的，依照其规定执行。

关联法规

《监察法》第45条

《公务员法》第61、62条

《刑法》第397条

第二百一十八条　【拒绝、阻碍证券执法的法律责任】拒绝、阻碍证券监督管理机构及其工作人员依法行使监督检查、调查职权，由证券监督管理机构责令改正，处以十万元以上一百万元以下的罚款，并由公安机关依法给予治安管理处罚。

条文注释

本条是关于拒绝、阻碍证券监督管理机构及其工作人员依法行使监督检查、调查职权的行为所应当承担法律责任的规定。

为了有效防范和化解市场风险，推动证券市场的健康发展，需要加强国家对证券市场发展的监管，监督和引导市场主体依法行事，实现市场的规范化。为此，本法规定国务院证券监督管理机构依法对证券市场实行监督管理，维护证券市场秩序，保障其合法运行。根据本法第173条的规定，国务院证券监督管理机构依法履行职责，被检查、调查的单位和个人应当配合，如实提供有关文件和资料，不得拒绝、阻碍和隐瞒。对于违反这一规定，拒绝、阻碍证券监督管理机构及其工作人员依法行使监督检查职权的，要依法承担相应的法律责任。

根据本条规定,国务院证券监督管理机构、公安机关各司其职,在各自职权范围内行使权力、作出处罚:拒绝、阻碍证券监督管理机构及其工作人员行使监督检查、调查职权,由证券监督管理机构责令改正,处以10万元以上100万元以下的罚款,并由公安机关依法给予治安管理处罚。

关联法规

《治安管理处罚法》第50条

第二百一十九条　【刑事责任】违反本法规定,构成犯罪的,依法追究刑事责任。

条文注释

本条是关于本法规定的违法行为所应当承担的刑事责任的规定。

我国《刑法》在分则第三章"破坏社会主义市场经济秩序罪"中对证券市场上的欺诈发行证券、未经批准设立有关证券机构、未经批准发行证券、内幕交易、传播虚假信息、操纵证券市场等违反《证券法》的行为规定了刑事责任。

关联法规

《刑法》第160、161、174、179、180~182、229条

第二百二十条　【民事赔偿优先】违反本法规定,应当承担民事赔偿责任和缴纳罚款、罚金、违法所得,违法行为人的财产不足以支付的,优先用于承担民事赔偿责任。

条文注释

本条是关于民事赔偿和缴纳罚款、罚金、违法所得的承担顺序的规定。

本法规定的证券活动中的违法行为人的责任包括民事责任、行政责任和刑事责任三种。根据本条规定,违法行为人同时承担民事赔偿责任和缴纳罚款、罚金、违法所得,其财产不足以同时支付时,首

先应当承担民事赔偿责任，其财产还有剩余的情况下，再用剩余的财产缴纳罚款、罚金、违法所得。这是因为，证券违法行为损害的主要是投资者的利益，主要后果是造成了投资者的财产损失，法律对证券违法行为规定行政责任和刑事责任，其主要目的也在于制止违法行为，保护投资者的合法权益。

第二百二十一条　【证券市场禁入制度】违反法律、行政法规或者国务院证券监督管理机构的有关规定，情节严重的，国务院证券监督管理机构可以对有关责任人员采取证券市场禁入的措施。

前款所称证券市场禁入，是指在一定期限内直至终身不得从事证券业务、证券服务业务，不得担任证券发行人的董事、监事、高级管理人员，或者一定期限内不得在证券交易所、国务院批准的其他全国性证券交易场所交易证券的制度。

条文注释

本条是关于证券市场禁入制度的规定。

证券市场存在许多违法违规问题，如信息披露虚假记载、误导性陈述及重大遗漏，操纵股价，内幕交易，非法持有他人证券买卖等。其中信息披露违规问题最为突出，主要集中在年报及定期报告财务数据造假，公司实际控制人变更不及时披露，公司重大决策不及时准确披露，关联交易不按规定履行信息披露义务等方面。这些不及时披露或者不进行信息披露的行为，会对市场和投资者产生严重误导，严重扰乱了证券市场秩序，损害了广大投资者的利益，使许多公众投资者丧失了对证券市场的信心。2021 年《证券法》加重了对有关证券违法行为的打击力度，加重了其法律责任，并对市场禁入制度作了进一步完善，不但限制或者剥夺有关责任人员在证券市场中活动的资格，还限制其证券交易行为，有利于进一步打击证券违法行为，维护广大投资者的利益。

关联法规

《上市公司股权分置改革管理办法》第53条

第二百二十二条　【罚没所得入国库】依照本法收缴的罚款和没收的违法所得，全部上缴国库。

条文注释

本条是关于依法收缴的罚款和没收的违法所得全部上缴国库的规定。

依照本法的规定，国务院证券监督管理机构或者国务院授权的部门应当对证券发行、交易过程中的违法行为给予行政处罚，其中收缴和罚款和没收的违法所得就是大量使用的行政处罚手段。本条规定旨在促进证券监督管理机构依法行使监督管理职责，更好地保护证券市场参与者的合法权益。

关联法规

《刑法》第64条；《刑事诉讼法》第245条；《行政处罚法》第74条；《治安管理处罚法》第11条

第二百二十三条　【行政复议与诉讼】当事人对证券监督管理机构或者国务院授权的部门的处罚决定不服的，可以依法申请行政复议，或者依法直接向人民法院提起诉讼。

条文注释

本条是关于当事人对证券监督管理机构或者国务院授权的部门的行政处罚提起行政复议或者行政诉讼的规定。

当事人对证券监督管理机构或者国务院授权的部门作出的处罚决定应当认真执行。如果当事人认为该处罚决定与事实不符或者适用法律、法规不当，既可以依法申请行政复议，也可以依法直接向人民法院提起行政诉讼。

另外，行政复议和行政诉讼期间，处罚决定不停止执行。这样规定，一方面便于当事人行使自己的权利。如果发生因证券监督管理机构或者国务院授权的部门认定事实不清或者适用法律不当，使当事人受到不应有的处罚时，能够及时得到纠正和补救，从而有效保护当事人的合法权益不受侵犯，同时对证券监督管理机构和国务院授权的部门也是一种监督和制约。另一方面又体现了证券监督管理机构和国务院授权的部门处罚决定的严肃性和权威性，保证它们能够依法履行职责，及时追究违法者的法律责任。

第十四章 附 则

第二百二十四条 【境内企业境外发行证券或上市交易证券的管理】境内企业直接或者间接到境外发行证券或者将其证券在境外上市交易，应当符合国务院的有关规定。

条文注释

本条是关于境内企业到境外发行证券或者上市交易证券的管理规定。

境内企业从事到境外发行证券或者将其证券在境外上市交易，有的采取直接方式，即境内注册的公司直接以我国境内公司的名义在境外发行证券或者将其证券在境外上市交易；有的采取间接方式，即境内公司在境外注册登记成立新的公司，再以新公司的名义在境外发行证券或者将证券在境外上市交易。

随着我国资本市场双向开放的不断升级，未来对境内企业直接或者间接到境外发行证券或者将证券在境外上市交易，采取何种监管措施，本条授权国务院作出有关规定。本法施行后，境内企业直接或者间接到境外发行证券或者将其证券在境外上市交易，应当符合国务院的有关规定。

第二百二十五条 【授权国务院规定人民币特种股票】境内公司股票以外币认购和交易的，具体办法由国务院另行规定。

条文注释

本条是授权国务院规定人民币特种股票的规定。

人民币特种股票，是指以人民币标明流通面值，以外币认购和交易，在中国境内(上海、深圳)证券交易所上市交易的特种股股票。人民币特种股票在发行和交易上，与A种股票有所不同，需要施行专门的规则，我国对人民币特种股票的发行和交易采取专门管理的模式。为了使市场规范保持必要的连续性，考虑到人民币特种股票发行对象和认购、交易的币种难以与A股并轨，因此，本条授权国务院另行规定人民币特种股票认购和交易的具体办法。

第二百二十六条　【施行日期】本法自2020年3月1日起施行。

条文注释

本条是关于本法施行日期的规定。

法律的施行日期即指法律的生效日期，也就是一部法律产生法律效力的时间。本法自2020年3月1日起施行，是指本法自2020年3月1日起生效。

本法的时间效力体现在以下几个方面：一是自2020年3月1日起，本法开始在中华人民共和国境内生效，凡属于本法调整范围内的证券，均应依据本法的规定发行和交易。二是其他法律、法规和规章中有关证券管理的规定，凡与本法相抵触的，自本法施行之日起失去效力，应以本法的规定为准。三是本法不具有溯及力。四是有关国家机关应当根据本法的授权及时制定具体的规定。

附录

中华人民共和国公司法(节录)

(1993 年 12 月 29 日第八届全国人民代表大会常务委员会第五次会议通过　根据 1999 年 12 月 25 日第九届全国人民代表大会常务委员会第十三次会议《关于修改〈中华人民共和国公司法〉的决定》第一次修正　根据 2004 年 8 月 28 日第十届全国人民代表大会常务委员会第十一次会议《关于修改〈中华人民共和国公司法〉的决定》第二次修正　2005 年 10 月 27 日第十届全国人民代表大会常务委员会第十八次会议第一次修订　根据 2013 年 12 月 28 日第十二届全国人民代表大会常务委员会第六次会议《关于修改〈中华人民共和国海洋环境保护法〉等七部法律的决定》第三次修正　根据 2018 年 10 月 26 日第十三届全国人民代表大会常务委员会第六次会议《关于修改〈中华人民共和国公司法〉的决定》第四次修正　2023 年 12 月 29 日第十四届全国人民代表大会常务委员会第七次会议第二次修订)

第六章　股份有限公司的股份发行和转让

第一节　股份发行

第一百四十二条　【面额股和无面额股】公司的资本划分为股份。公司的全部股份,根据公司章程的规定择一采用面额股或者无面额股。采用面额股的,每一股的金额相等。

公司可以根据公司章程的规定将已发行的面额股全部转换为无面额股或者将无面额股全部转换为面额股。

采用无面额股的,应当将发行股份所得股款的二分之一以上计入注册资本。

第一百四十三条 【股份发行原则】股份的发行,实行公平、公正的原则,同类别的每一股份应当具有同等权利。

同次发行的同类别股份,每股的发行条件和价格应当相同;认购人所认购的股份,每股应当支付相同价额。

第一百四十四条 【类别股发行规则】公司可以按照公司章程的规定发行下列与普通股权利不同的类别股:

(一)优先或者劣后分配利润或者剩余财产的股份;

(二)每一股的表决权数多于或者少于普通股的股份;

(三)转让须经公司同意等转让受限的股份;

(四)国务院规定的其他类别股。

公开发行股份的公司不得发行前款第二项、第三项规定的类别股;公开发行前已发行的除外。

公司发行本条第一款第二项规定的类别股的,对于监事或者审计委员会成员的选举和更换,类别股与普通股每一股的表决权数相同。

第一百四十五条 【发行类别股的公司章程应记载的事项】发行类别股的公司,应当在公司章程中载明以下事项:

(一)类别股分配利润或者剩余财产的顺序;

(二)类别股的表决权数;

(三)类别股的转让限制;

(四)保护中小股东权益的措施;

(五)股东会认为需要规定的其他事项。

第一百四十六条 【类别股股东会决议事项】发行类别股的公司,有本法第一百一十六条第三款规定的事项等可能影响类别股股东权利的,除应当依照第一百一十六条第三款的规定经股东会决议外,还应当经出席类别股股东会议的股东所持表决权的三分之二以上通过。

公司章程可以对需经类别股股东会议决议的其他事项作出规定。

第一百四十七条 【股票】公司的股份采取股票的形式。股票是公司签发的证明股东所持股份的凭证。

公司发行的股票,应当为记名股票。

第一百四十八条 【股票发行价格要求】面额股股票的发行价格可以按票面金额,也可以超过票面金额,但不得低于票面金额。

第一百四十九条 【股票的形式以及纸面股票记载事项】股票采用纸面形式或者国务院证券监督管理机构规定的其他形式。

股票采用纸面形式的,应当载明下列主要事项:

(一)公司名称;

(二)公司成立日期或者股票发行的时间;

(三)股票种类、票面金额及代表的股份数,发行无面额股的,股票代表的股份数。

股票采用纸面形式的,还应当载明股票的编号,由法定代表人签名,公司盖章。

发起人股票采用纸面形式的,应当标明发起人股票字样。

第一百五十条 【股票交付】股份有限公司成立后,即向股东正式交付股票。公司成立前不得向股东交付股票。

第一百五十一条 【公司发行新股决议事项及确定作价方案】公司发行新股,股东会应当对下列事项作出决议:

(一)新股种类及数额;

(二)新股发行价格;

(三)新股发行的起止日期;

(四)向原有股东发行新股的种类及数额;

(五)发行无面额股的,新股发行所得股款计入注册资本的金额。

公司发行新股,可以根据公司经营情况和财务状况,确定其作价方案。

第一百五十二条 【授权资本制】公司章程或者股东会可以授权董事会在三年内决定发行不超过已发行股份百分之五十的股份。但以非货币财产作价出资的应当经股东会决议。

董事会依照前款规定决定发行股份导致公司注册资本、已发行股份数发生变化的,对公司章程该项记载事项的修改不需再由股东会表决。

第一百五十三条 【授权资本表决比例】公司章程或者股东会授权董事会决定发行新股的,董事会决议应当经全体董事三分之二以上通过。

第一百五十四条 【公开募集股份规则】公司向社会公开募集股份,应当经国务院证券监督管理机构注册,公告招股说明书。

招股说明书应当附有公司章程,并载明下列事项:

(一)发行的股份总数;

(二)面额股的票面金额和发行价格或者无面额股的发行价格;

(三)募集资金的用途;

(四)认股人的权利和义务;

(五)股份种类及其权利和义务;

(六)本次募股的起止日期及逾期未募足时认股人可以撤回所认股份的说明。

公司设立时发行股份的,还应当载明发起人认购的股份数。

第一百五十五条 【公开募集股份的方式】公司向社会公开募集股份,应当由依法设立的证券公司承销,签订承销协议。

第一百五十六条 【公开募集股份时收取股款的方式】公司向社会公开募集股份,应当同银行签订代收股款协议。

代收股款的银行应当按照协议代收和保存股款,向缴纳股款的认股人出具收款单据,并负有向有关部门出具收款证明的义务。

公司发行股份募足股款后,应予公告。

第二节 股 份 转 让

第一百五十七条 【股份有限公司股份转让】股份有限公司的股东持有的股份可以向其他股东转让,也可以向股东以外的人转让;公司章程对股份转让有限制的,其转让按照公司章程的规定进行。

第一百五十八条 【股份转让场所和方式】股东转让其股份,应当在依法设立的证券交易场所进行或者按照国务院规定的其他方式进行。

第一百五十九条 【股票转让方式】股票的转让,由股东以背书方式或者法律、行政法规规定的其他方式进行;转让后由公司将受让人的姓名或者名称及住所记载于股东名册。

股东会会议召开前二十日内或者公司决定分配股利的基准日前五日内,不得变更股东名册。法律、行政法规或者国务院证券监督管理机构对上市公司股东名册变更另有规定的，从其规定。

第一百六十条 【股份转让限制】公司公开发行股份前已发行的股份，自公司股票在证券交易所上市交易之日起一年内不得转让。法律、行政法规或者国务院证券监督管理机构对上市公司的股东、实际控制人转让其所持有的本公司股份另有规定的，从其规定。

公司董事、监事、高级管理人员应当向公司申报所持有的本公司的股份及其变动情况，在就任时确定的任职期间每年转让的股份不得超过其所持有本公司股份总数的百分之二十五；所持本公司股份自公司股票上市交易之日起一年内不得转让。上述人员离职后半年内，不得转让其所持有的本公司股份。公司章程可以对公司董事、监事、高级管理人员转让其所持有的本公司股份作出其他限制性规定。

股份在法律、行政法规规定的限制转让期限内出质的，质权人不得在限制转让期限内行使质权。

第一百六十一条 【异议股东可以请求公司回购其股份的情形】有下列情形之一的，对股东会该项决议投反对票的股东可以请求公司按照合理的价格收购其股份，公开发行股份的公司除外：

（一）公司连续五年不向股东分配利润，而公司该五年连续盈利，并且符合本法规定的分配利润条件；

（二）公司转让主要财产；

（三）公司章程规定的营业期限届满或者章程规定的其他解散事由出现，股东会通过决议修改章程使公司存续。

自股东会决议作出之日起六十日内，股东与公司不能达成股份收购协议的，股东可以自股东会决议作出之日起九十日内向人民法院提起诉讼。

公司因本条第一款规定的情形收购的本公司股份，应当在六个月内依法转让或者注销。

第一百六十二条 【公司股份回购】公司不得收购本公司股份。但是，有下列情形之一的除外：

（一）减少公司注册资本；

（二）与持有本公司股份的其他公司合并；

（三）将股份用于员工持股计划或者股权激励；

（四）股东因对股东会作出的公司合并、分立决议持异议，要求公司收购

其股份;

(五)将股份用于转换公司发行的可转换为股票的公司债券;

(六)上市公司为维护公司价值及股东权益所必需。

公司因前款第一项、第二项规定的情形收购本公司股份的,应当经股东会决议;公司因前款第三项、第五项、第六项规定的情形收购本公司股份的,可以按照公司章程或者股东会的授权,经三分之二以上董事出席的董事会会议决议。

公司依照本条第一款规定收购本公司股份后,属于第一项情形的,应当自收购之日起十日内注销;属于第二项、第四项情形的,应当在六个月内转让或者注销;属于第三项、第五项、第六项情形的,公司合计持有的本公司股份数不得超过本公司已发行股份总数的百分之十,并应当在三年内转让或者注销。

上市公司收购本公司股份的,应当依照《中华人民共和国证券法》的规定履行信息披露义务。上市公司因本条第一款第三项、第五项、第六项规定的情形收购本公司股份的,应当通过公开的集中交易方式进行。

公司不得接受本公司的股份作为质权的标的。

第一百六十三条 【禁止财务资助】公司不得为他人取得本公司或者其母公司的股份提供赠与、借款、担保以及其他财务资助,公司实施员工持股计划的除外。

为公司利益,经股东会决议,或者董事会按照公司章程或者股东会的授权作出决议,公司可以为他人取得本公司或者其母公司的股份提供财务资助,但财务资助的累计总额不得超过已发行股本总额的百分之十。董事会作出决议应当经全体董事的三分之二以上通过。

违反前两款规定,给公司造成损失的,负有责任的董事、监事、高级管理人员应当承担赔偿责任。

第一百六十四条 【股票被盗、遗失或者灭失的救济途径】股票被盗、遗失或者灭失,股东可以依照《中华人民共和国民事诉讼法》规定的公示催告程序,请求人民法院宣告该股票失效。人民法院宣告该股票失效后,股东可以向公司申请补发股票。

第一百六十五条 【上市公司股票交易】上市公司的股票,依照有关法律、行政法规及证券交易所交易规则上市交易。

第一百六十六条　【上市公司信息披露】上市公司应当依照法律、行政法规的规定披露相关信息。

第一百六十七条　【股份有限公司自然人股东的股东资格继承】自然人股东死亡后，其合法继承人可以继承股东资格；但是，股份转让受限的股份有限公司的章程另有规定的除外。

第八章　公司董事、监事、高级管理人员的资格和义务

第一百七十八条　【董事、监事、高级管理人员消极资格】有下列情形之一的，不得担任公司的董事、监事、高级管理人员：

（一）无民事行为能力或者限制民事行为能力；

（二）因贪污、贿赂、侵占财产、挪用财产或者破坏社会主义市场经济秩序，被判处刑罚，或者因犯罪被剥夺政治权利，执行期满未逾五年，被宣告缓刑的，自缓刑考验期满之日起未逾二年；

（三）担任破产清算的公司、企业的董事或者厂长、经理，对该公司、企业的破产负有个人责任的，自该公司、企业破产清算完结之日起未逾三年；

（四）担任因违法被吊销营业执照、责令关闭的公司、企业的法定代表人，并负有个人责任的，自该公司、企业被吊销营业执照、责令关闭之日起未逾三年；

（五）个人因所负数额较大债务到期未清偿被人民法院列为失信被执行人。

违反前款规定选举、委派董事、监事或者聘任高级管理人员的，该选举、委派或者聘任无效。

董事、监事、高级管理人员在任职期间出现本条第一款所列情形的，公司应当解除其职务。

第一百七十九条　【董事、监事、高级管理人员守法义务】董事、监事、高级管理人员应当遵守法律、行政法规和公司章程。

第一百八十条　【董事、监事、高级管理人员忠实和勤勉义务】董事、监事、高级管理人员对公司负有忠实义务，应当采取措施避免自身利益与公司

利益冲突,不得利用职权牟取不正当利益。

董事、监事、高级管理人员对公司负有勤勉义务,执行职务应当为公司的最大利益尽到管理者通常应有的合理注意。

公司的控股股东、实际控制人不担任公司董事但实际执行公司事务的,适用前两款规定。

第一百八十一条 【董事、监事、高级管理人员的禁止行为】董事、监事、高级管理人员不得有下列行为:

(一)侵占公司财产、挪用公司资金;

(二)将公司资金以其个人名义或者以其他个人名义开立账户存储;

(三)利用职权贿赂或者收受其他非法收入;

(四)接受他人与公司交易的佣金归为己有;

(五)擅自披露公司秘密;

(六)违反对公司忠实义务的其他行为。

第一百八十二条 【董事、监事、高级管理人员及其关联人关联交易报告】董事、监事、高级管理人员,直接或者间接与本公司订立合同或者进行交易,应当就与订立合同或者进行交易有关的事项向董事会或者股东会报告,并按照公司章程的规定经董事会或者股东会决议通过。

董事、监事、高级管理人员的近亲属,董事、监事、高级管理人员或者其近亲属直接或者间接控制的企业,以及与董事、监事、高级管理人员有其他关联关系的关联人,与公司订立合同或者进行交易,适用前款规定。

第一百八十三条 【董事、监事、高级管理人员合法谋取商业机会】董事、监事、高级管理人员,不得利用职务便利为自己或者他人谋取属于公司的商业机会。但是,有下列情形之一的除外:

(一)向董事会或者股东会报告,并按照公司章程的规定经董事会或者股东会决议通过;

(二)根据法律、行政法规或者公司章程的规定,公司不能利用该商业机会。

第一百八十四条 【董事、监事、高级管理人员的竞业禁止义务】董事、监事、高级管理人员未向董事会或者股东会报告,并按照公司章程的规定经董事会或者股东会决议通过,不得自营或者为他人经营与其任职公司同类的业务。

第一百八十五条　【董事关联交易回避制度】董事会对本法第一百八十二条至第一百八十四条规定的事项决议时,关联董事不得参与表决,其表决权不计入表决权总数。出席董事会会议的无关联关系董事人数不足三人的,应当将该事项提交股东会审议。

第一百八十六条　【公司归入权】董事、监事、高级管理人员违反本法第一百八十一条至第一百八十四条规定所得的收入应当归公司所有。

第一百八十七条　【董事、监事、高级管理人员列席股东会并接受股东质询】股东会要求董事、监事、高级管理人员列席会议的,董事、监事、高级管理人员应当列席并接受股东的质询。

第一百八十八条　【董事、监事、高级管理人员对公司的赔偿责任】董事、监事、高级管理人员执行职务违反法律、行政法规或者公司章程的规定,给公司造成损失的,应当承担赔偿责任。

第一百八十九条　【股东代表诉讼】董事、高级管理人员有前条规定的情形的,有限责任公司的股东、股份有限公司连续一百八十日以上单独或者合计持有公司百分之一以上股份的股东,可以书面请求监事会向人民法院提起诉讼;监事有前条规定的情形的,前述股东可以书面请求董事会向人民法院提起诉讼。

监事会或者董事会收到前款规定的股东书面请求后拒绝提起诉讼,或者自收到请求之日起三十日内未提起诉讼,或者情况紧急、不立即提起诉讼将会使公司利益受到难以弥补的损害的,前款规定的股东有权为公司利益以自己的名义直接向人民法院提起诉讼。

他人侵犯公司合法权益,给公司造成损失的,本条第一款规定的股东可以依照前两款的规定向人民法院提起诉讼。

公司全资子公司的董事、监事、高级管理人员有前条规定情形,或者他人侵犯公司全资子公司合法权益造成损失的,有限责任公司的股东、股份有限公司连续一百八十日以上单独或者合计持有公司百分之一以上股份的股东,可以依照前三款规定书面请求全资子公司的监事会、董事会向人民法院提起诉讼或者以自己的名义直接向人民法院提起诉讼。

第一百九十条　【股东直接诉讼】董事、高级管理人员违反法律、行政法规或者公司章程的规定,损害股东利益的,股东可以向人民法院提起诉讼。

第一百九十一条　【董事、高级管理人员致人损害的赔偿责任】董事、高级管理人员执行职务,给他人造成损害的,公司应当承担赔偿责任;董事、高级管理人员存在故意或者重大过失的,也应当承担赔偿责任。

第一百九十二条　【控股股东、实际控制人的连带责任】公司的控股股东、实际控制人指示董事、高级管理人员从事损害公司或者股东利益的行为的,与该董事、高级管理人员承担连带责任。

第一百九十三条　【董事责任保险】公司可以在董事任职期间为董事因执行公司职务承担的赔偿责任投保责任保险。

公司为董事投保责任保险或者续保后,董事会应当向股东会报告责任保险的投保金额、承保范围及保险费率等内容。

第九章　公司债券

第一百九十四条　【公司债券】本法所称公司债券,是指公司发行的约定按期还本付息的有价证券。

公司债券可以公开发行,也可以非公开发行。

公司债券的发行和交易应当符合《中华人民共和国证券法》等法律、行政法规的规定。

第一百九十五条　【公司债券募集办法的公告及应载明事项】公开发行公司债券,应当经国务院证券监督管理机构注册,公告公司债券募集办法。

公司债券募集办法应当载明下列主要事项:

(一)公司名称;

(二)债券募集资金的用途;

(三)债券总额和债券的票面金额;

(四)债券利率的确定方式;

(五)还本付息的期限和方式;

(六)债券担保情况;

(七)债券的发行价格、发行的起止日期;

(八)公司净资产额;

(九)已发行的尚未到期的公司债券总额;

(十)公司债券的承销机构。

第一百九十六条　【实物债券票面法定载明事项】公司以纸面形式发行

公司债券的，应当在债券上载明公司名称、债券票面金额、利率、偿还期限等事项，并由法定代表人签名，公司盖章。

第一百九十七条　【记名债券】公司债券应当为记名债券。

第一百九十八条　【债券持有人名册的置备及应载明事项】公司发行公司债券应当置备公司债券持有人名册。

发行公司债券的，应当在公司债券持有人名册上载明下列事项：

（一）债券持有人的姓名或者名称及住所；

（二）债券持有人取得债券的日期及债券的编号；

（三）债券总额，债券的票面金额、利率、还本付息的期限和方式；

（四）债券的发行日期。

第一百九十九条　【公司债券登记结算机构的制度要求】公司债券的登记结算机构应当建立债券登记、存管、付息、兑付等相关制度。

第二百条　【公司债券转让】公司债券可以转让，转让价格由转让人与受让人约定。

公司债券的转让应当符合法律、行政法规的规定。

第二百零一条　【公司债券转让方式】公司债券由债券持有人以背书方式或者法律、行政法规规定的其他方式转让；转让后由公司将受让人的姓名或者名称及住所记载于公司债券持有人名册。

第二百零二条　【可转换债券的发行及载明事项】股份有限公司经股东会决议，或者经公司章程、股东会授权由董事会决议，可以发行可转换为股票的公司债券，并规定具体的转换办法。上市公司发行可转换为股票的公司债券，应当经国务院证券监督管理机构注册。

发行可转换为股票的公司债券，应当在债券上标明可转换公司债券字样，并在公司债券持有人名册上载明可转换公司债券的数额。

第二百零三条　【债券持有人对可转换债券享有选择权】发行可转换为股票的公司债券的，公司应当按照其转换办法向债券持有人换发股票，但债券持有人对转换股票或者不转换股票有选择权。法律、行政法规另有规定的除外。

第二百零四条　【债券持有人会议】公开发行公司债券的，应当为同期债券持有人设立债券持有人会议，并在债券募集办法中对债券持有人会议的召集程序、会议规则和其他重要事项作出规定。债券持有人会议可以对与债券持有人有利害关系的事项作出决议。

除公司债券募集办法另有约定外,债券持有人会议决议对同期全体债券持有人发生效力。

第二百零五条 【债券受托管理人的聘请和管理职权】公开发行公司债券的,发行人应当为债券持有人聘请债券受托管理人,由其为债券持有人办理受领清偿、债权保全、与债券相关的诉讼以及参与债务人破产程序等事项。

第二百零六条 【债券受托管理人义务、变更及损害赔偿责任】债券受托管理人应当勤勉尽责,公正履行受托管理职责,不得损害债券持有人利益。

受托管理人与债券持有人存在利益冲突可能损害债券持有人利益的,债券持有人会议可以决议变更债券受托管理人。

债券受托管理人违反法律、行政法规或者债券持有人会议决议,损害债券持有人利益的,应当承担赔偿责任。

中华人民共和国证券投资基金法

(2003 年 10 月 28 日第十届全国人民代表大会常务委员会第五次会议通过 2012 年 12 月 28 日第十一届全国人民代表大会常务委员会第三十次会议修订 根据 2015 年 4 月 24 日第十二届全国人民代表大会常务委员会第十四次会议《关于修改〈中华人民共和国港口法〉等七部法律的决定》修正)

第一章 总 则

第一条 【立法目的】为了规范证券投资基金活动,保护投资人及相关当事人的合法权益,促进证券投资基金和资本市场的健康发展,制定本法。

第二条 【调整范围】在中华人民共和国境内,公开或者非公开募集资金设立证券投资基金(以下简称基金),由基金管理人管理,基金托管人托管,为基金份额持有人的利益,进行证券投资活动,适用本法;本法未规定的,适用《中华人民共和国信托法》、《中华人民共和国证券法》和其他有关法律、行政法规的规定。

第三条 【相关方的权利、义务约定】基金管理人、基金托管人和基金份额持有人的权利、义务,依照本法在基金合同中约定。

基金管理人、基金托管人依照本法和基金合同的约定,履行受托职责。

通过公开募集方式设立的基金(以下简称公开募集基金)的基金份额持有人按其所持基金份额享受收益和承担风险,通过非公开募集方式设立的基金(以下简称非公开募集基金)的收益分配和风险承担由基金合同约定。

第四条 【基本原则】从事证券投资基金活动,应当遵循自愿、公平、诚实信用的原则,不得损害国家利益和社会公共利益。

第五条 【基金财产】基金财产的债务由基金财产本身承担,基金份额持有人以其出资为限对基金财产的债务承担责任。但基金合同依照本法另有约定的,从其约定。

基金财产独立于基金管理人、基金托管人的固有财产。基金管理人、基金托管人不得将基金财产归入其固有财产。

基金管理人、基金托管人因基金财产的管理、运用或者其他情形而取得的财产和收益,归入基金财产。

基金管理人、基金托管人因依法解散、被依法撤销或者被依法宣告破产等原因进行清算的,基金财产不属于其清算财产。

第六条 【基金财产的债权债务】基金财产的债权,不得与基金管理人、基金托管人固有财产的债务相抵销;不同基金财产的债权债务,不得相互抵销。

第七条 【禁止因其他债务强制执行基金财产】非因基金财产本身承担的债务,不得对基金财产强制执行。

第八条 【基金财产投资的税收】基金财产投资的相关税收,由基金份额持有人承担,基金管理人或者其他扣缴义务人按照国家有关税收征收的规定代扣代缴。

第九条 【相关从业人员的义务】基金管理人、基金托管人管理、运用基金财产,基金服务机构从事基金服务活动,应当恪尽职守,履行诚实信用、谨慎勤勉的义务。

基金管理人运用基金财产进行证券投资，应当遵守审慎经营规则，制定科学合理的投资策略和风险管理制度，有效防范和控制风险。

基金从业人员应当具备基金从业资格，遵守法律、行政法规，恪守职业道德和行为规范。

第十条 【基金行业协会】基金管理人、基金托管人和基金服务机构，应当依照本法成立证券投资基金行业协会(以下简称基金行业协会)，进行行业自律，协调行业关系，提供行业服务，促进行业发展。

第十一条 【监管机构】国务院证券监督管理机构依法对证券投资基金活动实施监督管理；其派出机构依照授权履行职责。

第二章 基金管理人

第十二条 【管理人担任及核准】基金管理人由依法设立的公司或者合伙企业担任。

公开募集基金的基金管理人，由基金管理公司或者经国务院证券监督管理机构按照规定核准的其他机构担任。

第十三条 【设立基金管理公司的条件】设立管理公开募集基金的基金管理公司，应当具备下列条件，并经国务院证券监督管理机构批准：

(一)有符合本法和《中华人民共和国公司法》规定的章程；

(二)注册资本不低于一亿元人民币，且必须为实缴货币资本；

(三)主要股东应当具有经营金融业务或者管理金融机构的良好业绩、良好的财务状况和社会信誉，资产规模达到国务院规定的标准，最近三年没有违法记录；

(四)取得基金从业资格的人员达到法定人数；

(五)董事、监事、高级管理人员具备相应的任职条件；

(六)有符合要求的营业场所、安全防范设施和与基金管理业务有关的其他设施；

(七)有良好的内部治理结构、完善的内部稽核监控制度、风险控制制度；

(八)法律、行政法规规定的和经国务院批准的国务院证券监督管理机构规定的其他条件。

第十四条 【设立管理公司的审批期限】国务院证券监督管理机构应当自受理基金管理公司设立申请之日起六个月内依照本法第十三条规定的条件和审慎监管原则进行审查,作出批准或者不予批准的决定,并通知申请人;不予批准的,应当说明理由。

基金管理公司变更持有百分之五以上股权的股东,变更公司的实际控制人,或者变更其他重大事项,应当报经国务院证券监督管理机构批准。国务院证券监督管理机构应当自受理申请之日起六十日内作出批准或者不予批准的决定,并通知申请人;不予批准的,应当说明理由。

第十五条 【对管理人的从业人员的限制条件】有下列情形之一的,不得担任公开募集基金的基金管理人的董事、监事、高级管理人员和其他从业人员:

(一)因犯有贪污贿赂、渎职、侵犯财产罪或者破坏社会主义市场经济秩序罪,被判处刑罚的;

(二)对所任职的公司、企业因经营不善破产清算或者因违法被吊销营业执照负有个人责任的董事、监事、厂长、高级管理人员,自该公司、企业破产清算终结或者被吊销营业执照之日起未逾五年的;

(三)个人所负债务数额较大,到期未清偿的;

(四)因违法行为被开除的基金管理人、基金托管人、证券交易所、证券公司、证券登记结算机构、期货交易所、期货公司及其他机构的从业人员和国家机关工作人员;

(五)因违法行为被吊销执业证书或者被取消资格的律师、注册会计师和资产评估机构、验证机构的从业人员、投资咨询从业人员;

(六)法律、行政法规规定不得从事基金业务的其他人员。

第十六条 【管理人董事、监事的任职资格】公开募集基金的基金管理人的董事、监事和高级管理人员,应当熟悉证券投资方面的法律、行政法规,具有三年以上与其所任职务相关的工作经历;高级管理人员还应当具备基金从业资格。

第十七条 【管理制度】公开募集基金的基金管理人的董事、监事、高级管理人员和其他从业人员,其本人、配偶、利害关系人进行证券投资,应当事先向基金管理人申报,并不得与基金份额持有人发生利益冲突。

公开募集基金的基金管理人应当建立前款规定人员进行证券投资的申报、登记、审查、处置等管理制度，并报国务院证券监督管理机构备案。

第十八条 【管理人从业人员的限制】公开募集基金的基金管理人的董事、监事、高级管理人员和其他从业人员，不得担任基金托管人或者其他基金管理人的任何职务，不得从事损害基金财产和基金份额持有人利益的证券交易及其他活动。

第十九条 【管理人职责】公开募集基金的基金管理人应当履行下列职责：

（一）依法募集资金，办理基金份额的发售和登记事宜；

（二）办理基金备案手续；

（三）对所管理的不同基金财产分别管理、分别记账，进行证券投资；

（四）按照基金合同的约定确定基金收益分配方案，及时向基金份额持有人分配收益；

（五）进行基金会计核算并编制基金财务会计报告；

（六）编制中期和年度基金报告；

（七）计算并公告基金资产净值，确定基金份额申购、赎回价格；

（八）办理与基金财产管理业务活动有关的信息披露事项；

（九）按照规定召集基金份额持有人大会；

（十）保存基金财产管理业务活动的记录、账册、报表和其他相关资料；

（十一）以基金管理人名义，代表基金份额持有人利益行使诉讼权利或者实施其他法律行为；

（十二）国务院证券监督管理机构规定的其他职责。

第二十条 【管理人行为的限制】公开募集基金的基金管理人及其董事、监事、高级管理人员和其他从业人员不得有下列行为：

（一）将其固有财产或者他人财产混同于基金财产从事证券投资；

（二）不公平地对待其管理的不同基金财产；

（三）利用基金财产或者职务之便为基金份额持有人以外的人牟取利益；

（四）向基金份额持有人违规承诺收益或者承担损失；

（五）侵占、挪用基金财产；

（六）泄露因职务便利获取的未公开信息、利用该信息从事或者明示、暗示他人从事相关的交易活动；

（七）玩忽职守，不按照规定履行职责；

（八）法律、行政法规和国务院证券监督管理机构规定禁止的其他行为。

第二十一条　【管理人内部管理机构及原则】公开募集基金的基金管理人应当建立良好的内部治理结构，明确股东会、董事会、监事会和高级管理人员的职责权限，确保基金管理人独立运作。

公开募集基金的基金管理人可以实行专业人士持股计划，建立长效激励约束机制。

公开募集基金的基金管理人的股东、董事、监事和高级管理人员在行使权利或者履行职责时，应当遵循基金份额持有人利益优先的原则。

第二十二条　【风险准备金】公开募集基金的基金管理人应当从管理基金的报酬中计提风险准备金。

公开募集基金的基金管理人因违法违规、违反基金合同等原因给基金财产或者基金份额持有人合法权益造成损失，应当承担赔偿责任的，可以优先使用风险准备金予以赔偿。

第二十三条　【股东实际控制人行为的限制】公开募集基金的基金管理人的股东、实际控制人应当按照国务院证券监督管理机构的规定及时履行重大事项报告义务，并不得有下列行为：

（一）虚假出资或者抽逃出资；

（二）未依法经股东会或者董事会决议擅自干预基金管理人的基金经营活动；

（三）要求基金管理人利用基金财产为自己或者他人牟取利益，损害基金份额持有人利益；

（四）国务院证券监督管理机构规定禁止的其他行为。

公开募集基金的基金管理人的股东、实际控制人有前款行为或者股东不再符合法定条件的，国务院证券监督管理机构应当责令其限期改正，并可视情节责令其转让所持有或者控制的基金管理人的股权。

在前款规定的股东、实际控制人按照要求改正违法行为、转让所持有或者控制的基金管理人的股权前，国务院证券监督管理机构可以限制有关股东行使股东权利。

第二十四条　【对管理人违法违规的处理】公开募集基金的基金管理人

违法违规,或者其内部治理结构、稽核监控和风险控制管理不符合规定的,国务院证券监督管理机构应当责令其限期改正;逾期未改正,或者其行为严重危及该基金管理人的稳健运行、损害基金份额持有人合法权益的,国务院证券监督管理机构可以区别情形,对其采取下列措施:

(一)限制业务活动,责令暂停部分或者全部业务;

(二)限制分配红利,限制向董事、监事、高级管理人员支付报酬、提供福利;

(三)限制转让固有财产或者在固有财产上设定其他权利;

(四)责令更换董事、监事、高级管理人员或者限制其权利;

(五)责令有关股东转让股权或者限制有关股东行使股东权利。

公开募集基金的基金管理人整改后,应当向国务院证券监督管理机构提交报告。国务院证券监督管理机构经验收,符合有关要求的,应当自验收完毕之日起三日内解除对其采取的有关措施。

第二十五条 【管理人的更换】公开募集基金的基金管理人的董事、监事、高级管理人员未能勤勉尽责,致使基金管理人存在重大违法违规行为或者重大风险的,国务院证券监督管理机构可以责令更换。

第二十六条 【对管理人违法经营的处理】公开募集基金的基金管理人违法经营或者出现重大风险,严重危害证券市场秩序、损害基金份额持有人利益的,国务院证券监督管理机构可以对该基金管理人采取责令停业整顿、指定其他机构托管、接管、取消基金管理资格或者撤销等监管措施。

第二十七条 【对管理人的监管】在公开募集基金的基金管理人被责令停业整顿、被依法指定托管、接管或者清算期间,或者出现重大风险时,经国务院证券监督管理机构批准,可以对该基金管理人直接负责的董事、监事、高级管理人员和其他直接责任人员采取下列措施:

(一)通知出境管理机关依法阻止其出境;

(二)申请司法机关禁止其转移、转让或者以其他方式处分财产,或者在财产上设定其他权利。

第二十八条 【管理人职责终止】有下列情形之一的,公开募集基金的基金管理人职责终止:

(一)被依法取消基金管理资格;

(二)被基金份额持有人大会解任;

(三)依法解散、被依法撤销或者被依法宣告破产;

(四)基金合同约定的其他情形。

第二十九条 【管理人职责的移交】公开募集基金的基金管理人职责终止的,基金份额持有人大会应当在六个月内选任新基金管理人;新基金管理人产生前,由国务院证券监督管理机构指定临时基金管理人。

公开募集基金的基金管理人职责终止的,应当妥善保管基金管理业务资料,及时办理基金管理业务的移交手续,新基金管理人或者临时基金管理人应当及时接收。

第三十条 【管理人职责终止后的基金财产审计】公开募集基金的基金管理人职责终止的,应当按照规定聘请会计师事务所对基金财产进行审计,并将审计结果予以公告,同时报国务院证券监督管理机构备案。

第三十一条 【补充规定】对非公开募集基金的基金管理人进行规范的具体办法,由国务院金融监督管理机构依照本章的原则制定。

第三章 基金托管人

第三十二条 【托管人担任及核准】基金托管人由依法设立的商业银行或者其他金融机构担任。

商业银行担任基金托管人的,由国务院证券监督管理机构会同国务院银行业监督管理机构核准;其他金融机构担任基金托管人的,由国务院证券监督管理机构核准。

第三十三条 【担任基金托管人的条件】担任基金托管人,应当具备下列条件:

(一)净资产和风险控制指标符合有关规定;

(二)设有专门的基金托管部门;

(三)取得基金从业资格的专职人员达到法定人数;

(四)有安全保管基金财产的条件;

(五)有安全高效的清算、交割系统;

(六)有符合要求的营业场所、安全防范设施和与基金托管业务有关的其他设施;

(七)有完善的内部稽核监控制度和风险控制制度;

（八）法律、行政法规规定的和经国务院批准的国务院证券监督管理机构、国务院银行业监督管理机构规定的其他条件。

第三十四条 【对托管人从业人员及高级管理人员的条件及限制】本法第十五条、第十七条、第十八条的规定，适用于基金托管人的专门基金托管部门的高级管理人员和其他从业人员。

本法第十六条的规定，适用于基金托管人的专门基金托管部门的高级管理人员。

第三十五条 【禁止托管人与管理人一体】基金托管人与基金管理人不得为同一机构，不得相互出资或者持有股份。

第三十六条 【托管人职责】基金托管人应当履行下列职责：

（一）安全保管基金财产；

（二）按照规定开设基金财产的资金账户和证券账户；

（三）对所托管的不同基金财产分别设置账户，确保基金财产的完整与独立；

（四）保存基金托管业务活动的记录、账册、报表和其他相关资料；

（五）按照基金合同的约定，根据基金管理人的投资指令，及时办理清算、交割事宜；

（六）办理与基金托管业务活动有关的信息披露事项；

（七）对基金财务会计报告、中期和年度基金报告出具意见；

（八）复核、审查基金管理人计算的基金资产净值和基金份额申购、赎回价格；

（九）按照规定召集基金份额持有人大会；

（十）按照规定监督基金管理人的投资运作；

（十一）国务院证券监督管理机构规定的其他职责。

第三十七条 【托管人对违规投资指令的监督】基金托管人发现基金管理人的投资指令违反法律、行政法规和其他有关规定，或者违反基金合同约定的，应当拒绝执行，立即通知基金管理人，并及时向国务院证券监督管理机构报告。

基金托管人发现基金管理人依据交易程序已经生效的投资指令违反法律、行政法规和其他有关规定，或者违反基金合同约定的，应当立即通知基金管理人，并及时向国务院证券监督管理机构报告。

第三十八条 【对托管人行为的限制】本法第二十条、第二十二条的规定,适用于基金托管人。

第三十九条 【对托管人失责的处理】基金托管人不再具备本法规定的条件,或者未能勤勉尽责,在履行本法规定的职责时存在重大失误的,国务院证券监督管理机构、国务院银行业监督管理机构应当责令其改正;逾期未改正,或者其行为严重影响所托管基金的稳健运行、损害基金份额持有人利益的,国务院证券监督管理机构、国务院银行业监督管理机构可以区别情形,对其采取下列措施:

(一)限制业务活动,责令暂停办理新的基金托管业务;

(二)责令更换负有责任的专门基金托管部门的高级管理人员。

基金托管人整改后,应当向国务院证券监督管理机构、国务院银行业监督管理机构提交报告;经验收,符合有关要求的,应当自验收完毕之日起三日内解除对其采取的有关措施。

第四十条 【托管人资格的取消】国务院证券监督管理机构、国务院银行业监督管理机构对有下列情形之一的基金托管人,可以取消其基金托管资格:

(一)连续三年没有开展基金托管业务的;

(二)违反本法规定,情节严重的;

(三)法律、行政法规规定的其他情形。

第四十一条 【托管人职责的终止】有下列情形之一的,基金托管人职责终止:

(一)被依法取消基金托管资格;

(二)被基金份额持有人大会解任;

(三)依法解散、被依法撤销或者被依法宣告破产;

(四)基金合同约定的其他情形。

第四十二条 【托管人职责的移交】基金托管人职责终止的,基金份额持有人大会应当在六个月内选任新基金托管人;新基金托管人产生前,由国务院证券监督管理机构指定临时基金托管人。

基金托管人职责终止的,应当妥善保管基金财产和基金托管业务资料,及时办理基金财产和基金托管业务的移交手续,新基金托管人或者临时基金托管人应当及时接收。

第四十三条 【托管人职责终止后的基金财产审计】基金托管人职责终止的,应当按照规定聘请会计师事务所对基金财产进行审计,并将审计结果予以公告,同时报国务院证券监督管理机构备案。

第四章 基金的运作方式和组织

第四十四条 【基金运作方式的约定】基金合同应当约定基金的运作方式。

第四十五条 【基金的运作方式】基金的运作方式可以采用封闭式、开放式或者其他方式。

采用封闭式运作方式的基金(以下简称封闭式基金),是指基金份额总额在基金合同期限内固定不变,基金份额持有人不得申请赎回的基金;采用开放式运作方式的基金(以下简称开放式基金),是指基金份额总额不固定,基金份额可以在基金合同约定的时间和场所申购或者赎回的基金。

采用其他运作方式的基金的基金份额发售、交易、申购、赎回的办法,由国务院证券监督管理机构另行规定。

第四十六条 【基金份额持有人的权利】基金份额持有人享有下列权利:

(一)分享基金财产收益;

(二)参与分配清算后的剩余基金财产;

(三)依法转让或者申请赎回其持有的基金份额;

(四)按照规定要求召开基金份额持有人大会或者召集基金份额持有人大会;

(五)对基金份额持有人大会审议事项行使表决权;

(六)对基金管理人、基金托管人、基金服务机构损害其合法权益的行为依法提起诉讼;

(七)基金合同约定的其他权利。

公开募集基金的基金份额持有人有权查阅或者复制公开披露的基金信息资料;非公开募集基金的基金份额持有人对涉及自身利益的情况,有权查阅基金的财务会计账簿等财务资料。

第四十七条 【基金份额持有人大会的组成及职权】基金份额持有人大

会由全体基金份额持有人组成,行使下列职权:

(一)决定基金扩募或者延长基金合同期限;

(二)决定修改基金合同的重要内容或者提前终止基金合同;

(三)决定更换基金管理人、基金托管人;

(四)决定调整基金管理人、基金托管人的报酬标准;

(五)基金合同约定的其他职权。

第四十八条 【日常机构的设立及职权】按照基金合同约定,基金份额持有人大会可以设立日常机构,行使下列职权:

(一)召集基金份额持有人大会;

(二)提请更换基金管理人、基金托管人;

(三)监督基金管理人的投资运作、基金托管人的托管活动;

(四)提请调整基金管理人、基金托管人的报酬标准;

(五)基金合同约定的其他职权。

前款规定的日常机构,由基金份额持有人大会选举产生的人员组成;其议事规则,由基金合同约定。

第四十九条 【对基金份额持有人大会及其日常机构的限制】基金份额持有人大会及其日常机构不得直接参与或者干涉基金的投资管理活动。

第五章 基金的公开募集

第五十条 【公开募集基金】公开募集基金,应当经国务院证券监督管理机构注册。未经注册,不得公开或者变相公开募集基金。

前款所称公开募集基金,包括向不特定对象募集资金、向特定对象募集资金累计超过二百人,以及法律、行政法规规定的其他情形。

公开募集基金应当由基金管理人管理,基金托管人托管。

第五十一条 【公开募集基金的文件】注册公开募集基金,由拟任基金管理人向国务院证券监督管理机构提交下列文件:

(一)申请报告;

(二)基金合同草案;

(三)基金托管协议草案;

(四)招募说明书草案;

（五）律师事务所出具的法律意见书；

（六）国务院证券监督管理机构规定提交的其他文件。

第五十二条 【基金合同的内容】公开募集基金的基金合同应当包括下列内容：

（一）募集基金的目的和基金名称；

（二）基金管理人、基金托管人的名称和住所；

（三）基金的运作方式；

（四）封闭式基金的基金份额总额和基金合同期限，或者开放式基金的最低募集份额总额；

（五）确定基金份额发售日期、价格和费用的原则；

（六）基金份额持有人、基金管理人和基金托管人的权利、义务；

（七）基金份额持有人大会召集、议事及表决的程序和规则；

（八）基金份额发售、交易、申购、赎回的程序、时间、地点、费用计算方式，以及给付赎回款项的时间和方式；

（九）基金收益分配原则、执行方式；

（十）基金管理人、基金托管人报酬的提取、支付方式与比例；

（十一）与基金财产管理、运用有关的其他费用的提取、支付方式；

（十二）基金财产的投资方向和投资限制；

（十三）基金资产净值的计算方法和公告方式；

（十四）基金募集未达到法定要求的处理方式；

（十五）基金合同解除和终止的事由、程序以及基金财产清算方式；

（十六）争议解决方式；

（十七）当事人约定的其他事项。

第五十三条 【基金招募说明书的内容】公开募集基金的基金招募说明书应当包括下列内容：

（一）基金募集申请的准予注册文件名称和注册日期；

（二）基金管理人、基金托管人的基本情况；

（三）基金合同和基金托管协议的内容摘要；

（四）基金份额的发售日期、价格、费用和期限；

（五）基金份额的发售方式、发售机构及登记机构名称；

（六）出具法律意见书的律师事务所和审计基金财产的会计师事务所的

名称和住所；

（七）基金管理人、基金托管人报酬及其他有关费用的提取、支付方式与比例；

（八）风险警示内容；

（九）国务院证券监督管理机构规定的其他内容。

第五十四条 【募集审核】国务院证券监督管理机构应当自受理公开募集基金的募集注册申请之日起六个月内依照法律、行政法规及国务院证券监督管理机构的规定进行审查，作出注册或者不予注册的决定，并通知申请人；不予注册的，应当说明理由。

第五十五条 【发售前提及办理】基金募集申请经注册后，方可发售基金份额。

基金份额的发售，由基金管理人或者其委托的基金销售机构办理。

第五十六条 【发售前公布相关文件】基金管理人应当在基金份额发售的三日前公布招募说明书、基金合同及其他有关文件。

前款规定的文件应当真实、准确、完整。

对基金募集所进行的宣传推介活动，应当符合有关法律、行政法规的规定，不得有本法第七十七条所列行为。

第五十七条 【募集开始及期限】基金管理人应当自收到准予注册文件之日起六个月内进行基金募集。超过六个月开始募集，原注册的事项未发生实质性变化的，应当报国务院证券监督管理机构备案；发生实质性变化的，应当向国务院证券监督管理机构重新提交注册申请。

基金募集不得超过国务院证券监督管理机构准予注册的基金募集期限。基金募集期限自基金份额发售之日起计算。

第五十八条 【募集期满后验资】基金募集期限届满，封闭式基金募集的基金份额总额达到准予注册规模的百分之八十以上，开放式基金募集的基金份额总额超过准予注册的最低募集份额总额，并且基金份额持有人人数符合国务院证券监督管理机构规定的，基金管理人应当自募集期限届满之日起十日内聘请法定验资机构验资，自收到验资报告之日起十日内，向国务院证券监督管理机构提交验资报告，办理基金备案手续，并予以公告。

第五十九条 【募集资金存入专门账户】基金募集期间募集的资金应当存入专门账户，在基金募集行为结束前，任何人不得动用。

第六十条 【基金合同成立及生效、募集失败后的管理人责任】投资人交纳认购的基金份额的款项时，基金合同成立；基金管理人依照本法第五十八条的规定向国务院证券监督管理机构办理基金备案手续，基金合同生效。

基金募集期限届满，不能满足本法第五十八条规定的条件的，基金管理人应当承担下列责任：

（一）以其固有财产承担因募集行为而产生的债务和费用；

（二）在基金募集期限届满后三十日内返还投资人已交纳的款项，并加计银行同期存款利息。

第六章 公开募集基金的基金份额的交易、申购与赎回

第六十一条 【基金份额上市交易】申请基金份额上市交易，基金管理人应当向证券交易所提出申请，证券交易所依法审核同意的，双方应当签订上市协议。

第六十二条 【基金份额上市交易的条件】基金份额上市交易，应当符合下列条件：

（一）基金的募集符合本法规定；

（二）基金合同期限为五年以上；

（三）基金募集金额不低于二亿元人民币；

（四）基金份额持有人不少于一千人；

（五）基金份额上市交易规则规定的其他条件。

第六十三条 【上市规则的制定与审核】基金份额上市交易规则由证券交易所制定，报国务院证券监督管理机构批准。

第六十四条 【上市终止情形】基金份额上市交易后，有下列情形之一的，由证券交易所终止其上市交易，并报国务院证券监督管理机构备案：

（一）不再具备本法第六十二条规定的上市交易条件；

（二）基金合同期限届满；

（三）基金份额持有人大会决定提前终止上市交易；

（四）基金合同约定的或者基金份额上市交易规则规定的终止上市交易的其他情形。

第六十五条 【申购、赎回和登记的办理】开放式基金的基金份额的申购、赎回、登记,由基金管理人或者其委托的基金服务机构办理。

第六十六条 【办理时间及成立和生效日期】基金管理人应当在每个工作日办理基金份额的申购、赎回业务;基金合同另有约定的,从其约定。

投资人交付申购款项,申购成立;基金份额登记机构确认基金份额时,申购生效。

基金份额持有人递交赎回申请,赎回成立;基金份额登记机构确认赎回时,赎回生效。

第六十七条 【赎回的除外情形】基金管理人应当按时支付赎回款项,但是下列情形除外:

(一)因不可抗力导致基金管理人不能支付赎回款项;

(二)证券交易场所依法决定临时停市,导致基金管理人无法计算当日基金资产净值;

(三)基金合同约定的其他特殊情形。

发生上述情形之一的,基金管理人应当在当日报国务院证券监督管理机构备案。

本条第一款规定的情形消失后,基金管理人应当及时支付赎回款项。

第六十八条 【为赎回保有足额现金或政府债券】开放式基金应当保持足够的现金或者政府债券,以备支付基金份额持有人的赎回款项。基金财产中应当保持的现金或者政府债券的具体比例,由国务院证券监督管理机构规定。

第六十九条 【申购、赎回价格计算】基金份额的申购、赎回价格,依据申购、赎回日基金份额净值加、减有关费用计算。

第七十条 【基金份额净值计价错误的处理】基金份额净值计价出现错误时,基金管理人应当立即纠正,并采取合理的措施防止损失进一步扩大。计价错误达到基金份额净值百分之零点五时,基金管理人应当公告,并报国务院证券监督管理机构备案。

因基金份额净值计价错误造成基金份额持有人损失的,基金份额持有人有权要求基金管理人、基金托管人予以赔偿。

第七章 公开募集基金的投资与信息披露

第七十一条 【证券投资采用资产组合的方式】基金管理人运用基金财产进行证券投资,除国务院证券监督管理机构另有规定外,应当采用资产组合的方式。

资产组合的具体方式和投资比例,依照本法和国务院证券监督管理机构的规定在基金合同中约定。

第七十二条 【基金资产的投资方式】基金财产应当用于下列投资:

(一)上市交易的股票、债券;

(二)国务院证券监督管理机构规定的其他证券及其衍生品种。

第七十三条 【基金资产禁用的投资方式】基金财产不得用于下列投资或者活动:

(一)承销证券;

(二)违反规定向他人贷款或者提供担保;

(三)从事承担无限责任的投资;

(四)买卖其他基金份额,但是国务院证券监督管理机构另有规定的除外;

(五)向基金管理人、基金托管人出资;

(六)从事内幕交易、操纵证券交易价格及其他不正当的证券交易活动;

(七)法律、行政法规和国务院证券监督管理机构规定禁止的其他活动。

运用基金财产买卖基金管理人、基金托管人及其控股股东、实际控制人或者与其有其他重大利害关系的公司发行的证券或承销期内承销的证券,或者从事其他重大关联交易的,应当遵循基金份额持有人利益优先的原则,防范利益冲突,符合国务院证券监督管理机构的规定,并履行信息披露义务。

第七十四条 【信息披露】基金管理人、基金托管人和其他基金信息披露义务人应当依法披露基金信息,并保证所披露信息的真实性、准确性和完整性。

第七十五条 【披露时间及保证查阅】基金信息披露义务人应当确保应予披露的基金信息在国务院证券监督管理机构规定时间内披露,并保证投资人能够按照基金合同约定的时间和方式查阅或者复制公开披露的信息资料。

第七十六条　【披露内容】公开披露的基金信息包括：

（一）基金招募说明书、基金合同、基金托管协议；

（二）基金募集情况；

（三）基金份额上市交易公告书；

（四）基金资产净值、基金份额净值；

（五）基金份额申购、赎回价格；

（六）基金财产的资产组合季度报告、财务会计报告及中期和年度基金报告；

（七）临时报告；

（八）基金份额持有人大会决议；

（九）基金管理人、基金托管人的专门基金托管部门的重大人事变动；

（十）涉及基金财产、基金管理业务、基金托管业务的诉讼或者仲裁；

（十一）国务院证券监督管理机构规定应予披露的其他信息。

第七十七条　【披露的禁止行为】公开披露基金信息，不得有下列行为：

（一）虚假记载、误导性陈述或者重大遗漏；

（二）对证券投资业绩进行预测；

（三）违规承诺收益或者承担损失；

（四）诋毁其他基金管理人、基金托管人或者基金销售机构；

（五）法律、行政法规和国务院证券监督管理机构规定禁止的其他行为。

第八章　公开募集基金的基金合同的变更、终止与基金财产清算

第七十八条　【基金转换运作方式或合并】按照基金合同的约定或者基金份额持有人大会的决议，基金可以转换运作方式或者与其他基金合并。

第七十九条　【封闭式基金扩募或延长基金合同期限的核准条件】封闭式基金扩募或者延长基金合同期限，应当符合下列条件，并报国务院证券监督管理机构备案：

（一）基金运营业绩良好；

（二）基金管理人最近二年内没有因违法违规行为受到行政处罚或者刑

事处罚；

（三）基金份额持有人大会决议通过；

（四）本法规定的其他条件。

第八十条 【基金合同终止的情形】有下列情形之一的，基金合同终止：

（一）基金合同期限届满而未延期；

（二）基金份额持有人大会决定终止；

（三）基金管理人、基金托管人职责终止，在六个月内没有新基金管理人、新基金托管人承接；

（四）基金合同约定的其他情形。

第八十一条 【基金合同终止后的清算】基金合同终止时，基金管理人应当组织清算组对基金财产进行清算。

清算组由基金管理人、基金托管人以及相关的中介服务机构组成。

清算组作出的清算报告经会计师事务所审计，律师事务所出具法律意见书后，报国务院证券监督管理机构备案并公告。

第八十二条 【剩余基金财产分配】清算后的剩余基金财产，应当按照基金份额持有人所持份额比例进行分配。

第九章 公开募集基金的基金份额持有人权利行使

第八十三条 【基金份额持有人大会的召集】基金份额持有人大会由基金管理人召集。基金份额持有人大会设立日常机构的，由该日常机构召集；该日常机构未召集的，由基金管理人召集。基金管理人未按规定召集或者不能召集的，由基金托管人召集。

代表基金份额百分之十以上的基金份额持有人就同一事项要求召开基金份额持有人大会，而基金份额持有人大会的日常机构、基金管理人、基金托管人都不召集的，代表基金份额百分之十以上的基金份额持有人有权自行召集，并报国务院证券监督管理机构备案。

第八十四条 【召开基金份额持有人大会的公告事项】召开基金份额持有人大会，召集人应当至少提前三十日公告基金份额持有人大会的召开时间、会议形式、审议事项、议事程序和表决方式等事项。

基金份额持有人大会不得就未经公告的事项进行表决。

第八十五条　【大会召开方式及基金份额表决权】基金份额持有人大会可以采取现场方式召开,也可以采取通讯等方式召开。

每一基金份额具有一票表决权,基金份额持有人可以委托代理人出席基金份额持有人大会并行使表决权。

第八十六条　【大会召开、决议通过的前提】基金份额持有人大会应当有代表二分之一以上基金份额的持有人参加,方可召开。

参加基金份额持有人大会的持有人的基金份额低于前款规定比例的,召集人可以在原公告的基金份额持有人大会召开时间的三个月以后、六个月以内,就原定审议事项重新召集基金份额持有人大会。重新召集的基金份额持有人大会应当有代表三分之一以上基金份额的持有人参加,方可召开。

基金份额持有人大会就审议事项作出决定,应当经参加大会的基金份额持有人所持表决权的二分之一以上通过;但是,转换基金的运作方式、更换基金管理人或者基金托管人、提前终止基金合同、与其他基金合并,应当经参加大会的基金份额持有人所持表决权的三分之二以上通过。

基金份额持有人大会决定的事项,应当依法报国务院证券监督管理机构备案,并予以公告。

第十章　非公开募集基金

第八十七条　【非公开募集基金及合格投资者】非公开募集基金应当向合格投资者募集,合格投资者累计不得超过二百人。

前款所称合格投资者,是指达到规定资产规模或者收入水平,并且具备相应的风险识别能力和风险承担能力、其基金份额认购金额不低于规定限额的单位和个人。

合格投资者的具体标准由国务院证券监督管理机构规定。

第八十八条　【基金托管人】除基金合同另有约定外,非公开募集基金应当由基金托管人托管。

第八十九条　【基金管理人】担任非公开募集基金的基金管理人,应当按照规定向基金行业协会履行登记手续,报送基本情况。

第九十条　【证券投资登记】未经登记,任何单位或者个人不得使用“基金”或者“基金管理”字样或者近似名称进行证券投资活动；但是，法律、行政法规另有规定的除外。

第九十一条 【非公开募集限制】非公开募集基金，不得向合格投资者之外的单位和个人募集资金，不得通过报刊、电台、电视台、互联网等公众传播媒体或者讲座、报告会、分析会等方式向不特定对象宣传推介。

第九十二条 【基金合同的内容】非公开募集基金，应当制定并签订基金合同。基金合同应当包括下列内容：

（一）基金份额持有人、基金管理人、基金托管人的权利、义务；

（二）基金的运作方式；

（三）基金的出资方式、数额和认缴期限；

（四）基金的投资范围、投资策略和投资限制；

（五）基金收益分配原则、执行方式；

（六）基金承担的有关费用；

（七）基金信息提供的内容、方式；

（八）基金份额的认购、赎回或者转让的程序和方式；

（九）基金合同变更、解除和终止的事由、程序；

（十）基金财产清算方式；

（十一）当事人约定的其他事项。

基金份额持有人转让基金份额的，应当符合本法第八十七条、第九十一条的规定。

第九十三条 【约定承担无限连带责任的合同内容】按照基金合同约定，非公开募集基金可以由部分基金份额持有人作为基金管理人负责基金的投资管理活动，并在基金财产不足以清偿其债务时对基金财产的债务承担无限连带责任。

前款规定的非公开募集基金，其基金合同还应载明：

（一）承担无限连带责任的基金份额持有人和其他基金份额持有人的姓名或者名称、住所；

（二）承担无限连带责任的基金份额持有人的除名条件和更换程序；

（三）基金份额持有人增加、退出的条件、程序以及相关责任；

（四）承担无限连带责任的基金份额持有人和其他基金份额持有人的转换程序。

第九十四条 【募集完毕的备案与报告】非公开募集基金募集完毕，基金管理人应当向基金行业协会备案。对募集的资金总额或者基金份额持有人的人数达到规定标准的基金，基金行业协会应当向国务院证券监督管理机构报告。

非公开募集基金财产的证券投资，包括买卖公开发行的股份有限公司股票、债券、基金份额，以及国务院证券监督管理机构规定的其他证券及其衍生品种。

第九十五条 【管理人、托管人向份额持有人提供信息】基金管理人、基金托管人应当按照基金合同的约定，向基金份额持有人提供基金信息。

第九十六条 【管理人的核准】专门从事非公开募集基金管理业务的基金管理人，其股东、高级管理人员、经营期限、管理的基金资产规模等符合规定条件的，经国务院证券监督管理机构核准，可以从事公开募集基金管理业务。

第十一章 基金服务机构

第九十七条 【基金服务机构的注册或备案】从事公开募集基金的销售、销售支付、份额登记、估值、投资顾问、评价、信息技术系统服务等基金服务业务的机构，应当按照国务院证券监督管理机构的规定进行注册或者备案。

第九十八条 【向投资人揭示投资风险】基金销售机构应当向投资人充分揭示投资风险，并根据投资人的风险承担能力销售不同风险等级的基金产品。

第九十九条 【基金销售结算资金的划付】基金销售支付机构应当按照规定办理基金销售结算资金的划付，确保基金销售结算资金安全、及时划付。

第一百条 【基金销售结算资金、基金份额独立】基金销售结算资金、基金份额独立于基金销售机构、基金销售支付机构或者基金份额登记机构的自有财产。基金销售机构、基金销售支付机构或者基金份额登记机构破产或者清算时，基金销售结算资金、基金份额不属于其破产财产或者清算财产。非因投资人本身的债务或者法律规定的其他情形，不得查封、冻结、扣划或者强制执行基金销售结算资金、基金份额。

基金销售机构、基金销售支付机构、基金份额登记机构应当确保基金销售结算资金、基金份额的安全、独立,禁止任何单位或者个人以任何形式挪用基金销售结算资金、基金份额。

第一百零一条 【委托办理事项】基金管理人可以委托基金服务机构代为办理基金的份额登记、核算、估值、投资顾问等事项,基金托管人可以委托基金服务机构代为办理基金的核算、估值、复核等事项,但基金管理人、基金托管人依法应当承担的责任不因委托而免除。

第一百零二条 【数据的保存及期限】基金份额登记机构以电子介质登记的数据,是基金份额持有人权利归属的根据。基金份额持有人以基金份额出质的,质权自基金份额登记机构办理出质登记时设立。

基金份额登记机构应当妥善保存登记数据,并将基金份额持有人名称、身份信息及基金份额明细等数据备份至国务院证券监督管理机构认定的机构。其保存期限自基金账户销户之日起不得少于二十年。

基金份额登记机构应当保证登记数据的真实、准确、完整,不得隐匿、伪造、篡改或者毁损。

第一百零三条 【对投资顾问机构及其从业人员的要求及限制】基金投资顾问机构及其从业人员提供基金投资顾问服务,应当具有合理的依据,对其服务能力和经营业绩进行如实陈述,不得以任何方式承诺或者保证投资收益,不得损害服务对象的合法权益。

第一百零四条 【对评价机构及其从业人员的要求及限制】基金评价机构及其从业人员应当客观公正,按照依法制定的业务规则开展基金评价业务,禁止误导投资人,防范可能发生的利益冲突。

第一百零五条 【信息技术系统】基金管理人、基金托管人、基金服务机构的信息技术系统,应当符合规定的要求。国务院证券监督管理机构可以要求信息技术系统服务机构提供该信息技术系统的相关资料。

第一百零六条 【律师事务所、会计师事务所的职责及责任承担】律师事务所、会计师事务所接受基金管理人、基金托管人的委托,为有关基金业务活动出具法律意见书、审计报告、内部控制评价报告等文件,应当勤勉尽责,对所依据的文件资料内容的真实性、准确性、完整性进行核查和验证。其制作、出具的文件有虚假记载、误导性陈述或者重大遗漏,给他人财产造成损失的,应当与委托人承担连带赔偿责任。

第一百零七条　【对基金服务机构的要求及限制】基金服务机构应当勤勉尽责、恪尽职守,建立应急等风险管理制度和灾难备份系统,不得泄露与基金份额持有人、基金投资运作相关的非公开信息。

第十二章　基金行业协会

第一百零八条　【基金行业协会】基金行业协会是证券投资基金行业的自律性组织,是社会团体法人。

基金管理人、基金托管人应当加入基金行业协会,基金服务机构可以加入基金行业协会。

第一百零九条　【会员大会及理事会】基金行业协会的权力机构为全体会员组成的会员大会。

基金行业协会设理事会。理事会成员依章程的规定由选举产生。

第一百一十条　【行业协会章程】基金行业协会章程由会员大会制定,并报国务院证券监督管理机构备案。

第一百一十一条　【行业协会的职责】基金行业协会履行下列职责:

(一)教育和组织会员遵守有关证券投资的法律、行政法规,维护投资人合法权益;

(二)依法维护会员的合法权益,反映会员的建议和要求;

(三)制定和实施行业自律规则,监督、检查会员及其从业人员的执业行为,对违反自律规则和协会章程的,按照规定给予纪律处分;

(四)制定行业执业标准和业务规范,组织基金从业人员的从业考试、资质管理和业务培训;

(五)提供会员服务,组织行业交流,推动行业创新,开展行业宣传和投资人教育活动;

(六)对会员之间、会员与客户之间发生的基金业务纠纷进行调解;

(七)依法办理非公开募集基金的登记、备案;

(八)协会章程规定的其他职责。

第十三章　监督管理

第一百一十二条　【监管职责】国务院证券监督管理机构依法履行下列

职责：

（一）制定有关证券投资基金活动监督管理的规章、规则，并行使审批、核准或者注册权；

（二）办理基金备案；

（三）对基金管理人、基金托管人及其他机构从事证券投资基金活动进行监督管理，对违法行为进行查处，并予以公告；

（四）制定基金从业人员的资格标准和行为准则，并监督实施；

（五）监督检查基金信息的披露情况；

（六）指导和监督基金行业协会的活动；

（七）法律、行政法规规定的其他职责。

第一百一十三条 【监管措施】国务院证券监督管理机构依法履行职责，有权采取下列措施：

（一）对基金管理人、基金托管人、基金服务机构进行现场检查，并要求其报送有关的业务资料；

（二）进入涉嫌违法行为发生场所调查取证；

（三）询问当事人和与被调查事件有关的单位和个人，要求其对与被调查事件有关的事项作出说明；

（四）查阅、复制与被调查事件有关的财产权登记、通讯记录等资料；

（五）查阅、复制当事人和与被调查事件有关的单位和个人的证券交易记录、登记过户记录、财务会计资料及其他相关文件和资料；对可能被转移、隐匿或者毁损的文件和资料，可以予以封存；

（六）查询当事人和与被调查事件有关的单位和个人的资金账户、证券账户和银行账户；对有证据证明已经或者可能转移或者隐匿违法资金、证券等涉案财产或者隐匿、伪造、毁损重要证据的，经国务院证券监督管理机构主要负责人批准，可以冻结或者查封；

（七）在调查操纵证券市场、内幕交易等重大证券违法行为时，经国务院证券监督管理机构主要负责人批准，可以限制被调查事件当事人的证券买卖，但限制的期限不得超过十五个交易日；案情复杂的，可以延长十五个交易日。

第一百一十四条 【职责履行要求】国务院证券监督管理机构工作人员依法履行职责，进行调查或者检查时，不得少于二人，并应当出示合法证件；

对调查或者检查中知悉的商业秘密负有保密的义务。

第一百一十五条 【依法监管】国务院证券监督管理机构工作人员应当忠于职守，依法办事，公正廉洁，接受监督，不得利用职务牟取私利。

第一百一十六条 【配合监管】国务院证券监督管理机构依法履行职责时，被调查、检查的单位和个人应当配合，如实提供有关文件和资料，不得拒绝、阻碍和隐瞒。

第一百一十七条 【移送司法】国务院证券监督管理机构依法履行职责，发现违法行为涉嫌犯罪的，应当将案件移送司法机关处理。

第一百一十八条 【禁止兼职】国务院证券监督管理机构工作人员在任职期间，或者离职后在《中华人民共和国公务员法》规定的期限内，不得在被监管的机构中担任职务。

第十四章 法律责任

第一百一十九条 【擅自设立基金管理公司、擅自公开募集基金的责任】违反本法规定，未经批准擅自设立基金管理公司或者未经核准从事公开募集基金管理业务的，由证券监督管理机构予以取缔或者责令改正，没收违法所得，并处违法所得一倍以上五倍以下罚款；没有违法所得或者违法所得不足一百万元的，并处十万元以上一百万元以下罚款。对直接负责的主管人员和其他直接责任人员给予警告，并处三万元以上三十万元以下罚款。

基金管理公司违反本法规定，擅自变更持有百分之五以上股权的股东、实际控制人或者其他重大事项的，责令改正，没收违法所得，并处违法所得一倍以上五倍以下罚款；没有违法所得或者违法所得不足五十万元的，并处五万元以上五十万元以下罚款。对直接负责的主管人员给予警告，并处三万元以上十万元以下罚款。

第一百二十条 【管理人、托管人未按规定申报的责任】基金管理人的董事、监事、高级管理人员和其他从业人员，基金托管人的专门基金托管部门的高级管理人员和其他从业人员，未按照本法第十七条第一款规定申报的，责令改正，处三万元以上十万元以下罚款。

基金管理人、基金托管人违反本法第十七条第二款规定的，责令改正，处十万元以上一百万元以下罚款；对直接负责的主管人员和其他直接责任人员给予警告,暂停或者撤销基金从业资格,并处三万元以上三十万元以下罚款。

第一百二十一条 【损害赔偿责任】基金管理人的董事、监事、高级管理人员和其他从业人员,基金托管人的专门基金托管部门的高级管理人员和其他从业人员违反本法第十八条规定的,责令改正,没收违法所得,并处违法所得一倍以上五倍以下罚款;没有违法所得或者违法所得不足一百万元的,并处十万元以上一百万元以下罚款;情节严重的,撤销基金从业资格。

第一百二十二条 【对基金财产未实行分别管理或分账保管的责任】基金管理人、基金托管人违反本法规定,未对基金财产实行分别管理或者分账保管,责令改正,处五万元以上五十万元以下罚款;对直接负责的主管人员和其他直接责任人员给予警告,暂停或者撤销基金从业资格,并处三万元以上三十万元以下罚款。

第一百二十三条 【管理人、托管人及其董事、监事、高级管理人员的违法责任】基金管理人、基金托管人及其董事、监事、高级管理人员和其他从业人员有本法第二十条所列行为之一的,责令改正,没收违法所得,并处违法所得一倍以上五倍以下罚款;没有违法所得或者违法所得不足一百万元的,并处十万元以上一百万元以下罚款;基金管理人、基金托管人有上述行为的,还应当对其直接负责的主管人员和其他直接责任人员给予警告,暂停或者撤销基金从业资格,并处三万元以上三十万元以下罚款。

基金管理人、基金托管人及其董事、监事、高级管理人员和其他从业人员侵占、挪用基金财产而取得的财产和收益,归入基金财产。但是,法律、行政法规另有规定的,依照其规定。

第一百二十四条 【股东、实际控制人的违法责任】基金管理人的股东、实际控制人违反本法第二十三条规定的,责令改正,没收违法所得,并处违法所得一倍以上五倍以下罚款;没有违法所得或者违法所得不足一百万元的,并处十万元以上一百万元以下罚款;对直接负责的主管人员和其他直接责任人员给予警告,暂停或者撤销基金或证券从业资格,并处三万元以上三十万元以下罚款。

第一百二十五条 【擅自从事基金托管业务的责任】未经核准,擅自从事基金托管业务的,责令停止,没收违法所得,并处违法所得一倍以上五倍以下罚款;没有违法所得或者违法所得不足一百万元的,并处十万元以上一百万元以下罚款;对直接负责的主管人员和其他直接责任人员给予警告,并处三万元以上三十万元以下罚款。

第一百二十六条 【相互出资或持股的责任】基金管理人、基金托管人违反本法规定，相互出资或者持有股份的，责令改正，可以处十万元以下罚款。

第一百二十七条 【擅自公开或变相公开募集基金的责任】违反本法规定，擅自公开或者变相公开募集基金的，责令停止，返还所募资金和加计的银行同期存款利息，没收违法所得，并处所募资金金额百分之一以上百分之五以下罚款。对直接负责的主管人员和其他直接责任人员给予警告，并处五万元以上五十万元以下罚款。

第一百二十八条 【违反动用募集资金的责任】违反本法第五十九条规定，动用募集的资金的，责令返还，没收违法所得，并处违法所得一倍以上五倍以下罚款；没有违法所得或者违法所得不足五十万元的，并处五万元以上五十万元以下罚款；对直接负责的主管人员和其他直接责任人员给予警告，并处三万元以上三十万元以下罚款。

第一百二十九条 【基金管理人、托管人利用基金财产违法投资的责任】基金管理人、基金托管人有本法第七十三条第一款第一项至第五项和第七项所列行为之一，或者违反本法第七十三条第二款规定的，责令改正，处十万元以上一百万元以下罚款；对直接负责的主管人员和其他直接责任人员给予警告，暂停或者撤销基金从业资格，并处三万元以上三十万元以下罚款。

基金管理人、基金托管人有前款行为，运用基金财产而取得的财产和收益，归入基金财产。但是，法律、行政法规另有规定的，依照其规定。

第一百三十条 【从事内幕交易的基金管理人、托管人等主管人员的责任】基金管理人、基金托管人有本法第七十三条第一款第六项规定行为的，除依照《中华人民共和国证券法》的有关规定处罚外，对直接负责的主管人员和其他直接责任人员暂停或者撤销基金从业资格。

第一百三十一条 【专业机构弄虚作假的责任】基金信息披露义务人不依法披露基金信息或者披露的信息有虚假记载、误导性陈述或者重大遗漏的，责令改正，没收违法所得，并处十万元以上一百万元以下罚款；对直接负责的主管人员和其他直接责任人员给予警告，暂停或者撤销基金从业资格，并处三万元以上三十万元以下罚款。

第一百三十二条 【不按规定召集基金份额持有人大会的责任】基金管

理人或者基金托管人不按照规定召集基金份额持有人大会的，责令改正，可以处五万元以下罚款；对直接负责的主管人员和其他直接责任人员给予警告，暂停或者撤销基金从业资格。

第一百三十三条　【违法进行证券投资活动的责任】违反本法规定，未经登记，使用“基金”或者“基金管理”字样或者近似名称进行证券投资活动的，没收违法所得，并处违法所得一倍以上五倍以下罚款；没有违法所得或者违法所得不足一百万元的，并处十万元以上一百万元以下罚款。对直接负责的主管人员和其他直接责任人员给予警告，并处三万元以上三十万元以下罚款。

第一百三十四条　【非公开募集基金完毕未备案的责任】违反本法规定，非公开募集基金募集完毕，基金管理人未备案的，处十万元以上三十万元以下罚款。对直接负责的主管人员和其他直接责任人员给予警告，并处三万元以上十万元以下罚款。

第一百三十五条　【向合格投资者之外的单位个人非公开募集资金或转让基金份额的责任】违反本法规定，向合格投资者之外的单位或者个人非公开募集资金或者转让基金份额的，没收违法所得，并处违法所得一倍以上五倍以下罚款；没有违法所得或者违法所得不足一百万元的，并处十万元以上一百万元以下罚款。对直接负责的主管人员和其他直接责任人员给予警告，并处三万元以上三十万元以下罚款。

第一百三十六条　【擅自从事公开募集基金业务的责任】违反本法规定，擅自从事公开募集基金的基金服务业务的，责令改正，没收违法所得，并处违法所得一倍以上五倍以下罚款；没有违法所得或者违法所得不足三十万元的，并处十万元以上三十万元以下罚款。对直接负责的主管人员和其他直接责任人员给予警告，并处三万元以上十万元以下罚款。

第一百三十七条　【基金销售机构损害投资人利益的责任】基金销售机构未向投资人充分揭示投资风险并误导其购买与其风险承担能力不相当的基金产品的，处十万元以上三十万元以下罚款；情节严重的，责令其停止基金服务业务。对直接负责的主管人员和其他直接责任人员给予警告，撤销基金从业资格，并处三万元以上十万元以下罚款。

第一百三十八条　【基金销售支付机构未按规定划付基金销售结算资金的责任】基金销售支付机构未按照规定划付基金销售结算资金的，处十万元以上三十万元以下罚款;情节严重的,责令其停止基金服务业务。对直接负责的主管人员和其他直接责任人员给予警告,撤销基金从业资格,并处三万元以上十万元以下罚款。

第一百三十九条 【挪用基金销售结算资金或基金份额的责任】挪用基金销售结算资金或者基金份额的,责令改正,没收违法所得,并处违法所得一倍以上五倍以下罚款;没有违法所得或者违法所得不足一百万元的,并处十万元以上一百万元以下罚款。对直接负责的主管人员和其他直接责任人员给予警告,并处三万元以上三十万元以下罚款。

第一百四十条 【基金份额登记机构的法律责任】基金份额登记机构未妥善保存或者备份基金份额登记数据的,责令改正,给予警告,并处十万元以上三十万元以下罚款;情节严重的,责令其停止基金服务业务。对直接负责的主管人员和其他直接责任人员给予警告,撤销基金从业资格,并处三万元以上十万元以下罚款。

基金份额登记机构隐匿、伪造、篡改、毁损基金份额登记数据的,责令改正,处十万元以上一百万元以下罚款,并责令其停止基金服务业务。对直接负责的主管人员和其他直接责任人员给予警告,撤销基金从业资格,并处三万元以上三十万元以下罚款。

第一百四十一条 【基金投资顾问机构、基金评价机构及其从业人员的法律责任】基金投资顾问机构、基金评价机构及其从业人员违反本法规定开展投资顾问、基金评价服务的,处十万元以上三十万元以下罚款;情节严重的,责令其停止基金服务业务。对直接负责的主管人员和其他直接责任人员给予警告,撤销基金从业资格,并处三万元以上十万元以下罚款。

第一百四十二条 【信息技术系统服务机构的法律责任】信息技术系统服务机构未按照规定向国务院证券监督管理机构提供相关信息技术系统资料,或者提供的信息技术系统资料虚假、有重大遗漏的,责令改正,处三万元以上十万元以下罚款。对直接负责的主管人员和其他直接责任人员给予警告,并处一万元以上三万元以下罚款。

第一百四十三条 【会计师事务所、律师事务所的法律责任】会计师事务所、律师事务所未勤勉尽责,所出具的文件有虚假记载、误导性陈述或者重大遗漏的,责令改正,没收业务收入,暂停或者撤销相关业务许可,并处业务收入一倍以上五倍以下罚款。对直接负责的主管人员和其他直接责任人员给予警告,并处三万元以上十万元以下罚款。

第一百四十四条 【基金服务机构的法律责任】基金服务机构未建立应急等风险管理制度和灾难备份系统,或者泄露与基金份额持有人、基金投资运作相关的非公开信息的,处十万元以上三十万元以下罚款;情节严重的,责令其停止基金服务业务。对直接负责的主管人员和其他直接责任人员给予警告,撤销基金从业资格,并处三万元以上十万元以下罚款。

第一百四十五条 【损害赔偿责任】违反本法规定,给基金财产、基金份额持有人或者投资人造成损害的,依法承担赔偿责任。

基金管理人、基金托管人在履行各自职责的过程中,违反本法规定或者基金合同约定,给基金财产或者基金份额持有人造成损害的,应当分别对各自的行为依法承担赔偿责任;因共同行为给基金财产或者基金份额持有人造成损害的,应当承担连带赔偿责任。

第一百四十六条 【监管人员违法责任】证券监督管理机构工作人员玩忽职守、滥用职权、徇私舞弊或者利用职务上的便利索取或者收受他人财物的,依法给予行政处分。

第一百四十七条 【拒绝、阻碍监管机构行使职权的责任】拒绝、阻碍证券监督管理机构及其工作人员依法行使监督检查、调查职权未使用暴力、威胁方法的,依法给予治安管理处罚。

第一百四十八条 【证券市场禁入】违反法律、行政法规或者国务院证券监督管理机构的有关规定,情节严重的,国务院证券监督管理机构可以对有关责任人员采取证券市场禁入的措施。

第一百四十九条 【刑事责任】违反本法规定,构成犯罪的,依法追究刑事责任。

第一百五十条 【民事责任优先】违反本法规定,应当承担民事赔偿责任和缴纳罚款、罚金,其财产不足以同时支付时,先承担民事赔偿责任。

第一百五十一条 【以固有资产承担责任】依照本法规定,基金管理人、基金托管人、基金服务机构应当承担的民事赔偿责任和缴纳的罚款、罚金,由基金管理人、基金托管人、基金服务机构以其固有财产承担。

依法收缴的罚款、罚金和没收的违法所得,应当全部上缴国库。

第十五章　附　　则

第一百五十二条　【向特定对象集资或接受其委托的管理办法】在中华人民共和国境内募集投资境外证券的基金，以及合格境外投资者在境内进行证券投资，应当经国务院证券监督管理机构批准，具体办法由国务院证券监督管理机构会同国务院有关部门规定，报国务院批准。

第一百五十三条　【适用规定】公开或者非公开募集资金，以进行证券投资活动为目的设立的公司或者合伙企业，资产由基金管理人或者普通合伙人管理的，其证券投资活动适用本法。

第一百五十四条　【施行日期】本法自 2013 年 6 月 1 日起施行。

证券公司监督管理条例

（2008 年 4 月 23 日国务院令第 522 号公布　根据 2014 年 7 月 29 日国务院令第 653 号《关于修改部分行政法规的决定》修订）

第一章　总　　则

第一条　为了加强对证券公司的监督管理，规范证券公司的行为，防范证券公司的风险，保护客户的合法权益和社会公共利益，促进证券业健康发展，根据《中华人民共和国公司法》（以下简称《公司法》）、《中华人民共和国证券法》（以下简称《证券法》），制定本条例。

第二条　证券公司应当遵守法律、行政法规和国务院证券监督管理机构的规定，审慎经营，履行对客户的诚信义务。

第三条 证券公司的股东和实际控制人不得滥用权利，占用证券公司或者客户的资产，损害证券公司或者客户的合法权益。

第四条 国家鼓励证券公司在有效控制风险的前提下，依法开展经营方式创新、业务或者产品创新、组织创新和激励约束机制创新。

国务院证券监督管理机构、国务院有关部门应当采取有效措施，促进证券公司的创新活动规范、有序进行。

第五条 证券公司按照国家规定，可以发行、交易、销售证券类金融产品。

第六条 国务院证券监督管理机构依法履行对证券公司的监督管理职责。国务院证券监督管理机构的派出机构在国务院证券监督管理机构的授权范围内，履行对证券公司的监督管理职责。

第七条 国务院证券监督管理机构、中国人民银行、国务院其他金融监督管理机构应当建立证券公司监督管理的信息共享机制。

国务院证券监督管理机构和地方人民政府应当建立证券公司的有关情况通报机制。

第二章 设立与变更

第八条 设立证券公司，应当具备《公司法》、《证券法》和本条例规定的条件，并经国务院证券监督管理机构批准。

第九条 证券公司的股东应当用货币或者证券公司经营必需的非货币财产出资。证券公司股东的非货币财产出资总额不得超过证券公司注册资本的30%。

证券公司股东的出资，应当经具有证券、期货相关业务资格的会计师事务所验资并出具证明；出资中的非货币财产，应当经具有证券相关业务资格的资产评估机构评估。

在证券公司经营过程中，证券公司的债权人将其债权转为证券公司股权的，不受本条第一款规定的限制。

第十条 有下列情形之一的单位或者个人，不得成为持有证券公司5%以上股权的股东、实际控制人：

（一）因故意犯罪被判处刑罚，刑罚执行完毕未逾3年；

（二）净资产低于实收资本的50%，或者或有负债达到净资产的50%；

（三）不能清偿到期债务；

（四）国务院证券监督管理机构认定的其他情形。

证券公司的其他股东应当符合国务院证券监督管理机构的相关要求。

第十一条 证券公司应当有 3 名以上在证券业担任高级管理人员满 2 年的高级管理人员。

第十二条 证券公司设立时，其业务范围应当与其财务状况、内部控制制度、合规制度和人力资源状况相适应；证券公司在经营过程中，经其申请，国务院证券监督管理机构可以根据其财务状况、内部控制水平、合规程度、高级管理人员业务管理能力、专业人员数量，对其业务范围进行调整。

第十三条 证券公司增加注册资本且股权结构发生重大调整，减少注册资本，变更业务范围或者公司章程中的重要条款，合并、分立，设立、收购或者撤销境内分支机构，在境外设立、收购、参股证券经营机构，应当经国务院证券监督管理机构批准。

前款所称公司章程中的重要条款，是指规定下列事项的条款：

（一）证券公司的名称、住所；

（二）证券公司的组织机构及其产生办法、职权、议事规则；

（三）证券公司对外投资、对外提供担保的类型、金额和内部审批程序；

（四）证券公司的解散事由与清算办法；

（五）国务院证券监督管理机构要求证券公司章程规定的其他事项。

本条第一款所称证券公司分支机构，是指从事业务经营活动的分公司、证券营业部等证券公司下属的非法人单位。

第十四条 任何单位或者个人有下列情形之一的，应当事先告知证券公司，由证券公司报国务院证券监督管理机构批准：

（一）认购或者受让证券公司的股权后，其持股比例达到证券公司注册资本的 5%；

（二）以持有证券公司股东的股权或者其他方式，实际控制证券公司 5% 以上的股权。

未经国务院证券监督管理机构批准，任何单位或者个人不得委托他人或者接受他人委托持有或者管理证券公司的股权。证券公司的股东不得违反国家规定，约定不按照出资比例行使表决权。

第十五条 证券公司合并、分立的，涉及客户权益的重大资产转让应当经具有证券相关业务资格的资产评估机构评估。

证券公司停业、解散或者破产的，应当经国务院证券监督管理机构批准，并按照有关规定安置客户、处理未了结的业务。

第十六条　国务院证券监督管理机构应当对下列申请进行审查，并在下列期限内，作出批准或者不予批准的书面决定：

（一）对在境内设立证券公司或者在境外设立、收购或者参股证券经营机构的申请，自受理之日起6个月；

（二）对增加注册资本且股权结构发生重大调整，减少注册资本，合并、分立或者要求审查股东、实际控制人资格的申请，自受理之日起3个月；

（三）对变更业务范围、公司章程中的重要条款或者要求审查高级管理人员任职资格的申请，自受理之日起45个工作日；

（四）对设立、收购、撤销境内分支机构，或者停业、解散、破产的申请，自受理之日起30个工作日；

（五）对要求审查董事、监事任职资格的申请，自受理之日起20个工作日。

国务院证券监督管理机构审批证券公司及其分支机构的设立申请，应当考虑证券市场发展和公平竞争的需要。

第十七条　公司登记机关应当依照法律、行政法规的规定，凭国务院证券监督管理机构的批准文件，办理证券公司及其境内分支机构的设立、变更、注销登记。

证券公司在取得公司登记机关颁发或者换发的证券公司或者境内分支机构的营业执照后，应当向国务院证券监督管理机构申请颁发或者换发经营证券业务许可证。经营证券业务许可证应当载明证券公司或者境内分支机构的证券业务范围。

未取得经营证券业务许可证，证券公司及其境内分支机构不得经营证券业务。

证券公司停止全部证券业务、解散、破产或者撤销境内分支机构的，应当在国务院证券监督管理机构指定的报刊上公告，并按照规定将经营证券业务许可证交国务院证券监督管理机构注销。

第三章　组织机构

第十八条　证券公司应当依照《公司法》、《证券法》和本条例的规定，建立健全组织机构,明确决策、执行、监督机构的职权。

第十九条　证券公司可以设独立董事。证券公司的独立董事,不得在本证券公司担任董事会外的职务,不得与本证券公司存在可能妨碍其做出独立、客观判断的关系。

第二十条　证券公司经营证券经纪业务、证券资产管理业务、融资融券业务和证券承销与保荐业务中两种以上业务的,其董事会应当设薪酬与提名委员会、审计委员会和风险控制委员会,行使公司章程规定的职权。

证券公司董事会设薪酬与提名委员会、审计委员会的,委员会负责人由独立董事担任。

第二十一条　证券公司设董事会秘书,负责股东会和董事会会议的筹备、文件的保管以及股东资料的管理,按照规定或者根据国务院证券监督管理机构、股东等有关单位或者个人的要求,依法提供有关资料,办理信息报送或者信息披露事项。董事会秘书为证券公司高级管理人员。

第二十二条　证券公司设立行使证券公司经营管理职权的机构,应当在公司章程中明确其名称、组成、职责和议事规则,该机构的成员为证券公司高级管理人员。

第二十三条　证券公司设合规负责人,对证券公司经营管理行为的合法合规性进行审查、监督或者检查。合规负责人为证券公司高级管理人员,由董事会决定聘任,并应当经国务院证券监督管理机构认可。合规负责人不得在证券公司兼任负责经营管理的职务。

合规负责人发现违法违规行为,应当向公司章程规定的机构报告,同时按照规定向国务院证券监督管理机构或者有关自律组织报告。

证券公司解聘合规负责人,应当有正当理由,并自解聘之日起 3 个工作日内将解聘的事实和理由书面报告国务院证券监督管理机构。

第二十四条　证券公司的董事、监事、高级管理人员应当在任职前取得经国务院证券监督管理机构核准的任职资格。

证券公司不得聘任、选任未取得任职资格的人员担任前款规定的职务;已经聘任、选任的,有关聘任、选任的决议、决定无效。

第二十五条　证券公司的法定代表人或者高级管理人员离任的,证券公司应当对其进行审计,并自其离任之日起 2 个月内将审计报告报送国务院证券监督管理机构;证券公司的法定代表人或者经营管理的主要负责人离任的，应当聘请具有证券、期货相关业务资格的会计师事务所对其进行审计。

前款规定的审计报告未报送国务院证券监督管理机构的，离任人员不得在其他证券公司任职。

第四章　业务规则与风险控制

第一节　一般规定

第二十六条　证券公司及其境内分支机构从事《证券法》第一百二十五条规定的证券业务，应当遵守《证券法》和本条例的规定。

证券公司及其境内分支机构经营的业务应当经国务院证券监督管理机构批准，不得经营未经批准的业务。

2 个以上的证券公司受同一单位、个人控制或者相互之间存在控制关系的，不得经营相同的证券业务，但国务院证券监督管理机构另有规定的除外。

第二十七条　证券公司应当按照审慎经营的原则，建立健全风险管理与内部控制制度，防范和控制风险。

证券公司应当对分支机构实行集中统一管理，不得与他人合资、合作经营管理分支机构，也不得将分支机构承包、租赁或者委托给他人经营管理。

第二十八条　证券公司受证券登记结算机构委托，为客户开立证券账户，应当按照证券账户管理规则，对客户申报的姓名或者名称、身份的真实性进行审查。同一客户开立的资金账户和证券账户的姓名或者名称应当一致。

证券公司为证券资产管理客户开立的证券账户，应当自开户之日起 3 个交易日内报证券交易所备案。

证券公司不得将客户的资金账户、证券账户提供给他人使用。

第二十九条　证券公司从事证券资产管理业务、融资融券业务，销售证券类金融产品，应当按照规定程序，了解客户的身份、财产与收入状况、证券投资经验和风险偏好，并以书面和电子方式予以记载、保存。证券公司应当根据所了解的客户情况推荐适当的产品或者服务。具体规则由中国证券业协会制定。

第三十条　证券公司与客户签订证券交易委托、证券资产管理、融资融券等业务合同,应当事先指定专人向客户讲解有关业务规则和合同内容,并将风险揭示书交由客户签字确认。业务合同的必备条款和风险揭示书的标准格式,由中国证券业协会制定,并报国务院证券监督管理机构备案。

第三十一条 证券公司从事证券资产管理业务、融资融券业务,应当按照规定编制对账单,按月寄送客户。证券公司与客户对对账单送交时间或者方式另有约定的,从其约定。

第三十二条 证券公司应当建立信息查询制度,保证客户在证券公司营业时间内能够随时查询其委托记录、交易记录、证券和资金余额,以及证券公司业务经办人员和证券经纪人的姓名、执业证书、证券经纪人证书编号等信息。

客户认为有关信息记录与实际情况不符的,可以向证券公司或者国务院证券监督管理机构投诉。证券公司应当指定专门部门负责处理客户投诉。国务院证券监督管理机构应当根据客户的投诉,采取相应措施。

第三十三条 证券公司不得违反规定委托其他单位或者个人进行客户招揽、客户服务、产品销售活动。

第三十四条 证券公司向客户提供投资建议,不得对证券价格的涨跌或者市场走势做出确定性的判断。

证券公司及其从业人员不得利用向客户提供投资建议而谋取不正当利益。

第三十五条 证券公司应当建立并实施有效的管理制度,防范其从业人员直接或者以化名、他人名义持有、买卖股票,收受他人赠送的股票。

第三十六条 证券公司应当按照规定提取一般风险准备金,用于弥补经营亏损。

第二节 证券经纪业务

第三十七条 证券公司从事证券经纪业务,应当对客户账户内的资金、证券是否充足进行审查。客户资金账户内的资金不足的,不得接受其买入委托;客户证券账户内的证券不足的,不得接受其卖出委托。

第三十八条 证券公司从事证券经纪业务,可以委托证券公司以外的人员作为证券经纪人,代理其进行客户招揽、客户服务等活动。证券经纪人应当具有证券从业资格。

证券公司应当与接受委托的证券经纪人签订委托合同，颁发证券经纪人证书，明确对证券经纪人的授权范围，并对证券经纪人的执业行为进行监督。

证券经纪人应当在证券公司的授权范围内从事业务，并应当向客户出示证券经纪人证书。

第三十九条　证券经纪人应当遵守证券公司从业人员的管理规定，其在证券公司授权范围内的行为，由证券公司依法承担相应的法律责任；超出授权范围的行为，证券经纪人应当依法承担相应的法律责任。

证券经纪人只能接受一家证券公司的委托，进行客户招揽、客户服务等活动。

证券经纪人不得为客户办理证券认购、交易等事项。

第四十条　证券公司向客户收取证券交易费用，应当符合国家有关规定，并将收费项目、收费标准在营业场所的显著位置予以公示。

第三节　证券自营业务

第四十一条　证券公司从事证券自营业务，限于买卖依法公开发行的股票、债券、权证、证券投资基金或者国务院证券监督管理机构认可的其他证券。

第四十二条　证券公司从事证券自营业务，应当使用实名证券自营账户。

证券公司的证券自营账户，应当自开户之日起3个交易日内报证券交易所备案。

第四十三条　证券公司从事证券自营业务，不得有下列行为：

（一）违反规定购买本证券公司控股股东或者与本证券公司有其他重大利害关系的发行人发行的证券；

（二）违反规定委托他人代为买卖证券；

（三）利用内幕信息买卖证券或者操纵证券市场；

（四）法律、行政法规或者国务院证券监督管理机构禁止的其他行为。

第四十四条　证券公司从事证券自营业务，自营证券总值与公司净资本的比例、持有一种证券的价值与公司净资本的比例、持有一种证券的数量与该证券发行总量的比例等风险控制指标，应当符合国务院证券监督管理机构的规定。

第四节 证券资产管理业务

第四十五条 证券公司可以依照《证券法》和本条例的规定，从事接受客户的委托、使用客户资产进行投资的证券资产管理业务。投资所产生的收益由客户享有，损失由客户承担，证券公司可以按照约定收取管理费用。

证券公司从事证券资产管理业务，应当与客户签订证券资产管理合同，约定投资范围、投资比例、管理期限及管理费用等事项。

第四十六条 证券公司从事证券资产管理业务，不得有下列行为：

（一）向客户做出保证其资产本金不受损失或者保证其取得最低收益的承诺；

（二）接受一个客户的单笔委托资产价值，低于国务院证券监督管理机构规定的最低限额；

（三）使用客户资产进行不必要的证券交易；

（四）在证券自营账户与证券资产管理账户之间或者不同的证券资产管理账户之间进行交易，且无充分证据证明已依法实现有效隔离；

（五）法律、行政法规或者国务院证券监督管理机构禁止的其他行为。

第四十七条 证券公司使用多个客户的资产进行集合投资，应当符合法律、行政法规和国务院证券监督管理机构的有关规定。

第五节 融资融券业务

第四十八条 本条例所称融资融券业务，是指在证券交易所或者国务院批准的其他证券交易场所进行的证券交易中，证券公司向客户出借资金供其买入证券或者出借证券供其卖出，并由客户交存相应担保物的经营活动。

第四十九条 证券公司经营融资融券业务，应当具备下列条件：

（一）证券公司治理结构健全，内部控制有效；

（二）风险控制指标符合规定，财务状况、合规状况良好；

（三）有经营融资融券业务所需的专业人员、技术条件、资金和证券；

（四）有完善的融资融券业务管理制度和实施方案；

（五）国务院证券监督管理机构规定的其他条件。

第五十条 证券公司从事融资融券业务，应当与客户签订融资融券合同，并按照国务院证券监督管理机构的规定，以证券公司的名义在证券登记结算机构开立客户证券担保账户，在指定商业银行开立客户资金担保账户。客户资金担保账户内的资金应当参照本条例第五十七条的规定进行管理。

在以证券公司名义开立的客户证券担保账户和客户资金担保账户内，应当为每一客户单独开立授信账户。

第五十一条 证券公司向客户融资，应当使用自有资金或者依法筹集的资金；向客户融券，应当使用自有证券或者依法取得处分权的证券。

第五十二条 证券公司向客户融资融券时，客户应当交存一定比例的保证金。保证金可以用证券充抵。

客户交存的保证金以及通过融资融券交易买入的全部证券和卖出证券所得的全部资金，均为对证券公司的担保物，应当存入证券公司客户证券担保账户或者客户资金担保账户并记入该客户授信账户。

第五十三条 客户证券担保账户内的证券和客户资金担保账户内的资金为信托财产。证券公司不得违背受托义务侵占客户担保账户内的证券或者资金。除本条例第五十四条规定的情形或者证券公司和客户依法另有约定的情形外，证券公司不得动用客户担保账户内的证券或者资金。

第五十四条 证券公司应当逐日计算客户担保物价值与其债务的比例。当该比例低于规定的最低维持担保比例时，证券公司应当通知客户在一定的期限内补交差额。客户未能按期交足差额，或者到期未偿还融资融券债务的，证券公司应当立即按照约定处分其担保物。

第五十五条 客户依照本条例第五十二条第一款规定交存保证金的比例，由国务院证券监督管理机构授权的单位规定。

证券公司可以向客户融出的证券和融出资金可以买入证券的种类，可充抵保证金的有价证券的种类和折算率，融资融券的期限，最低维持担保比例和补交差额的期限，由证券交易所规定。

本条第一款、第二款规定由被授权单位或者证券交易所做出的相关规定，应当向国务院证券监督管理机构备案，且不得违反国家货币政策。

第五十六条 证券公司从事融资融券业务，自有资金或者证券不足的，可以向证券金融公司借入。证券金融公司的设立和解散由国务院决定。

第五章 客户资产的保护

第五十七条 证券公司从事证券经纪业务,其客户的交易结算资金应当存放在指定商业银行,以每个客户的名义单独立户管理。

指定商业银行应当与证券公司及其客户签订客户的交易结算资金存管合同,约定客户的交易结算资金存取、划转、查询等事项,并按照证券交易净额结算、货银对付的要求,为证券公司开立客户的交易结算资金汇总账户。

客户的交易结算资金的存取,应当通过指定商业银行办理。指定商业银行应当保证客户能够随时查询客户的交易结算资金的余额及变动情况。

指定商业银行的名单,由国务院证券监督管理机构会同国务院银行业监督管理机构确定并公告。

第五十八条 证券公司从事证券资产管理业务,应当将客户的委托资产交由本条例第五十七条第四款规定的指定商业银行或者国务院证券监督管理机构认可的其他资产托管机构托管。

资产托管机构应当按照国务院证券监督管理机构的规定和证券资产管理合同的约定,履行安全保管客户的委托资产、办理资金收付事项、监督证券公司投资行为等职责。

第五十九条 客户的交易结算资金、证券资产管理客户的委托资产属于客户,应当与证券公司、指定商业银行、资产托管机构的自有资产相互独立、分别管理。非因客户本身的债务或者法律规定的其他情形,任何单位或者个人不得对客户的交易结算资金、委托资产申请查封、冻结或者强制执行。

第六十条 除下列情形外,不得动用客户的交易结算资金或者委托资金:

(一)客户进行证券的申购、证券交易的结算或者客户提款;

(二)客户支付与证券交易有关的佣金、费用或者税款;

(三)法律规定的其他情形。

第六十一条 证券公司不得以证券经纪客户或者证券资产管理客户的资产向他人提供融资或者担保。任何单位或者个人不得强令、指使、协助、接受证券公司以其证券经纪客户或者证券资产管理客户的资产提供融资或者担保。

第六十二条　指定商业银行、资产托管机构和证券登记结算机构应当对存放在本机构的客户的交易结算资金、委托资金和客户担保账户内的资金、证券的动用情况进行监督，并按照规定定期向国务院证券监督管理机构报送客户的交易结算资金、委托资金和客户担保账户内的资金、证券的存管或者动用情况的有关数据。

指定商业银行、资产托管机构和证券登记结算机构对超出本条例第五十三条、第五十四条、第六十条规定的范围，动用客户的交易结算资金、委托资金和客户担保账户内的资金、证券的申请、指令，应当拒绝；发现客户的交易结算资金、委托资金和客户担保账户内的资金、证券被违法动用或者有其他异常情况的，应当立即向国务院证券监督管理机构报告，并抄报有关监督管理机构。

第六章　监督管理措施

第六十三条　证券公司应当自每一会计年度结束之日起4个月内，向国务院证券监督管理机构报送年度报告；自每月结束之日起7个工作日内，报送月度报告。

发生影响或者可能影响证券公司经营管理、财务状况、风险控制指标或者客户资产安全的重大事件的，证券公司应当立即向国务院证券监督管理机构报送临时报告，说明事件的起因、目前的状态、可能产生的后果和拟采取的相应措施。

第六十四条　证券公司年度报告中的财务会计报告、风险控制指标报告以及国务院证券监督管理机构规定的其他专项报告，应当经具有证券、期货相关业务资格的会计师事务所审计。证券公司年度报告应当附有该会计师事务所出具的内部控制评审报告。

证券公司的董事、高级管理人员应当对证券公司年度报告签署确认意见；经营管理的主要负责人和财务负责人应当对月度报告签署确认意见。在证券公司年度报告、月度报告上签字的人员，应当保证报告的内容真实、准确、完整；对报告内容持有异议的，应当注明自己的意见和理由。

第六十五条　对证券公司报送的年度报告、月度报告，国务院证券监督管理机构应当指定专人进行审核,并制作审核报告。审核人员应当在审核报告上签字。审核中发现问题的,国务院证券监督管理机构应当及时采取相应措施。

国务院证券监督管理机构应当对有关机构报送的客户的交易结算资金、委托资金和客户担保账户内的资金、证券的有关数据进行比对、核查,及时发现资金或者证券被违法动用的情况。

第六十六条 证券公司应当依法向社会公开披露其基本情况、参股及控股情况、负债及或有负债情况、经营管理状况、财务收支状况、高级管理人员薪酬和其他有关信息。具体办法由国务院证券监督管理机构制定。

第六十七条 国务院证券监督管理机构可以要求下列单位或者个人,在指定的期限内提供与证券公司经营管理和财务状况有关的资料、信息:

(一)证券公司及其董事、监事、工作人员;

(二)证券公司的股东、实际控制人;

(三)证券公司控股或者实际控制的企业;

(四)证券公司的开户银行、指定商业银行、资产托管机构、证券交易所、证券登记结算机构;

(五)为证券公司提供服务的证券服务机构。

第六十八条 国务院证券监督管理机构有权采取下列措施,对证券公司的业务活动、财务状况、经营管理情况进行检查:

(一)询问证券公司的董事、监事、工作人员,要求其对有关检查事项做出说明;

(二)进入证券公司的办公场所或者营业场所进行检查;

(三)查阅、复制与检查事项有关的文件、资料,对可能被转移、隐匿或者毁损的文件、资料、电子设备予以封存;

(四)检查证券公司的计算机信息管理系统,复制有关数据资料。

国务院证券监督管理机构为查清证券公司的业务情况、财务状况,经国务院证券监督管理机构负责人批准,可以查询证券公司及与证券公司有控股或者实际控制关系企业的银行账户。

第六十九条 证券公司以及有关单位和个人披露、报送或者提供的资料、信息应当真实、准确、完整,不得有虚假记载、误导性陈述或者重大遗漏。

第七十条 国务院证券监督管理机构对治理结构不健全、内部控制不完善、经营管理混乱、设立账外账或者进行账外经营、拒不执行监督管理决定、违法违规的证券公司，应当责令其限期改正，并可以采取下列措施：

（一）责令增加内部合规检查的次数并提交合规检查报告；

（二）对证券公司及其有关董事、监事、高级管理人员、境内分支机构负责人给予谴责；

（三）责令处分有关责任人员，并报告结果；

（四）责令更换董事、监事、高级管理人员或者限制其权利；

（五）对证券公司进行临时接管，并进行全面核查；

（六）责令暂停证券公司或者其境内分支机构的部分或者全部业务、限期撤销境内分支机构。

证券公司被暂停业务、限期撤销境内分支机构的，应当按照有关规定安置客户、处理未了结的业务。

对证券公司的违法违规行为，合规负责人已经依法履行制止和报告职责的，免除责任。

第七十一条　任何单位或者个人未经批准，持有或者实际控制证券公司5%以上股权的，国务院证券监督管理机构应当责令其限期改正；改正前，相应股权不具有表决权。

第七十二条　任何人未取得任职资格，实际行使证券公司董事、监事、高级管理人员或者境内分支机构负责人职权的，国务院证券监督管理机构应当责令其停止行使职权，予以公告，并可以按照规定对其采取证券市场禁入的措施。

第七十三条　证券公司董事、监事、高级管理人员或者境内分支机构负责人不再具备任职资格条件的，证券公司应当解除其职务并向国务院证券监督管理机构报告；证券公司未解除其职务的，国务院证券监督管理机构应当责令其解除。

第七十四条　证券公司聘请或者解聘会计师事务所的，应当自做出决定之日起3个工作日内报国务院证券监督管理机构备案；解聘会计师事务所的，应当说明理由。

第七十五条　会计师事务所对证券公司或者其有关人员进行审计，可以查阅、复制与审计事项有关的客户信息或者证券公司的其他有关文件、资料，并可以调取证券公司计算机信息管理系统内的有关数据资料。

会计师事务所应当对所知悉的信息保密。法律、行政法规另有规定的除外。

第七十六条　证券交易所应当对证券公司证券自营账户和证券资产管理账户的交易行为进行实时监控;发现异常情况的,应当及时按照交易规则和会员管理规则处理,并向国务院证券监督管理机构报告。

第七章　法律责任

第七十七条　证券公司有下列情形之一的,依照《证券法》第一百九十八条的规定处罚:

(一)聘任不具有任职资格的人员担任境内分支机构的负责人;

(二)未按照国务院证券监督管理机构依法做出的决定,解除不再具备任职资格条件的董事、监事、高级管理人员、境内分支机构负责人的职务。

第七十八条　证券公司从事证券经纪业务,客户资金不足而接受其买入委托,或者客户证券不足而接受其卖出委托的,依照《证券法》第二百零五条的规定处罚。

第七十九条　证券公司将客户的资金账户、证券账户提供给他人使用的,依照《证券法》第二百零八条的规定处罚。

第八十条　证券公司诱使客户进行不必要的证券交易,或者从事证券资产管理业务时,使用客户资产进行不必要的证券交易的,依照《证券法》第二百一十条的规定处罚。

第八十一条　证券公司或者其境内分支机构超出国务院证券监督管理机构批准的范围经营业务的,依照《证券法》第二百一十九条的规定处罚。

第八十二条　证券公司在证券自营账户与证券资产管理账户之间或者不同的证券资产管理账户之间进行交易,且无充分证据证明已依法实现有效隔离的,依照《证券法》第二百二十条的规定处罚。

第八十三条　证券公司违反本条例的规定,有下列情形之一的,责令改正,给予警告,没收违法所得,并处以违法所得 1 倍以上 5 倍以下的罚款;没有违法所得或者违法所得不足 10 万元的,处以 10 万元以上 30 万元以下的罚款;情节严重的,暂停或者撤销其相关证券业务许可。对直接负责的主管人员和其他直接责任人员,给予警告,并处以 3 万元以上 10 万元以下的罚

款;情节严重的,撤销任职资格或者证券从业资格:

(一)违反规定委托其他单位或者个人进行客户招揽、客户服务或者产品销售活动;

(二)向客户提供投资建议,对证券价格的涨跌或者市场走势做出确定性的判断;

(三)违反规定委托他人代为买卖证券;

(四)从事证券自营业务、证券资产管理业务,投资范围或者投资比例违反规定;

(五)从事证券资产管理业务,接受一个客户的单笔委托资产价值低于规定的最低限额。

第八十四条　证券公司违反本条例的规定,有下列情形之一的,责令改正,给予警告,没收违法所得,并处以违法所得 1 倍以上 5 倍以下的罚款;没有违法所得或者违法所得不足 3 万元的,处以 3 万元以上 30 万元以下的罚款。对直接负责的主管人员和其他直接责任人员单处或者并处警告、3 万元以上 10 万元以下的罚款;情节严重的,撤销任职资格或者证券从业资格:

(一)未按照规定对离任的法定代表人或者高级管理人员进行审计,并报送审计报告;

(二)与他人合资、合作经营管理分支机构,或者将分支机构承包、租赁或者委托给他人经营管理;

(三)未按照规定将证券自营账户或者证券资产管理客户的证券账户报证券交易所备案;

(四)未按照规定程序了解客户的身份、财产与收入状况、证券投资经验和风险偏好;

(五)推荐的产品或者服务与所了解的客户情况不相适应;

(六)未按照规定指定专人向客户讲解有关业务规则和合同内容,并以书面方式向其揭示投资风险;

(七)未按照规定与客户签订业务合同,或者未在与客户签订的业务合同中载入规定的必备条款;

(八)未按照规定编制并向客户送交对账单,或者未按照规定建立并有效执行信息查询制度;

(九)未按照规定指定专门部门处理客户投诉;

（十）未按照规定提取一般风险准备金；

（十一）未按照规定存放、管理客户的交易结算资金、委托资金和客户担保账户内的资金、证券；

（十二）聘请、解聘会计师事务所，未按照规定向国务院证券监督管理机构备案，解聘会计师事务所未说明理由。

第八十五条 证券公司未按照规定为客户开立账户的，责令改正；情节严重的，处以 20 万元以上 50 万元以下的罚款，并对直接负责的董事、高级管理人员和其他直接责任人员，处以 1 万元以上 5 万元以下的罚款。

第八十六条 违反本条例的规定，有下列情形之一的，责令改正，给予警告，没收违法所得，并处以违法所得 1 倍以上 5 倍以下的罚款；没有违法所得或者违法所得不足 10 万元的，处以 10 万元以上 60 万元以下的罚款；情节严重的，撤销相关业务许可。对直接负责的主管人员和其他直接责任人员给予警告，撤销任职资格或者证券从业资格，并处以 3 万元以上 30 万元以下的罚款：

（一）未经批准，委托他人或者接受他人委托持有或者管理证券公司的股权，或者认购、受让或者实际控制证券公司的股权；

（二）证券公司股东、实际控制人强令、指使、协助、接受证券公司以证券经纪客户或者证券资产管理客户的资产提供融资或者担保；

（三）证券公司、资产托管机构、证券登记结算机构违反规定动用客户的交易结算资金、委托资金和客户担保账户内的资金、证券；

（四）资产托管机构、证券登记结算机构对违反规定动用委托资金和客户担保账户内的资金、证券的申请、指令予以同意、执行；

（五）资产托管机构、证券登记结算机构发现委托资金和客户担保账户内的资金、证券被违法动用而未向国务院证券监督管理机构报告。

第八十七条 指定商业银行有下列情形之一的，由国务院证券监督管理机构责令改正，给予警告，没收违法所得，并处以违法所得 1 倍以上 5 倍以下的罚款；没有违法所得或者违法所得不足 10 万元的，处以 10 万元以上 60 万元以下的罚款。对直接负责的主管人员和其他直接责任人员给予警告，并处以 3 万元以上 30 万元以下的罚款：

（一）违反规定动用客户的交易结算资金；

（二）对违反规定动用客户的交易结算资金的申请、指令予以同意或者

执行;

(三)发现客户的交易结算资金被违法动用而未向国务院证券监督管理机构报告。

指定商业银行有前款规定的行为,情节严重的,由国务院证券监督管理机构会同国务院银行业监督管理机构责令其暂停或者终止客户的交易结算资金存管业务;对直接负责的主管人员和其他直接责任人员,国务院证券监督管理机构可以建议国务院银行业监督管理机构依法处罚。

第八十八条 违反本条例的规定,有下列情形之一的,责令改正,给予警告,并处以 3 万元以上 20 万元以下的罚款;对直接负责的主管人员和其他直接责任人员,给予警告,可以处以 3 万元以下的罚款:

(一)证券公司未按照本条例第六十六条的规定公开披露信息,或者公开披露的信息中有虚假记载、误导性陈述或者重大遗漏;

(二)证券公司控股或者实际控制的企业、资产托管机构、证券服务机构未按照规定向国务院证券监督管理机构报送、提供有关信息、资料,或者报送、提供的信息、资料中有虚假记载、误导性陈述或者重大遗漏。

第八十九条 违反本条例的规定,有下列情形之一的,责令改正,给予警告,没收违法所得,并处以违法所得等值罚款;没有违法所得或者违法所得不足 3 万元的,处以 3 万元以下的罚款;情节严重的,撤销任职资格或者证券从业资格:

(一)合规负责人未按照规定向国务院证券监督管理机构或者有关自律组织报告违法违规行为;

(二)证券经纪人从事业务未向客户出示证券经纪人证书;

(三)证券经纪人同时接受多家证券公司的委托,进行客户招揽、客户服务等活动;

(四)证券经纪人接受客户的委托,为客户办理证券认购、交易等事项。

第九十条 证券公司违反规定收取费用的,由有关主管部门依法给予处罚。

第八章 附 则

第九十一条 证券公司经营证券业务不符合本条例第二十六条第三款

规定的，应当在国务院证券监督管理机构规定的期限内达到规定要求。

第九十二条 证券公司客户的交易结算资金存管方式不符合本条例第五十七条规定的，国务院证券监督管理机构应当责令其限期调整。

证券公司客户的交易结算资金存管方式，应当自本条例实施之日起1年内达到规定要求。

第九十三条 证券公司可以向股东或者其他单位借入偿还顺序在普通债务之后的债，具体管理办法由国务院证券监督管理机构制定。

第九十四条 外商投资证券公司的业务范围、境外股东的资格条件和出资比例，由国务院证券监督管理机构规定，报国务院批准。

第九十五条 境外证券经营机构在境内经营证券业务或者设立代表机构，应当经国务院证券监督管理机构批准。具体办法由国务院证券监督管理机构制定，报国务院批准。

第九十六条 本条例所称证券登记结算机构，是指《证券法》第一百五十五条规定的证券登记结算机构。

第九十七条 本条例自2008年6月1日起施行。

最高人民法院关于审理证券市场虚假陈述侵权民事赔偿案件的若干规定

（2021年12月30日最高人民法院审判委员会第1860次会议通过　2022年1月21日公布　法释〔2022〕2号　自2022年1月22日起施行）

为正确审理证券市场虚假陈述侵权民事赔偿案件，规范证券发行和交易行为，保护投资者合法权益，维护公开、公平、公正的证券市场秩序，根据《中华人民共和国民法典》《中华人民共和国证券法》《中华人民共和国公司法》《中华人民共和国民事诉讼法》等法律规定，结合审判实践，制定本规定。

一、一 般 规 定

第一条　信息披露义务人在证券交易场所发行、交易证券过程中实施虚假陈述引发的侵权民事赔偿案件，适用本规定。

按照国务院规定设立的区域性股权市场中发生的虚假陈述侵权民事赔偿案件，可以参照适用本规定。

第二条　原告提起证券虚假陈述侵权民事赔偿诉讼，符合民事诉讼法第一百二十二条规定，并提交以下证据或者证明材料的，人民法院应当受理：

（一）证明原告身份的相关文件；

（二）信息披露义务人实施虚假陈述的相关证据；

（三）原告因虚假陈述进行交易的凭证及投资损失等相关证据。

人民法院不得仅以虚假陈述未经监管部门行政处罚或者人民法院生效刑事判决的认定为由裁定不予受理。

第三条　证券虚假陈述侵权民事赔偿案件，由发行人住所地的省、自治区、直辖市人民政府所在的市、计划单列市和经济特区中级人民法院或者专门人民法院管辖。《最高人民法院关于证券纠纷代表人诉讼若干问题的规定》等对管辖另有规定的，从其规定。

省、自治区、直辖市高级人民法院可以根据本辖区的实际情况，确定管辖第一审证券虚假陈述侵权民事赔偿案件的其他中级人民法院，报最高人民法院备案。

二、虚假陈述的认定

第四条　信息披露义务人违反法律、行政法规、监管部门制定的规章和规范性文件关于信息披露的规定，在披露的信息中存在虚假记载、误导性陈述或者重大遗漏的，人民法院应当认定为虚假陈述。

虚假记载，是指信息披露义务人披露的信息中对相关财务数据进行重大不实记载，或者对其他重要信息作出与真实情况不符的描述。

误导性陈述，是指信息披露义务人披露的信息隐瞒了与之相关的部分重要事实，或者未及时披露相关更正、确认信息，致使已经披露的信息因不完整、不准确而具有误导性。

重大遗漏，是指信息披露义务人违反关于信息披露的规定，对重大事件或者重要事项等应当披露的信息未予披露。

第五条　券法第八十五条规定的“未按照规定披露信息”，是指信息披露义务人未按照规定的期限、方式等要求及时、公平披露信息。

信息披露义务人“未按照规定披露信息”构成虚假陈述的，依照本规定承担民事责任；构成内幕交易的，依照证券法第五十三条的规定承担民事责任；构成公司法第一百五十二条规定的损害股东利益行为的，依照该法承担民事责任。

第六条　原告以信息披露文件中的盈利预测、发展规划等预测性信息与实际经营情况存在重大差异为由主张发行人实施虚假陈述的，人民法院不予支持，但有下列情形之一的除外：

（一）信息披露文件未对影响该预测实现的重要因素进行充分风险提示的；

（二）预测性信息所依据的基本假设、选用的会计政策等编制基础明显不合理的；

（三）预测性信息所依据的前提发生重大变化时，未及时履行更正义务的。

前款所称的重大差异，可以参照监管部门和证券交易场所的有关规定认定。

第七条　虚假陈述实施日，是指信息披露义务人作出虚假陈述或者发生虚假陈述之日。

信息披露义务人在证券交易场所的网站或者符合监管部门规定条件的媒体上公告发布具有虚假陈述内容的信息披露文件，以披露日为实施日；通过召开业绩说明会、接受新闻媒体采访等方式实施虚假陈述的，以该虚假陈述的内容在具有全国性影响的媒体上首次公布之日为实施日。信息披露文件或者相关报导内容在交易日收市后发布的，以其后的第一个交易日为实施日。

因未及时披露相关更正、确认信息构成误导性陈述,或者未及时披露重大事件或者重要事项等构成重大遗漏的,以应当披露相关信息期限届满后的第一个交易日为实施日。

第八条 虚假陈述揭露日,是指虚假陈述在具有全国性影响的报刊、电台、电视台或监管部门网站、交易场所网站、主要门户网站、行业知名的自媒体等媒体上,首次被公开揭露并为证券市场知悉之日。

人民法院应当根据公开交易市场对相关信息的反应等证据,判断投资者是否知悉了虚假陈述。

除当事人有相反证据足以反驳外,下列日期应当认定为揭露日:

(一)监管部门以涉嫌信息披露违法为由对信息披露义务人立案调查的信息公开之日;

(二)证券交易场所等自律管理组织因虚假陈述对信息披露义务人等责任主体采取自律管理措施的信息公布之日。

信息披露义务人实施的虚假陈述呈连续状态的,以首次被公开揭露并为证券市场知悉之日为揭露日。信息披露义务人实施多个相互独立的虚假陈述的,人民法院应当分别认定其揭露日。

第九条 虚假陈述更正日,是指信息披露义务人在证券交易场所网站或者符合监管部门规定条件的媒体上,自行更正虚假陈述之日。

三、重大性及交易因果关系

第十条 有下列情形之一的,人民法院应当认定虚假陈述的内容具有重大性:

(一)虚假陈述的内容属于证券法第八十条第二款、第八十一条第二款规定的重大事件;

(二)虚假陈述的内容属于监管部门制定的规章和规范性文件中要求披露的重大事件或者重要事项;

(三)虚假陈述的实施、揭露或者更正导致相关证券的交易价格或者交易量产生明显的变化。

前款第一项、第二项所列情形,被告提交证据足以证明虚假陈述并未导致相关证券交易价格或者交易量明显变化的,人民法院应当认定虚假陈述的内容不具有重大性。

被告能够证明虚假陈述不具有重大性,并以此抗辩不应当承担民事责任的,人民法院应当予以支持。

第十一条 原告能够证明下列情形的,人民法院应当认定原告的投资决定与虚假陈述之间的交易因果关系成立:

(一)信息披露义务人实施了虚假陈述;

(二)原告交易的是与虚假陈述直接关联的证券;

(三)原告在虚假陈述实施日之后、揭露日或更正日之前实施了相应的交易行为,即在诱多型虚假陈述中买入了相关证券,或者在诱空型虚假陈述中卖出了相关证券。

第十二条 被告能够证明下列情形之一的,人民法院应当认定交易因果关系不成立:

(一)原告的交易行为发生在虚假陈述实施前,或者是在揭露或更正之后;

(二)原告在交易时知道或者应当知道存在虚假陈述,或者虚假陈述已经被证券市场广泛知悉;

(三)原告的交易行为是受到虚假陈述实施后发生的上市公司的收购、重大资产重组等其他重大事件的影响;

(四)原告的交易行为构成内幕交易、操纵证券市场等证券违法行为的;

(五)原告的交易行为与虚假陈述不具有交易因果关系的其他情形。

四、过 错 认 定

第十三条 证券法第八十五条、第一百六十三条所称的过错,包括以下两种情形:

(一)行为人故意制作、出具存在虚假陈述的信息披露文件,或者明知信息披露文件存在虚假陈述而不予指明、予以发布;

(二)行为人严重违反注意义务,对信息披露文件中虚假陈述的形成或者发布存在过失。

第十四条 发行人的董事、监事、高级管理人员和其他直接责任人员主张对虚假陈述没有过错的,人民法院应当根据其工作岗位和职责、在信息披露资料的形成和发布等活动中所起的作用、取得和了解相关信息的渠道、为核验相关信息所采取的措施等实际情况进行审查认定。

前款所列人员不能提供勤勉尽责的相应证据，仅以其不从事日常经营管理、无相关职业背景和专业知识、相信发行人或者管理层提供的资料、相信证券服务机构出具的专业意见等理由主张其没有过错的，人民法院不予支持。

第十五条 发行人的董事、监事、高级管理人员依照证券法第八十二条第四款的规定，以书面方式发表附具体理由的意见并依法披露的，人民法院可以认定其主观上没有过错，但在审议、审核信息披露文件时投赞成票的除外。

第十六条 独立董事能够证明下列情形之一的，人民法院应当认定其没有过错：

（一）在签署相关信息披露文件之前，对不属于自身专业领域的相关具体问题，借助会计、法律等专门职业的帮助仍然未能发现问题的；

（二）在揭露日或更正日之前，发现虚假陈述后及时向发行人提出异议并监督整改或者向证券交易场所、监管部门书面报告的；

（三）在独立意见中对虚假陈述事项发表保留意见、反对意见或者无法表示意见并说明具体理由的，但在审议、审核相关文件时投赞成票的除外；

（四）因发行人拒绝、阻碍其履行职责，导致无法对相关信息披露文件是否存在虚假陈述作出判断，并及时向证券交易场所、监管部门书面报告的；

（五）能够证明勤勉尽责的其他情形。

独立董事提交证据证明其在履职期间能够按照法律、监管部门制定的规章和规范性文件以及公司章程的要求履行职责的，或者在虚假陈述被揭露后及时督促发行人整改且效果较为明显的，人民法院可以结合案件事实综合判断其过错情况。

外部监事和职工监事，参照适用前两款规定。

第十七条 保荐机构、承销机构等机构及其直接责任人员提交的尽职调查工作底稿、尽职调查报告、内部审核意见等证据能够证明下列情形的，人民法院应当认定其没有过错：

（一）已经按照法律、行政法规、监管部门制定的规章和规范性文件、相关行业执业规范的要求，对信息披露文件中的相关内容进行了审慎尽职调查；

（二）对信息披露文件中没有证券服务机构专业意见支持的重要内容，经过审慎尽职调查和独立判断，有合理理由相信该部分内容与真实情况相符；

（三）对信息披露文件中证券服务机构出具专业意见的重要内容，经过审慎核查和必要的调查、复核，有合理理由排除了职业怀疑并形成合理信赖。

在全国中小企业股份转让系统从事挂牌和定向发行推荐业务的证券公司，适用前款规定。

第十八条 会计师事务所、律师事务所、资信评级机构、资产评估机构、财务顾问等证券服务机构制作、出具的文件存在虚假陈述的，人民法院应当按照法律、行政法规、监管部门制定的规章和规范性文件，参考行业执业规范规定的工作范围和程序要求等内容，结合其核查、验证工作底稿等相关证据，认定其是否存在过错。

证券服务机构的责任限于其工作范围和专业领域。证券服务机构依赖保荐机构或者其他证券服务机构的基础工作或者专业意见致使其出具的专业意见存在虚假陈述，能够证明其对所依赖的基础工作或者专业意见经过审慎核查和必要的调查、复核，排除了职业怀疑并形成合理信赖的，人民法院应当认定其没有过错。

第十九条 会计师事务所能够证明下列情形之一的，人民法院应当认定其没有过错：

（一）按照执业准则、规则确定的工作程序和核查手段并保持必要的职业谨慎，仍未发现被审计的会计资料存在错误的；

（二）审计业务必须依赖的金融机构、发行人的供应商、客户等相关单位提供不实证明文件，会计师事务所保持了必要的职业谨慎仍未发现的；

（三）已对发行人的舞弊迹象提出警告并在审计业务报告中发表了审慎审计意见的；

（四）能够证明没有过错的其他情形。

五、责任主体

第二十条 发行人的控股股东、实际控制人组织、指使发行人实施虚假陈述，致使原告在证券交易中遭受损失的，原告起诉请求直接判令该控股股东、实际控制人依照本规定赔偿损失的,人民法院应当予以支持。

控股股东、实际控制人组织、指使发行人实施虚假陈述,发行人在承担赔偿责任后要求该控股股东、实际控制人赔偿实际支付的赔偿款、合理的律师费、诉讼费用等损失的,人民法院应当予以支持。

第二十一条 公司重大资产重组的交易对方所提供的信息不符合真实、准确、完整的要求,导致公司披露的相关信息存在虚假陈述,原告起诉请求判令该交易对方与发行人等责任主体赔偿由此导致的损失的,人民法院应当予以支持。

第二十二条 有证据证明发行人的供应商、客户,以及为发行人提供服务的金融机构等明知发行人实施财务造假活动,仍然为其提供相关交易合同、发票、存款证明等予以配合,或者故意隐瞒重要事实致使发行人的信息披露文件存在虚假陈述,原告起诉请求判令其与发行人等责任主体赔偿由此导致的损失的,人民法院应当予以支持。

第二十三条 承担连带责任的当事人之间的责任分担与追偿,按照民法典第一百七十八条的规定处理,但本规定第二十条第二款规定的情形除外。

保荐机构、承销机构等责任主体以存在约定为由,请求发行人或者其控股股东、实际控制人补偿其因虚假陈述所承担的赔偿责任的,人民法院不予支持。

六、损 失 认 定

第二十四条 发行人在证券发行市场虚假陈述,导致原告损失的,原告有权请求按照本规定第二十五条的规定赔偿损失。

第二十五条 信息披露义务人在证券交易市场承担民事赔偿责任的范围,以原告因虚假陈述而实际发生的损失为限。原告实际损失包括投资差额损失、投资差额损失部分的佣金和印花税。

第二十六条 投资差额损失计算的基准日,是指在虚假陈述揭露或更正后,为将原告应获赔偿限定在虚假陈述所造成的损失范围内,确定损失计算的合理期间而规定的截止日期。

在采用集中竞价的交易市场中,自揭露日或更正日起,被虚假陈述影响的证券集中交易累计成交量达到可流通部分100%之日为基准日。

自揭露日或更正日起,集中交易累计换手率在10个交易日内达到可流通部分100%的,以第10个交易日为基准日;在30个交易日内未达到可流通部分100%的,以第30个交易日为基准日。

虚假陈述揭露日或更正日起至基准日期间每个交易日收盘价的平均价格,为损失计算的基准价格。

无法依前款规定确定基准价格的,人民法院可以根据有专门知识的人的专业意见,参考对相关行业进行投资时的通常估值方法,确定基准价格。

第二十七条 在采用集中竞价的交易市场中,原告因虚假陈述买入相关股票所造成的投资差额损失,按照下列方法计算:

(一)原告在实施日之后、揭露日或更正日之前买入,在揭露日或更正日之后、基准日之前卖出的股票,按买入股票的平均价格与卖出股票的平均价格之间的差额,乘以已卖出的股票数量;

(二)原告在实施日之后、揭露日或更正日之前买入,基准日之前未卖出的股票,按买入股票的平均价格与基准价格之间的差额,乘以未卖出的股票数量。

第二十八条 在采用集中竞价的交易市场中,原告因虚假陈述卖出相关股票所造成的投资差额损失,按照下列方法计算:

(一)原告在实施日之后、揭露日或更正日之前卖出,在揭露日或更正日之后、基准日之前买回的股票,按买回股票的平均价格与卖出股票的平均价格之间的差额,乘以买回的股票数量;

(二)原告在实施日之后、揭露日或更正日之前卖出,基准日之前未买回的股票,按基准价格与卖出股票的平均价格之间的差额,乘以未买回的股票数量。

第二十九条 计算投资差额损失时,已经除权的证券,证券价格和证券数量应当复权计算。

第三十条 证券公司、基金管理公司、保险公司、信托公司、商业银行等市场参与主体依法设立的证券投资产品,在确定因虚假陈述导致的损失时,每个产品应当单独计算。

投资者及依法设立的证券投资产品开立多个证券账户进行投资的,应当将各证券账户合并,所有交易按照成交时间排序,以确定其实际交易及损失情况。

第三十一条　人民法院应当查明虚假陈述与原告损失之间的因果关系，以及导致原告损失的其他原因等案件基本事实，确定赔偿责任范围。

被告能够举证证明原告的损失部分或者全部是由他人操纵市场、证券市场的风险、证券市场对特定事件的过度反应、上市公司内外部经营环境等其他因素所导致的，对其关于相应减轻或者免除责任的抗辩，人民法院应当予以支持。

七、诉讼时效

第三十二条　当事人主张以揭露日或更正日起算诉讼时效的，人民法院应当予以支持。揭露日与更正日不一致的，以在先的为准。

对于虚假陈述责任人中的一人发生诉讼时效中断效力的事由，应当认定对其他连带责任人也发生诉讼时效中断的效力。

第三十三条　在诉讼时效期间内，部分投资者向人民法院提起人数不确定的普通代表人诉讼的，人民法院应当认定该起诉行为对所有具有同类诉讼请求的权利人发生时效中断的效果。

在普通代表人诉讼中，未向人民法院登记权利的投资者，其诉讼时效自权利登记期间届满后重新开始计算。向人民法院登记权利后申请撤回权利登记的投资者，其诉讼时效自撤回权利登记之次日重新开始计算。

投资者保护机构依照证券法第九十五条第三款的规定作为代表人参加诉讼后，投资者声明退出诉讼的，其诉讼时效自声明退出之次日起重新开始计算。

八、附　　则

第三十四条　本规定所称证券交易场所，是指证券交易所、国务院批准的其他全国性证券交易场所。

本规定所称监管部门，是指国务院证券监督管理机构、国务院授权的部门及有关主管部门。

本规定所称发行人，包括证券的发行人、上市公司或者挂牌公司。

本规定所称实施日之后、揭露日或更正日之后、基准日之前，包括该日；

所称揭露日或更正日之前,不包括该日。

第三十五条 本规定自2022年1月22日起施行。《最高人民法院关于受理证券市场因虚假陈述引发的民事侵权纠纷案件有关问题的通知》《最高人民法院关于审理证券市场因虚假陈述引发的民事赔偿案件的若干规定》同时废止。《最高人民法院关于审理涉及会计师事务所在审计业务活动中民事侵权赔偿案件的若干规定》与本规定不一致的,以本规定为准。

本规定施行后尚未终审的案件,适用本规定。本规定施行前已经终审,当事人申请再审或者按照审判监督程序决定再审的案件,不适用本规定。